2024

ANDRÉ ALMEIDA RODRIGUES MARTINEZ

Prefácio de
Vitor Paiva

Compliance BANCÁRIO ESSENCIAL

— INCLUI —

Histórico do *Compliance*
Atribuições do *Compliance Officer* Bancário
Programas PLD/FT, KYC, KYP e RBA/ABR
Ativos Virtuais · Lei 14.478/2022 e Decreto 11.563/2023
Resolução Conjunta CMN e BCB nº 6/2023

Dados Internacionais de Catalogação na Publicação (CIP) de acordo com ISBD

M385c   Martinez, André Almeida Rodrigues
        Compliance Bancário Essencial / André Almeida Rodrigues Martinez. - Indaiatuba, SP : Editora Foco, 2024.

      200 p. ; 16cm x 23cm.

        Inclui bibliografia e índice.
        ISBN: 978-65-5515-934-9

        1. Direito. 2. Compliance Bancário. I. Título.

2023-2764   CDD 340   CDU 34

Elaborado por Vagner Rodolfo da Silva - CRB-8/9410
Índices para Catálogo Sistemático:

        1. Direito 340
        2. Direito 34

ANDRÉ ALMEIDA RODRIGUES MARTINEZ

Prefácio de
Vitor Paiva

Compliance BANCÁRIO ESSENCIAL

— INCLUI —

Histórico do *Compliance*
Atribuições do *Compliance Officer* Bancário
Programas PLD/FT, KYC, KYP e RBA/ABR
Ativos Virtuais · Lei 14.478/2022 e Decreto 11.563/2023
Resolução Conjunta CMN e BCB nº 6/2023

2024 © Editora Foco
Autor: André Almeida Rodrigues Martinez
Diretor Acadêmico: Leonardo Pereira
Editor: Roberta Densa
Assistente Editorial: Paula Morishita
Revisora Sênior: Georgia Renata Dias
Capa Criação: Leonardo Hermano
Diagramação: Ladislau Lima e Aparecida Lima
Impressão miolo e capa: FORMA CERTA

DIREITOS AUTORAIS: É proibida a reprodução parcial ou total desta publicação, por qualquer forma ou meio, sem a prévia autorização da Editora FOCO, com exceção do teor das questões de concursos públicos que, por serem atos oficiais, não são protegidas como Direitos Autorais, na forma do Artigo 8º, IV, da Lei 9.610/1998. Referida vedação se estende às características gráficas da obra e sua editoração. A punição para a violação dos Direitos Autorais é crime previsto no Artigo 184 do Código Penal e as sanções civis às violações dos Direitos Autorais estão previstas nos Artigos 101 a 110 da Lei 9.610/1998. Os comentários das questões são de responsabilidade dos autores.

NOTAS DA EDITORA:

Atualizações e erratas: A presente obra é vendida como está, atualizada até a data do seu fechamento, informação que consta na página II do livro. Havendo a publicação de legislação de suma relevância, a editora, de forma discricionária, se empenhará em disponibilizar atualização futura.

Erratas: A Editora se compromete a disponibilizar no site www.editorafoco.com.br, na seção Atualizações, eventuais erratas por razões de erros técnicos ou de conteúdo. Solicitamos, outrossim, que o leitor faça a gentileza de colaborar com a perfeição da obra, comunicando eventual erro encontrado por meio de mensagem para contato@editorafoco.com.br. O acesso será disponibilizado durante a vigência da edição da obra.

Impresso no Brasil (10.2023) – Data de Fechamento (10.2023)

2024
Todos os direitos reservados à
Editora Foco Jurídico Ltda.
Rua Antonio Brunetti, 593 – Jd. Morada do Sol
CEP 13348-533 – Indaiatuba – SP

E-mail: contato@editorafoco.com.br
www.editorafoco.com.br

Dedico à minha esposa Daniela, que sempre me apoiou com paciência.

AGRADECIMENTO

Agradeço a todos que, de algum modo, contribuíram para a minha formação, em especial à minha mãe, Lúcia, ao meu pai, Nélson, e ao meu irmão, Fernando.

*A riqueza não consiste em ter grandes posses,
mas em ter poucas necessidades.*

Epicteto (55 - 135 d.C.)

ABREVIATURAS

ABNT – ASSOCIAÇÃO BRASILEIRA DE NORMAS TÉCNICAS

ABR – ABORDAGEM BASEADA EM RISCO

AGU – ADVOCACIA GERAL DA UNIÃO

ANBIMA – ASSOCIAÇÃO BRASILEIRA DAS ENTIDADES DOS MERCADOS FINANCEIRO E DE CAPITAIS

ANPD – AUTORIDADE NACIONAL DE PROTEÇÃO DE DADOS

BACEN – BANCO CENTRAL DO BRASIL

CCO – CHIEF COMPLIANCE OFFICER

CEO – CHIEF EXECUTIVE OFFICER

CGU – CONTROLADORIA-GERAL DA UNIÃO

CMN – CONSELHO MONETÁRIO NACIONAL

COAF – CONSELHO DE CONTROLE DE ATIVIDADES FINANCEIRAS

CVM – COMISSÃO DE VALORES MOBILIÁRIOS

ENCCLA – ESTRATÉGIA NACIONAL DE COMBATE À CORRUPÇÃO E À LAVAGEM DE DINHEIRO

ESG – ENVIRONMENTAL, SOCIAL AND GOVERNANCE

FCPA – FOREIGN CORRRUPT PRACTICES ACT

FEBRABAN – FEDERAÇÃO BRASILEIRA DE BANCOS

FINRA – FINANCIAL INDUSTRY REGULATORY AUTHORITY

GAFI/FATF – GRUPO DE AÇÃO FINANCEIRA CONTRA A LAVAGEM DE DINHEIRO E O FINANCIAMENTO AO TERRORISMO/FINANCIAL ACTION TASK FORCE

GDPR – GENERAL DATA PROTECTION REGULATION

GRC – GOVERNANCE, RISK MANAGEMENT AND COMPLIANCE

IOSCO – INTERNATIONAL ORGANIZATION OF SECURITIES COMMISSIONS

ISO – INTERNATIONAL ORGANIZATION FOR STANDARDIZATION

LGPD – LEI GERAL DE PROTEÇÃO DE DADOS PESSOAIS

MPF – MINISTÉRIO PÚBLICO FEDERAL

OCDE – ORGANIZAÇÃO PARA A COOPERAÇÃO E DESENVOLVIMENTO ECONÔMICO

PEP – PESSOA EXPOSTA POLITICAMENTE

PF – POLÍCIA FEDERAL

PLD/FT – PREVENÇÃO À LAVAGEM DE DINHEIRO E AO FINANCIAMENTO DO TERRORISMO

PLD/FTP – PREVENÇÃO À LAVAGEM DE DINHEIRO, AO FINANCIAMENTO DO TERRORISMO E AO FINANCIAMENTO DA PROLIFERAÇÃO DE ARMAS DE DESTRUIÇÃO EM MASSA

RBA – RISK-BASED APPROACH

SEC – SECURITIES AND EXCHANGE COMMISSION

STF – SUPREMO TRIBUNAL FEDERAL STJ – SUPERIOR TRIBUNAL DE JUSTIÇA

SUSEP – SUPERINTENDÊNCIA DE SEGUROS PRIVADOS

UIF – UNIDADE DE INTELIGÊNCIA FINANCEIRA

UKBA – UNITED KINGDOM BRIBERY ACT

U.S. DOJ – UNITED STATES DEPARTMENT OF JUSTICE

PREFÁCIO

A obra de André Martinez, aqui prefaciada, constitui um aprofundado estudo sobre o compliance bancário, incluindo questões de natureza ética, de responsabilidade social das empresas, Governança Ambiental, Social e Corporativa (ASG).[1]

Um verdadeiro manual, ancorado em obra anterior,[2-3] igualmente útil para outros setores de atividade, no âmbito daquilo que vulgarmente se designa por autorregulação, cumprimento normativo voluntário ou privatização da vertente preventiva do combate às práticas criminosas em apreço (o compliance enquanto "*custos legis* privado" ou, no que concerne ao compliance officer, um "fiscal da lei no âmbito privado").

Tal como a obra anterior, para a qual se remete, igual e propositadamente "Descomplicado", porque, como referido, "Simplicidade – que não se confunde com simplismo – é fundamental" (o último estádio da sabedoria, na perspetiva de Khalil Gibran). A simplicidade que leva o autor a afirmar, e bem, que um "programa de compliance não precisa ser complexo para ser compreendido e aplicado de maneira efetiva".

Aponta e contribui significativamente, por isso, para a definição de boas práticas, numa das denominadas três linhas de defesa das organizações (a que acresce a governança e a gestão de riscos), na materialização de um efetivo sistema de verificação de conformidade (legal, regulamentar e ética[4-5]).

Num olhar estritamente investigativo-criminal, trata-se, no fundo, da detecção e análise de operações financeiras suspeitas [trabalho donde resultam informações, as informações (*Intelligence*) de que depende compulsivamente a investigação e perseguição criminal, a cargo dos "*financial watch dogs*" (como o

---

1. ASG ou ESG, na sigla anglo-saxónica (Environmental, Social, Governance).
2. Livro escrito em coautoria com Carlos Fernando dos Santos Lima, intitulado "Compliance Bancário: Um Manual Descomplicado", publicado pela editora JusPodivm, em 2022 (4ª edição).
3. Divulgado em Portugal pela editora "Diário de Bordo", e apresentado, presencialmente, em 15.03.2022, na "casa da cultura" com quase dois séculos de existência, o "Grémio Literário" (Lisboa), por onde passaram Alexandre Herculano e Almeida Garret, entre tantos outros.
4. À denominada abordagem '3 Ps', 'people, planet and profit', deve ser agregada a integridade das práticas empresariais.
5. Temática em que procedimentos e expressões como, *v.g.*, *know your costumer, risk assessment, risk management, due dilligence, tone at the top, risk based approach* ou *rules based approach*, se tornaram universais e voz corrente, tal como o *follow the Money* (*to catch the Money*).

COAF ou as UIF[6]) e instâncias formais de controlo], a partir daquilo que nos estudos estratégicos se designa por *"early warning signals"* ou *"weak signals"* (atento o desenvolvimento científico e tecnológico temos hoje à disposição ferramentas informáticas que permitem utilizar filtros, gerar alertas ou *red flags*, recorrer a algoritmos, à inteligência artificial ou a *"machine learning"*, numa lógica de "fazer mais – e melhor – com menos").

O autor demonstra um profundo conhecimento das normas e procedimentos em vigor (o que exige atualização permanente – a obra inclui a mais recente legislação sobre ativos virtuais, por exemplo), nacional e internacionalmente, a que não é alheia a sua vasta experiência profissional, por um lado [é caso para dizer que o ator se transforma em autor (sem embargo de procurar manter o distanciamento necessário, evitando vieses e preconceitos)], beneficiando do seu percurso e formação académica (adquirida em reputadas universidades),[7] por outro, o que lhe permite compreender o fenómeno subjacente (o *branqueamento*,[8] que abarca diferentes realidades e tipologias criminais, e se aproveita da internacionalização da economia, acompanhando a globalização e a emergência de uma nova criminalidade organizada e transnacional), e a atividade *stricto sensu* (o livro revela-se pleno de conselhos úteis).

Recomendações orgânico-estruturais e ensinamentos que nos preparam para um combate exigente, que se pretende efetivo e exige a participação de todos, para todos e para si próprio, do ponto de vista do setor privado (basta pensar no preço a pagar por danos reputacionais, uma vez que *"clean businesss are good for profits"*, ninguém é *"too big to fail"* e o problema não é só económico, mas, também, moral).

As organizações criminosas são verdadeiras empresas. Complexas estruturas, um mosaico ou teia de subsidiárias, associadas, participadas ou, de alguma forma, controladas – grupo económico, holding, SGPS – Sociedades Gestoras de Participações Sociais, filiais e sucursais, etc. –, com variados objetos sociais, descritos de forma vaga, imprecisa ou generalista, bastas vezes constituindo apenas uma fachada para dificultar a sua perseguição, diluir, dispersar ou dissipar património e lucros (aquilo que, por vezes, pomposamente, se denomina por "engenharia financeira").

---

6. Unidades de Informação Financeira (UIF).
7. "Não há nada mais prático do que uma boa teoria, mas a teoria sem a prática para pouco (ou nada) serve." (Paiva, 2020)
8. Utilizamos preferencialmente (indistintamente ou em sinonímia) a expressão "branqueamento" (epígrafe do art. 368º A, do Código Penal Português) em vez de "lavagem de dinheiro" (evitando uma interpretação literal desta última expressão), porque, na verdade, o que está em causa não é só dinheiro, mas os proventos, bens ou vantagens obtidas com a prática de crimes (dinheiro ou quaisquer outras, portanto).

Numa evidente interligação com os entes coletivos, as organizações criminosas adotam-nos como referência organizativa (hierarquia, divisão de tarefas, profissionalização e disciplina a que estão sujeitos os seus membros) e neles se fundem. O mesmo sucede do ponto de vista da atuação, racionalizando recursos humanos e meios logísticos, prosseguindo finalidades de natureza económica, expandindo-se à escala global, interagindo com outras organizações, criminosas ou não, tendendo ao reinvestimento de parte dos lucros obtidos.

Visa-se dissimular, ocultar e alterar a realidade, obter lucros e poder, fugir ao pagamento de impostos (não confundir com "planeamento fiscal agressivo"), *branquear* capitais (recorrendo a bancos internacionais e seus correspondentes, utilizando contas e sociedades *offshore* ou *trusts*, por exemplo). A chamada "indústria do crime", nesta lógica do *mundo em rede*, em que o próprio crime, com natureza transnacional e sofisticados meios técnicos e tecnológicos, adaptando-se às novas formas de socialização, se destaca pelo desenvolvimento de atividades diversificadas (lícitas e ilícitas), pela crescente polivalência e flexibilidade.

O que está em causa, em linguagem estratégica, é, como se disse, a criação e ativação de *early warning systems*.

É que, neste âmbito, tal como na investigação criminal, é preciso ver para além das aparências. Não basta olhar, é preciso ver...

O branqueamento (como a criminalidade organizada, pois que também é disso que tratamos), constitui um "chapéu de chuva" [cfr., por todos, (Zuniga Rodriguez, 2002, p. 3)], que abarca diversas realidades e tipologias criminais [*v.g.*, a corrupção, a fraude e evasão fiscal, o financiamento do terrorismo ou, tão somente, o terrorismo (que utiliza métodos e processos idênticos)].

Na verdade, é isto e muito mais, porque combater a lavagem de dinheiro, a reciclagem dos proventos ilicitamente obtidos com a prática de crimes (para deles usufruir ou reinvestir em novas atividades criminosas), coenvolve sempre, também, o combate à ação prévia, da qual nasceu a vantagem que carece de ser *branqueada* (invertendo-se o plano estratégico tradicional, bastas vezes, *partindo da foz para a nascente*)

Daí afirmar-se o carácter subsidiário ou acessório do crime em apreço (um crime derivado, de conexão ou de segundo grau), pois a respetiva atuação pressupõe, necessariamente, a comissão de um facto ilícito típico prévio.[9]-[10]

---

9. No ordenamento jurídico português (e não um "crime", em sentido técnico-jurídico).
10. Pese embora o uso corrente, vulgarizado, de expressões como crime originário, crime-base, precedente ou principal, primário ou antecedente, delito pressuposto, facto referencial ou infração subjacente (*predicate offenses*), querendo sempre significar a atividade criminosa cuja receita está na origem do que se pretende *branquear*.

Nesta sequência, numa definição pessoal, tão simples e descomplicada como a obra prefaciada, o branqueamento é um processo dinâmico que visa dar uma aparência de legalidade a algo obtido ilicitamente.

Em causa está, *at the end of the day*, o ataque à componente patrimonial do crime.[11] Na verdade, aquilo que vulgarmente sintetizamos na expressão anglo-saxónica "anti-financial crime", mais não é (e é muito) do que um *ecossistema de combate ao crime*, atento a verdadeira finalidade das organizações (lucro e, por essa via, poder), porque o *crime não pode compensar* (nada afetará mais o *homo economicus* do que o risco e a perda das vantagens obtidas com a prática de crimes).

Em tempos de pós-modernidade e globalização, o crime deixou de ser uma subespécie dos negócios para passar a ser um negócio em si mesmo. O *dinheiro tem cheiro* ("*pecunia olet*") e o branqueamento ou lavagem de dinheiro (o tal processo dinâmico que visa dar uma aparência de legalidade a algo obtido ilicitamente), funciona, frequentemente, como "*crime as a service*".

O *branqueador* é um delinquente patrimonial fraudulento. Ensaiando uma definição, que deverá ter em conta cada momento da sociedade – observando-se a sua conjuntura política, económica e social –, das inúmeras formulações possíveis, a criminalidade económica será a parte da criminalidade organizada que, pela sua atividade ou fins, se caracteriza pela obtenção de benefícios económicos ("a continuação do negócio por meios criminosos"[12]).

De âmbito disperso e heterogéneo, extremamente transitório, mutável e plástico na adaptação aos casos concretos, a criminalidade económico-financeira constitui o terreno privilegiado da prova indireta e da proteção de interesses difusos, de bens jurídicos macrossociais, a que, vulgarmente, por tudo isso, associamos a alocução "crimes sem vítima, inimigo sem rosto".

Num mundo complexo, caótico e em vertiginosa mudança, emergiu uma sociedade de risco (cada vez mais dependente da informação, do conhecimento e da tecnologia), das fontes de perigo e de múltiplas crises (de valores, conceitos, lideranças, humanitárias, de fronteiras, demográficas, do Estado-providência, do Estado-nação e do Estado-soberano, financeiras e económicas, de emprego e pandemias, energéticas, ambientais e decorrentes de alterações climáticas), um ambiente gerador de incerteza e insegurança.

As realidades ou problemas são cada vez mais transversais, multidimensionais, transnacionais, globais ou planetárias, e enquanto os problemas surgem *em*

---

11. Segundo o Instituto Max Planck, por exemplo, mais de 70% dos crimes praticados têm a mesma motivação, o lucro (de preferência fácil e avultado).
12. Numa adaptação de Clausewitz, referência no campo dos Estudos Estratégicos, quando afirmava que "a guerra é a continuação da política por outros meios".

tempo acelerado, as soluções encontram-se *em tempo demorado*. "Uma verdadeira arena, aquela em que nós estamos (…) já que chegámos ao globalismo sem governança do globalismo" (como nos ensinou Adriano Moreira).

Neste ambiente "VUCA" (na tradução para português o acrónimo significa Volátil, Incerto, Complexo e Ambíguo), em tempos de *phishing, smishing, vishing* e quejandos, um *admirável mundo novo* (Huxley), pese embora a *complexidade crescente* da sociedade em que vivemos, reclama-se eficiência e eficácia, rigor e efetividade dos sistemas de compliance.

Este é um trabalho de qualidade inquestionável, cujo racional resulta da combinação entre uma análise histórico-normativa e uma análise empírica, contrariando, no fundo, o *mindset*, isto é, a tendência ou ideia de que falar destas coisas tem (sempre) de ser complicado, igualmente complexo e sofisticado, tal como a legislação/regulamentação que lhe subjaz, os *modi operandi* utilizados nas práticas criminosas e a própria investigação de natureza económico-financeira, em geral (do branqueamento, em particular).

"Descomplicar", "simplificar", virtuosas palavras-chave, do autor e sua obra, no contexto supra referido, cativando o leitor, tornando a leitura altamente apelativa e o conteúdo de extrema utilidade, uma espécie de introdução ao estudo da matéria, para uns; um guião essencial, para outros, do ponto de vista dos princípios e regras a reter, imprescindíveis a qualquer profissional de compliance (a que o alerta para questões de natureza ética confere ainda maior amplitude, até porque que (e além do mais) "nem tudo o que é lícito é honesto").

Num mundo globalizado como o atual, em que as transferências eletrónicas, os *swift's*, os *swap's*, os *over night's*, os *spreads* e quejandos termos da gíria bancária, passaram a fazer parte do nosso quotidiano (financeiro), importa, aqui chegados, revisitar a problemática conhecida pela sigla ESG, na linguagem anglo-saxónica (ASG, em língua pátria), preocupada com o ambiente, a sustentabilidade e a governança corporativa.

A sustentabilidade está para o direito pós-moderno, como a liberdade esteve para a modernidade. A proteção de bens jurídicos coletivos, supra individuais, macrossociais, é uma constante preocupação.

E se bem-estar e segurança são objetivos teleológicos do Estado, com as práticas que visamos perseguir, e a que a obra se refere, são os próprios alicerces do Estado de Direito democrático que estão causa, em jogo e em perigo. Práticas delituosas que, associadas a uma "cultura de corrupção", originam situações de concorrência desleal, perturbam a circulação de bens no mercado, corroem as estruturas sociais, impedem o desenvolvimento económico e social e uma justa distribuição de riqueza, deterioram os pilares do sistema democrático, com consequências tangíveis e intangíveis, por isso dificilmente mensuráveis, afetando os particulares e a sociedade no seu todo.

Chegámos, por tudo isto e por via de imposição legal, à privatização de funções (típicas) do Estado, envolvendo todos (setor público e privado), estabelecendo-se uma espécie de parceria público-privada, em que a maior ou menor aceitação/compreensão das entidades obrigadas ou sujeitas a especiais deveres no âmbito da legislação AML,[13] há-de resultar, também, da sua sensibilidade para as questões ambientais, sociais e de governança, da consciência relativamente à sua própria responsabilidade e dos potenciais danos materiais e reputacionais que o "não compliance" e as práticas criminosas acarretam (estar em compliance significará mitigar os riscos que correm; a integridade surge agora como novo paradigma empresarial).

O combate ao branqueamento/lavagem de dinheiro, do ponto de vista preventivo, assenta na análise e gestão de riscos, a que a obra se refere. No seu primordial enfoque, o setor bancário, elencando os mais diversos riscos (geográfico, negócio, cliente, fornecedor, transação, produto, crime, o próprio empregado, na perspetiva anticorrupção), rapidamente saltamos do inicial e universal *Know Your Costumer* para um *"need to know everything"*, como costumo dizer.

O risco é, do ponto de vista estratégico, uma pré-ameaça. A "ameaça", um acontecimento ou ação em curso ou previsível (militar, psicológica, económica, ambiental) é, atualmente, utilizada no enquadramento da salvaguarda da pessoa humana (*segurança humana*), numa lógica agregadora das vertentes *security* (ameaças à segurança, de cariz mais individual, os crimes, por ex.) e *safety* [conceito mais amplo, de segurança coletiva (*v.g.*, o ambiente)].

É também disto que aqui falamos, dos estudos de segurança (um novo *locus* dos Estudos Estratégicos), do conceito de segurança, do Estado e da sociedade, um conceito alargado, de segurança internacional, cada vez mais polissémico, contestado, ambíguo e complexo, que, desde a Escola de Copenhaga, de Barry Buzan e Ole Waever (os *New Security Studies*), inclui agora não só atividades políticas dos Estados, mas, também, um amplo leque de aspetos comunitários, transversais e transfronteiriços.

Sem *perder o norte*, muito menos a simplicidade, recordo Mark Twain e uma carta dirigida a um amigo, em que se desculpava por não ter tido tempo para escrever menos. O Mestre André Martinez, respeitado profissional, professor e palestrante nesta área, arranjou tempo para escrever pouco (o "essencial"), sem

---

13. Anti Money Laundering, na designação anglo-saxónica.

perder rigor (característica de quem domina o assunto), descomplicou e fez bem, o resultado está à vista e, em breve, à nossa disposição.

Foi, por isso, com imenso gosto, que aceitei o honroso convite para prefaciar esta obra, de elevado mérito, um instrumento de natureza formativa e operacional, atento a sua utilidade prática (saber e saber fazer), ainda que, como sempre, se deva ter presente, entre o *"how to do it"* e o *"how to achieve it"* (porque os estudos estratégicos são, antes de mais, uma teoria da ação), a célebre frase de Napoleão Bonaparte:

"Na estratégia, decisiva é a aplicação"

Lisboa, 20 de agosto de 2023.

Vitor Paiva

Doutor em Estratégia. Professor Universitário em Portugal. Licenciado e pós--graduado em Direito. Ex-Diretor da Unidade de Informação Financeira (UIF) da Polícia Judiciária de Portugal.

SUMÁRIO

AGRADECIMENTO VII

ABREVIATURAS XI

PREFÁCIO DE VITOR PAIVA XIII

INTRODUÇÃO 1

1. GOVERNANÇA CORPORATIVA, RISCOS E *COMPLIANCE* 7
   - 1.1 Governança Corporativa – Breves considerações 7
   - 1.2 Avaliação e gerenciamento de riscos – *Risk Assessment/risk Management* 9
   - 1.3 *Compliance* – O "*custos legis*" privado" 16
   - 1.4 *Ombudsman*, SAC, Auditoria e Jurídico – Breves considerações 17

2. CONTEXTUALIZAÇÃO DO *COMPLIANCE* BANCÁRIO 19
   - 2.1 Quem é o *compliance officer* bancário e qual a sua posição no organograma da empresa? 19
   - 2.2 Observações sobre a possibilidade da contratação de especialistas 22

3. HISTÓRICO DO *COMPLIANCE* 27
   - 3.1 Cenário Internacional 28
   - 3.2 Brasil 33

4. FERRAMENTAS A SERVIÇO DO *COMPLIANCE* 43
   - 4.1 Código de Ética e de Conduta 43
   - 4.2 Política de presentes recebidos por funcionários 45
   - 4.3 "*Whistleblower*" 46
   - 4.4 Denúncias Anônimas 51
   - 4.5 O uso da Tecnologia da Informação – "*Red Flags*" 52
   - 4.6 Principais normas e diretrizes sobre programas de *compliance* – ISO, ABNT, CGU e Pró-Ética 52

4.7	Programa de Treinamento	55
4.8	*Due Diligence*/devida cautela	57
4.9	Testes de confiabilidade	59

5. QUATRO REQUISITOS MÍNIMOS NECESSÁRIOS AO *COMPLIANCE* 63

5.1	Respaldo total da alta administração – "*tone at the top*"	63
5.2	Independência do *compliance officer*	68
5.3	Estruturas física, humana e orçamentária	68
5.4	Remuneração compatível	69

6. *COMPLIANCE* BANCÁRIO, PLD/FT – *PREVENÇÃO À LAVAGEM DE DINHEIRO E AO FINANCIAMENTO DO TERRORISMO* – E A CIRCULAR 3.978/2020 DO BACEN 71

6.1	As atribuições do *compliance officer* bancário em PLD/FT	71
6.2	A obrigação de conhecer o seu cliente – "*Know Your Customer*" (KYC)	71
	6.2.1 As contas digitais e a obrigação de conhecer o cliente (KYC)	89
	6.2.2 Resolução conjunta CMN e BCB 6/2023	96
6.3	As *Fintechs* de crédito e O *compliance*	99
6.4	PEPs – Pessoas Expostas Politicamente	101
6.5	A obrigação de comunicar operações suspeitas	105
6.6	A obrigação de conhecer o seu funcionário – "*Know Your Employee*" (KYE)	114
6.7	Conheça o seu fornecedor – *Know Your Supplier* (KYS)	116
6.8	Ativos virtuais/criptoativos	117

7. ATRIBUTOS DO *COMPLIANCE OFFICER* BANCÁRIO 123

7.1	Honestidade e coragem	123
7.2	Inteligência emocional	128
7.3	Formação acadêmica	131
7.4	Conhecimento da atividade bancária	134
7.5	Domínio da língua inglesa	136

8. AS RELAÇÕES INTERNAS DO *COMPLIANCE OFFICER* BANCÁRIO E SUAS ESPECIFICIDADES 137

8.1	Conselho de Administração, Diretoria e Conselho Fiscal	139

8.2	Área Comercial	144
	8.2.1 Proteção da saúde mental dos funcionários	149
	8.2.2 Promoção da diversidade/inclusão e combate às diversas formas de discriminação	154
8.3	Jurídico	157
8.4	*Ombudsman* e Auditorias Interna e Externa	160
8.5	Serviço de Atendimento ao Consumidor – SAC	162
8.6	Tecnologia da Informação – TI	163
8.7	A LGPD e a figura do "encarregado"	164
8.8	A difícil habilidade de pedir algo – da forma correta – a outra área da instituição	167
8.9	A diferença entre assuntos "urgentes" e "importantes"	168
CONCLUSÃO		171
REFERÊNCIAS		173

INTRODUÇÃO

Fruto da experiência adquirida pelo autor no exercício do cargo de superintendente de *Compliance* de varejo da rede nacional de agências do Banco Itaú S/A – nomeação no ano de 2000[1] –, aliada aos estudos realizados na *Université de Fribourg* – Suíça –, em 2018, este livro apresenta o tema "*Compliance* Bancário" a todos aqueles que, de alguma forma, se interessam e/ou são impactados pelas regras do universo do *compliance* bancário.

O livro teve seu conteúdo bem *pavimentado* em obra anterior do autor[2] e, agora *reformulado*, conta com *atualizações* importantes diante da dinâmica que o tema possui no Brasil e no exterior.

A obra busca mostrar ao leitor a vastidão do tema *compliance* no setor bancário, que vai muito além da prevenção à lavagem de dinheiro e ao financiamento do terrorismo, atividade que ficou mais conhecida no meio empresarial no decorrer dos anos, dada sua inegável importância.

Sem o medo de cometer exagero, *todo fato* que envolva a reputação, a marca e/ou a imagem da instituição no mercado, em PLD/FT ou não, é/deve ser, sim, objeto de atenção e de atuação do *compliance officer* bancário. Referida atividade, contudo, não se mistura com a do jurídico, por exemplo, como veremos adiante.

O conteúdo exposto é importante para quem trabalha no setor financeiro, em especial no setor de varejo de bancos múltiplos,[3] cooperativas de crédito e *fintechs*,

---

1. Em função da Resolução 2.554/1998 do CMN, a qual assim dispõe: "Art. 5º O sistema de controles internos deverá estar implementado até 31.12.99, com a observância do seguinte cronograma: I - definição das estruturas internas que tornarão efetivos a implantação e o acompanhamento correspondentes – até 31.01.99".
2. Livro escrito em coautoria com Carlos Fernando dos Santos Lima, "Compliance Bancário: Um Manual Descomplicado", o qual teve sua 4ª, e última, edição publicado pela editora JusPodivm, em 2022.
3. De acordo com o BACEN, "Os bancos múltiplos são instituições financeiras privadas ou públicas que realizam as operações ativas, passivas e acessórias das diversas instituições financeiras, por intermédio das seguintes carteiras: comercial, de investimento e/ou de desenvolvimento, de crédito imobiliário, de arrendamento mercantil e de crédito, financiamento e investimento(...). O banco múltiplo deve ser constituído com, no mínimo, duas carteiras, sendo uma delas, obrigatoriamente, comercial ou de investimento, e ser organizado sob a forma de sociedade anônima. As instituições com carteira comercial podem captar depósitos à vista. Na sua denominação social deve constar a expressão "Banco" (Resolução CMN 2.099/1994). Disponível em: https://www.bcb.gov.br/pre/composicao/bm.asp. Acesso em: 25 jun. 2023.

mas também para advogados, promotores, juízes, procuradores e servidores públicos que atuam perante os órgãos reguladores e/ou de fiscalização do setor bancário.

Em relação aos vários produtos comercializados nas agências bancárias cuja regulação advenha da CVM (fundos de ações, por exemplo) ou da SUSEP (seguros), e não do BACEN, principal foco da presente obra, os leitores poderão se valer da Resolução CVM 50/2021 e da Circular SUSEP 612/2020.

Buscou-se tratar dos assuntos, por vezes aparentemente complexos, da maneira mais didática e objetiva possível. Sem deixar de lado, porém, os conceitos teóricos mais importantes. A premissa foi a de que *Compliance* não precisa ser complexo para ser compreendido e aplicado de maneira efetiva.

Simplicidade – que não se confunde com simplismo – é fundamental. Alias, se muitos conceitos e atitudes essenciais fossem realmente adotadas pelas insittuições, certamente já teríamos, na prática, muito menos casos de assédios nas empresas, bem como de lavagem de dinheiro, com a utilização do setor financeiro. De nada adianta o conhecimento profundo do tema se não o aplicarmos em seus conceitos básicos e principiológicos.

Prática de ações essenciais e efetivas. Esta é, na visão do autor, a necessidade atual do mercado financeiro em relação ao *complaince*. Daí a origem do nome do livro: "Compliance Bancário Essencial", um verdadeiro convite para que todos voltem seus esforços para o essencial, para o básico, do *compliance* bancário.

Sem perder de vista todos os ganhos e evoluções do *compliance* bancário nas últimas duas décadas, fato é que, atualmente, muito ainda precisa ser feito para se evitar que escândalos de grandes proporções – ou mesmo fatos pontuais –, quer seja de lavagem de dinheiro ou de assédios, por exemplo, continuem a ocorrer.

O cenário de transformação digital, com a diminuição drástica de agências físicas e de funcionários, não pode ser analisado sem ter em mente, também, o aumento da atuação de organizações criminosas e a consequente movimentação financeira advinda dos mais variados ilícitos. Da mesma forma, a corrupção não pode ser ignorada.

Como veremos adiante, toda tecnologia é bem-vinda, mas ela precisa estar alinhada com a segurança e com a preservação do Sistema Financeiro Nacional, bem como estar de acordo com a proteção dos direitos dos consumidores. Não é tarefa fácil, mas é um desafio inafastável que se impõe diante de nós.

Este trabalho pretende ser uma ferramenta tanto de difusão e democratização do conhecimento, quanto de desenvolvimento e debate da carreira de *Compliance officer* bancário, especialmente considerando-se que as regras sobre *compliance* bancário estão sempre em evolução.

Muitas vezes, as regras aqui tratadas são alteradas, ou até mesmo revogadas, rapidamente, por meio de atos do Legislativo, do CMN ou do BACEN.

Se até Emendas Constitucionais são, não raras vezes, aprovadas pelo Congresso Nacional em rápida tramitação, apesar do quórum qualificado exigido pela Constituição Federal, e em dois turnos, o leitor já pode imaginar o que acontece com regras legais ou infralegais, as quais, para serem alteradas, não exigem as formalidades do processo legislativo de um projeto de emenda à Constituição.

Manter-se atualizado na matéria *Compliance* Bancário exige, pois, um alto nível de atenção em relação às leis e aos atos infralegais constantemente produzidos e/ou alterados/revogados.

A boa notícia, contudo, é que os princípios e os conceitos sobre a teoria do *Compliance Bancário* não podem ser alterados, sob pena de se desvirtuar o referido instituto. O cerne da construção teórica deve permanecer intacto, pois só assim haverá coerência da disciplina ao longo do tempo.

Mesmo que, eventualmente, o legislador e/ou o regulador venham um dia, porventura, a editar ato que se choque com os princípios norteadores do *Compliance*, tal ato pode e deve ser levado à apreciação do Judiciário, cabendo ao julgador fazer a interpretação sistemática e teleológica do ato em questão em face do que o *Compliance* realmente representa no cenário mundial.

Neste trabalho, apresenta-se ao leitor o sistema normativo vigente no país até o fechamento desta edição, de maneira atualizada e compilada, de forma a facilitar a compreensão sistemática da matéria.

Pois bem. Já adentrando à matéria propriamente dita, cabe esclarecer que, no Brasil, o *compliance* bancário nasceu efetivamente em 1998, quando vieram à luz a Lei de Lavagem de Dinheiro e a Resolução 2.554[4] do Conselho Monetário Nacional. Mas foi apenas nos últimos dez anos que ele ganhou maior destaque, inclusive midiático, graças à publicação da Lei Anticorrupção, de 2013, que passou a vigorar a partir de 2014.[5]

---

4. Revogada desde 01/01/2022 pela Resolução CMN 4.968/2021, como trataremos adiante.
5. Nossa lei anticorrupção é fruto da assinatura pelo Brasil da (i) Convenção Antissuborno da OCDE (Organização para a Cooperação e Desenvolvimento Econômico) de 1997. Entre nós, a Convenção foi ratificada em 15/06/2000 e promulgada pelo Decreto 3.678/2000. Vale anotar que o Brasil já requereu oficialmente sua admissão na OCDE em 2017. Também merecem destaque (ii) a Convenção Interamericana contra a corrupção, de 1996, promulgada pelo Decreto 152/2002, bem como (iii) a Convenção da ONU contra corrupção (Convenção de Mérida), de 2003, promulgada pelo Decreto 5.687/2006 e (iv) o Princípio número 10 do "Pacto Global da ONU" – "As empresas devem combater a corrupção em todas as suas formas, inclusive extorsão e propina".

Entretanto, como bem abordado por Ronaldo Pinheiro de Queiroz,[6] outras tantas leis anteriores à Lei Anticorrupção também tratam e coíbem a corrupção – a maioria aprovada nos anos seguintes a 1998 – como, por exemplo, a Lei 9.840/1999 (Lei da Compra de Votos), a Lei Complementar 101/2000 (Lei de Responsabilidade Fiscal), a Lei Complementar 135/2010 (Lei da Ficha Limpa) e a Lei 12.813/2013 (Lei de Conflito de Interesses na Administração Pública).

No lecionar do referido autor: "Como se percebe, o que não falta no Brasil são leis contra a corrupção, havendo se formado em nosso ordenamento jurídico um verdadeiro microssistema anticorrupção, o qual abrange desde a Constituição da República até as normas internacionais (devidamente incorporadas ao direito pátrio) e leis específicas sobre o tema".

Mas é bom lembrar que a corrupção de funcionários públicos sempre foi crime em nosso país, estando previsto expressamente em nosso Código Penal.

Neste contexto posterior à Lei de Combate à Lavagem de Dinheiro e à Lei Anticorrupção, os dois mais importantes marcos legislativos sobre o tema, e passados mais de vinte anos desde a edição da Resolução 2.554/1998 do Conselho Monetário Nacional – normativo que instituiu as funções de controle no sistema bancário –, é que nos encontramos atualmente.

No ano de 2017 foi publicada a importante Resolução 4.595 do CMN. É norma dedicada exclusivamente à "política" de conformidade (*compliance*)[7] das instituições financeiras e demais instituições autorizadas a funcionar pelo BACEN – *inclusive cooperativas de crédito* –, e que teve o mérito de compilar, em um só instrumento, as várias diretrizes já há tempos veiculadas pelo Comitê da Basileia e por outras normas neste livro tratadas. A Resolução 4.595/2017 é, portanto, fonte indispensável de conhecimento ao *compliance officer* bancário.

Assim, diante da crescente exigência de conformidade legal, ganham ainda mais importância o treinamento e a capacitação daqueles que irão ocupar os postos das áreas de *compliance* dentro das instituições.

Também é necessário conscientizar e educar todos os demais indivíduos que, direta ou indiretamente, lidam com clientes bancários, sobre a importância da cultura de *compliance*. Há que se instruir todos aqueles que trabalham em instituições financeiras, de todos os setores, em educação continuada, sobre as situações que podem caracterizar a desconformidade com leis, regulamentos e códigos de ética e de conduta.

---

6. MUNHÓS, Jorge e QUEIROZ, Ronaldo Pinheiro (Org.). *Lei Anticorrupção e Temas de Compliance*. Capítulo 19. Responsabilização Judicial da Pessoa Jurídica na Lei Anticorrupção. 2. ed. Salvador/BA: JusPodivm, 2016, p. 576-577.
7. Política esta que deve ser aprovada pelo Conselho de Administração da instituição.

O livro também é de utilidade para as pessoas que atuam na *área jurídica* – juízes, promotores, defensores, procuradores e advogados –, pois permite a eles uma visão geral da matéria no Brasil, a qual se tornou ainda mais importante após a edição da Lei Anticorrupção.

Neste sentido, a cultura de *compliance* é matéria obrigatória para advogados, reguladores, acusadores e julgadores da seara administrativa e/ou judicial, pois deverão considerar a existência ou não da área de *compliance* nas empresas, bem como sua efetividade e abrangência – dosimetria expressamente prevista no art. 7º da Lei Anticorrupção, a ser utilizada quando da aplicação de sanções administrativas, observado os parâmetros do Decreto Federal 11.129/2022.

Não bastasse a necessidade de se conhecer bem os fundamentos do *compliance* em função da Lei Anticorrupção 12.846/2013,[8] que prevê o PAR – Processo Administrativo de Responsabilização – e do PAS[9] – Processo Administrativo Sancionador, este livro é de especial interesse daqueles que pretendam prestar concursos públicos de ingresso na carreira da Magistratura porque, por meio da Resolução 423/2021, que alterou a Resolução 75/2009, o Conselho Nacional de Justiça – CNJ – incluiu, entre outros, os seguintes temas para as provas de ingresso na carreira: "(...) Governança corporativa e Compliance no Brasil. Mecanismos de Combate às organizações criminosas e Lavagem de Dinheiro. Whistleblower. (...)", abordados adiante.

A medida do CNJ acima referida vem na mesma esteira da sua outra Resolução, a de número 410/2021, que dispõe sobre a instituição de normas gerais para sistemas de integridade no âmbito do Poder Judiciário brasileiro, bem como na esteira da Resolução 757/2021 do Supremo Tribunal Federal – STF –, que instituiu o chamado "Programa de Integridade"[10] na Corte Suprema.[11]

No Poder Executivo federal, vigoram os Decretos 10.756/2021 e 10.795/2021, que instituíram, respectivamente, o "Sistema de Integridade Pública do Poder Executivo Federal" e o "Programa de Integridade da Presidência da República".

Neste amplo cenário, esta obra busca tratar do tema de forma objetiva e direta. Tendo esse norte, o livro busca se ancorar em duas valiosas virtudes humanas indispensáveis ao *compliance officer*: a honestidade e a coragem.

---

8. Regulamentada pelo Decreto Federal 11.129/2022.
9. A respeito, a Lei 13.506/2017 e a Resolução BACEN 131/2021.
10. *Compliance* é, por vezes, traduzido por "integridade", como, por exemplo, na importante Lei 12.846/2013, no seu art. 7º, VIII, bem como em algumas regras que tratam do tema no setor público.
11. "Art. 1º Fica instituído o Programa de Integridade do Supremo Tribunal Federal (STF) com o propósito de implementar um conjunto de medidas e ações institucionais sistematizadas voltadas para a prevenção, detecção, punição e remediação de irregularidades administrativas, condutas ilícitas e desvios éticos, permitindo que vários instrumentos de gestão e controle passem a ser vistos em conjunto, com abordagem e utilização sistêmicas". *Diário da Justiça Eletrônico* publicado em 07.01.2022.

A cultura de *compliance* engloba toda a instituição financeira, já que está diretamente ligada à marca da empresa, à sua reputação, à cultura ética e aos seus valores perante a sociedade. Não sem razão que diversas obras e cursos tratam a matéria como "Ética e *Compliance*".

Sem prejuízo do acima colocado, há anos os bancos brasileiros têm alcance internacional. Suas atividades e ações têm repercussão em todo o mundo, seja porque suas agências estão espalhadas nos cinco continentes, seja porque os veículos e canais digitais de comunicação e vendas ganharam a velocidade e o alcance da *internet*.

Regras mundiais rigorosas de conduta (por exemplo, a Lei Anticorrupção brasileira, a norte-americana FCPA – *Foreign Corrupt Practices Act*, o *Bribery Act* britânico e a *Sapin II* francesa) eram mesmo necessárias. Tanto o acionista de uma instituição financeira quanto o investidor ou correntista, querem ter a confiança de que seu banco segue padrões mínimos de segurança e lisura, seja no Brasil ou no exterior.

Qualquer notícia negativa envolvendo uma instituição financeira é capaz de ganhar repercussão mundial imediata. Graças às redes sociais e instrumentos de comunicação da *internet* – Facebook, LinkedIn, Twitter, WhatsApp e Instagram, por exemplo –, os clientes viraram repórteres em potencial, prontos para editar e publicar, por conta própria, uma notícia "contra" esta ou aquela instituição, sem qualquer oportunidade de defesa prévia da suposta "ofensora".

Ou seja, a *reputação* das instituições ficou muito mais exposta a eventuais repercussões negativas no mercado.

Ao mesmo tempo que se beneficiam da *internet* e das redes sociais, por meio de publicidade e da abertura de contas bancárias 100% digitais, os bancos têm aprendido a lidar com as vulnerabilidades correlatas.

Feitas essas considerações iniciais, se o leitor, ao final da obra, tiver compreendido a dimensão da importância do *Compliance*, o objetivo do livro terá sido alcançado.

1
GOVERNANÇA CORPORATIVA, RISCOS E *COMPLIANCE*

De maneira bastante objetiva, podemos dizer que as empresas de todos os setores, dos menos aos mais regulados, devem se preocupar e investir recursos e treinamento em três pilares fundamentais e que se comunicam: a Governança Corporativa (*Governance*), o Gerenciamento de Riscos (*Risk Management*) e o *Compliance*.[1]

1.1 GOVERNANÇA CORPORATIVA – BREVES CONSIDERAÇÕES

Embora o presente livro não tenha como objeto o estudo da Governança Corporativa e suas implicações no cotidiano empresarial, ainda assim, algumas breves considerações são pertinentes para a melhor compreensão dos fundamentos de GRC.

Em relação à Governança Corporativa, nos dizeres de LIMA,[2] ela implica, (i) a equidade no tratamento de todos os interessados na instituição, (ii) a transparência no trato das informações relativas à atividade da empresa, (iii) a prestação de contas dos negócios – *accountability* – e (iv) a responsabilidade corporativa na condução dos seus atos.

Para o mesmo autor, o esperado comportamento ético e de obediência às leis pelas empresas não poderia depender apenas da boa vontade ou de indicações de pessoas despreparadas para cargos de alta administração, nem tampouco

---

1. Sean J. Griffith, da *Fordham Law School*, chega a afirmar que "Compliance is the new corporate governance. Much of what scholars and practitioners think of as core corporate governance – the oversight and control of internal corporate affairs – is now being subsumed by "compliance". Although compliance with law and regulation is not a new idea, the establishment of an autonomous department within firms to detect and deter violations of law and policy is. American corporations are at the dawn of a new era: the era of compliance". *Harvard Law School Forum on Corporate Governance and Financial Regulation,* 10.05.2016. Disponível em: https://corpgov.law.harvard.edu/2016/05/10/corporate-governance-in-an-era-of-*compliance*/. Acesso em: 16 jun. 2023.
2. MARTINEZ, André Almeida Rodrigues; LIMA, Carlos Fernando dos Santos. *Compliance Bancário*: Um Manual Descomplicado. 4. ed. Salvador: JusPodivm, 2022, p. 40.

depender do pensamento particular de cada administrador individualmente considerado.

Diz respeito, pois, com a ideia de uma gestão menos personificada nos administradores e menos dependente apenas de suas convicções pessoais. Nessas premissas é que se alicerça o conceito de Governança Corporativa.

No Brasil, dentro dessa tendência, foi lançado em 2016 o "Código Brasileiro de Governança Corporativa – Companhias Abertas", fruto do trabalho conjunto de entidades do mercado de capitais, tendo sido inclusive incorporado à regulação da Comissão de Valores Mobiliários, por meio da Instrução CVM 80/2022.

Para o IBGC – Instituto Brasileiro Governança Corporativa –, a

> Governança corporativa é o sistema pelo qual as empresas e demais organizações são dirigidas, monitoradas e incentivadas, envolvendo os relacionamentos entre sócios, conselho de administração, diretoria, órgãos de fiscalização e controle e demais partes interessadas. As boas práticas de governança corporativa convertem princípios básicos em recomendações objetivas, alinhando interesses com a finalidade de preservar e otimizar o valor econômico de longo prazo da organização, facilitando seu acesso a recursos e contribuindo para a qualidade da gestão da organização, sua longevidade e o bem comum.[3]

Vale destacar que, nos termos da Circular 3.978 do BACEN, em vigor desde 01/10/2020, a qual será tratada adiante em detalhes, as instituições financeiras devem dispor de estrutura de governança visando a assegurar o cumprimento da política de combate à lavagem de dinheiro e ao financiamento do terrorismo.

No que se refere ao setor público federal, o Decreto 9.203/2017 veio dispor sobre a "política de governança" da Administração Pública Federal direta, autárquica e fundacional.[4]

Na Europa, a ideia de Governança Corporativa já se encontra em estágio bem avançado ("Código Alemão de Governança Corporativa", por exemplo)[5.]

---

3. Disponível em: https://www.ibgc.org.br/conhecimento/governanca-corporativa. Acesso em: 16 jun. 2023.
4. Referido Decreto é tratado na Portaria 57/2019 da CGU.
5. "Corporate Governance is understood as the legal and factual regulatory framework for the management and supervision of an enterprise. The German Corporate Governance Code (the "Code") contains principles, recommendations and suggestions for the Management Board and the Supervisory Board that are intended to ensure that the company is managed in its best interests. The Code highlights the obligation of Management Boards and Supervisory Boards – in line with the principles of the social market economy – to take into account the interests of the shareholders, the enterprise's workforce and the other groups related to the enterprise (stakeholders) to ensure the continued existence of the enterprise and its sustainable value creation (the enterprise's best interests). These principles not only require compliance with the law, but also ethically sound and responsible behaviour (the "reputable businessperson" concept, Leitbild des Ehrbaren Kaufmanns). With their actions, the company and its governing bodies must be aware of the enterprise's role in the community and its responsibility vis-à-vis society. Social and environmental factors influence the performance of the company, and its activities

1.2 AVALIAÇÃO E GERENCIAMENTO DE RISCOS – *RISK ASSESSMENT/ RISK MANAGEMENT*

Toda atividade empresarial envolve algum tipo de *risco*, que aqui podemos definir como sendo a exposição à possibilidade da ocorrência de um evento que, se tornado realidade, gerará uma perda, prejuízo ou um passivo para a empresa.

Com a atividade bancária não poderia ser diferente.

Compliance está diretamente ligado à identificação e à avaliação desses riscos (*risk assessment*),[6] bem como ao necessário *gerenciamento* deles (*risk management*).

Identificação e avaliação de riscos são essenciais para estabelecer as corretas estratégias e alocação de recursos financeiros e humanos para evitar que perdas – financeiras, materiais, reputacionais e/ou humanas – venham a ocorrer. A criteriosa identificação e avaliação são vitais para o correto gerenciamento dos riscos.

A depender da estrutura e do organograma de cada instituição, pode haver uma diretoria exclusivamente dedicada à análise e ao gerenciamento de riscos. Na ausência de uma diretoria específica, em relação aos riscos operacionais do negócio, essa tarefa deve ser atribuição da diretoria ou da área dedicada ao *compliance*. E quando houver tal diretoria específica, ela deverá agir sempre em sintonia e em harmonia com a diretoria de *compliance*. Recomenda-se, contudo, que a gestão *dos riscos operacionais*[7] esteja sob a estrutura do *compliance*.

---

have an impact on people and the environment. The Management Board and the Supervisory Board take this into account when exercising their respective management and supervisory roles in the company's best interests. The objective of the Code is to make the dual German corporate governance system transparent and understandable. The Code includes principles, recommendations and suggestions governing the management and monitoring of German listed companies that are accepted nationally and internationally as standards of good and responsible governance. It aims to promote confidence in the management and supervision of German listed companies by investors, customers, employees and the general public. The principles reflect material legal requirements for responsible governance, and are used here to inform investors and other stakeholders. Recommendations of the Code are indicated in the text by using the word "shall". Companies may depart from recommendations, but in this case they are obliged to disclose and explain any departures each year ("comply or explain"). This enables companies to take into account sector – or company-specific special characteristics. Well-justified departures from recommendations of the Code may be in the best interests of good corporate governance. Finally, the Code contains suggestions from which companies may depart without disclosure; suggestions are indicated in the text by using the word "should.'" Disponível em: https://www.dcgk.de/en/code//foreword.html. Acesso em: 16 jun. 2023.

6. "Risk assessment is the fundamental activity of risk management, meaning that risk management tools, techniques and strategies cannot be applied until an organization identifies and understands its risks". FONE, Martin and YOUNG, Peter C. *Public Sector Risk Management*. Oxford, England: Butterworth-Heinemann, 2001, 69.
7. Tratados adiante.

No setor bancário, objeto deste trabalho, a simples abertura diária de uma agência para um dia normal de trabalho já a expõe a pelo menos *três tipos principais de riscos*.

São eles (i) o risco de crédito, (ii) o risco de mercado e (iii) o risco operacional, conforme a classificação do Comitê da Basileia. Vamos a eles:

O risco de *crédito* é aquele que diz respeito à chance de o banco vir a não receber de volta aquela quantia emprestada ao cliente. É o risco, dentre os três, mais controlável.

Isto porque o banco, antes de emprestar, tem como analisar a saúde financeira do cliente (sua solvabilidade). Além disso, toma garantias (em especial hipoteca), e pode limitar o valor do empréstimo. Ou seja, tem boa parcela de controle sobre o referido risco.

A atividade bancária – diga-se – está baseada exatamente na remuneração advinda da assunção, por parte da instituição, desse tipo de risco. Por aceitar o risco de crédito, ela é remunerada por meio de taxas e comissões.

Já o risco de mercado e o risco operacional não dependem dela.

O risco de *mercado* relaciona-se com atividades no mercado sobre as quais a instituição não tem ingerência, como a volatilidade da Bolsa de Valores, por exemplo.

Finalmente, o risco *operacional* diz respeito a todos os demais eventos que podem vir a ocorrer e causar prejuízos à instituição financeira, que não sejam advindos de operações de crédito ou do mercado, devidos a fatores externos ou internos, por falhas humanas ou não.

Relaciona-se, pois, com as falhas que decorrem das operações diárias necessárias ao bom funcionamento da instituição, sem as quais ela não poderia desenvolver seu objeto social, excetuados os riscos de crédito e de mercado.

O Conselho Monetário Nacional assim conceitua o risco operacional em sua Resolução CMN 4.557/2017, com as suas alterações posteriores:

> Art. 32. Para fins desta Resolução, define-se o risco operacional como a possibilidade da ocorrência de perdas resultantes de eventos externos ou de falha, deficiência ou inadequação de processos internos, pessoas ou sistemas.
>
> § 1º A definição de que trata o caput inclui o risco legal associado à inadequação ou deficiência em contratos firmados pela instituição, às sanções em razão de descumprimento de dispositivos legais e às indenizações por danos a terceiros decorrentes das atividades desenvolvidas pela instituição.
>
> § 2º Entre os eventos de risco operacional, incluem-se: I – fraudes internas; II – fraudes externas; III – demandas trabalhistas e segurança deficiente do local de trabalho; IV – práticas

inadequadas relativas a usuários finais, clientes, produtos e serviços; V – danos a ativos físicos próprios ou em uso pela instituição; VI – situações que acarretem a interrupção das atividades da instituição ou a descontinuidade dos serviços prestados, incluindo o de pagamentos; VII – falhas em sistemas, processos ou infraestrutura de tecnologia da informação (TI); VIII – falhas na execução, no cumprimento de prazos ou no gerenciamento das atividades da instituição, incluindo aquelas relacionadas aos arranjos de pagamento. § 3º Para as atividades de pagamento, as falhas mencionadas no § 2º incluem: I – falhas na proteção e na segurança de dados sensíveis relacionados tanto às credenciais dos usuários finais quanto a outras informações trocadas com o objetivo de efetuar transações de pagamento; II – falhas na identificação e autenticação do usuário final em transação de pagamento; III – falhas na autorização das transações de pagamento; e IV – falhas na iniciação de transação de pagamento.

Como mais comuns e importantes, temos os seguintes *riscos operacionais*:

a) Fraudes internas e externas de todos os tipos

São aquelas que ocorrem, por exemplo, por meio: do extravio na entrega de cartões de crédito/débito, da clonagem de cartões (fatos tão comuns nos anos 2000), da *corrupção* e da *lavagem de dinheiro e do financiamento do terrorismo*. Tais fraudes são as responsáveis por condenações de dirigentes da empresa e dos clientes envolvidos nas fraudes; geram ainda indenizações a clientes de boa-fé. Além disso, são as que, de longe, causam maior dano na reputação da empresa perante o mercado (dano reputacional);

b) Acidentes/incidentes nas agências envolvendo clientes

Acontecem desde a queda de um cliente em virtude de um piso escorregadio sem a devida sinalização, até o ferimento de um correntista durante um assalto (chamado fortuito interno da atividade comercial[8]). Todos geram a obrigação de indenizar a vítima pelos danos por ela sofridos;

c) Falhas nos sistemas de Tecnologia da Informação (TI) da empresa

Ocorrem, por exemplo, na tão conhecida "queda do sistema". Também podem se dar por meio da queda do *site*, *App* ou de outro canal do próprio banco ou em função da inoperância de determinada função e/ou operação bancária. A Resolução CMN 5.076/2023 inseriu no texto do art. 32 hipóteses relacionadas aos arranjos de pagamento e às transações de pagamento.

---

8. Súmula 479 do STJ: "As instituições financeiras respondem objetivamente pelos danos gerados por fortuito interno relativo a fraudes e delitos praticados por terceiros no âmbito de operações bancárias".

d) Má ou equivocada observância da legislação e das normas regulatórias em vigor

Aqui um passivo silencioso e perigoso em inúmeras instituições. Se não observada corretamente a legislação – especialmente do consumidor, tributária, penal e trabalhista – e as demais posturas regulatórias, em curto espaço de tempo a empresa terá de enfrentar demandas judiciais milionárias. Geram, junto às fraudes internas e externas de todos os tipos, o maior número de condenações e de indenizações para as instituições bancárias;

e) Passivo trabalhista e tributário

Derivação do que foi exposto acima, é fruto da inobservância ou mesmo da má interpretação da legislação e das demais regras administrativas sobre os temas. Os valores são sempre vultosos;

f) Falhas na parte estrutural e/ou manutenção dos edifícios

Falhas na obra ou nos prédios já acabados das agências podem gerar indenizações milionárias a correntistas e/ou a moradores vizinhos e pedestres. É preciso cuidado ao se realizar uma construção nova ou reforma de modo que nenhum dano advenha dessa obra;

Da mesma forma, a manutenção *preventiva* é fundamental. Prédios sem água nos hidrantes, sem saídas de emergência devidamente sinalizadas, sem fiação elétrica adequada ou com o alvará do Corpo de Bombeiros vencido são problemas que podem levar a verdadeiras tragédias, como aquela ocorrida no Museu Nacional, no Rio de Janeiro, em 2018;

g) Falhas na segurança patrimonial

A responsabilidade pela segurança de todos os prédios da instituição, próprios ou alugados, não deve ser nunca deixada de lado, inclusive em relação àqueles que são retomados em leilões (operações de crédito imobiliário). Se não houver a presença de segurança física constante no local, a instituição deverá cuidar para que a área seja então muito bem fechada e sinalizada para evitar sua responsabilização no caso de eventual acidente, especialmente envolvendo crianças.

h) Falhas na segurança/vazamentos de dados pessoais

Com a edição da Lei Geral de Proteção de Dados Pessoais (LGPD), Lei 13.709/2018, com as alterações da Lei 13.853/2019, um novo âmbito de preocupação entrou na agenda dos *compliance officers,* sem olvidar, porém, que muito antes já havia o dever de obediência ao direito do consumidor e às regras de sigilo bancário, dentre outros diplomas legais.

No mesmo contexto está a preocupação do BACEN com a segurança cibernética, expressa na sua Resolução 4.893/2021,[9] que estabelece um cronograma de adaptação e proteção de dados e operações financeiras.

A segurança da informação pessoal é um dos desejos mais difíceis de serem atingidos na moderna sociedade de informação. A informação diária sobre *hackers*, vazamentos, falhas de segurança, quando não o comércio puro e simples de informações comerciais, são uma realidade.

Os bancos já se preocupam com esse aspecto há mais tempo que os demais atores atingidos pela nova lei, mesmo porque o sigilo e confidencialidade são paradigmas da atuação dos bancos. Entretanto, diante das novas sanções previstas, o controle deve ser ainda mais preciso e o treinamento dos funcionários mais refinado a esse respeito.

Todos esses riscos operacionais devem ser objeto de estudo e de acompanhamento do *compliance officer*, para pronta e *documentada*[10] comunicação à alta administração – CEO e Conselho de Administração. Deverão, então, ser adotadas as providências necessárias.

Para os três tipos de riscos acima mencionados deve haver provisionamento de valores por parte da instituição financeira para cobrir eventuais indenizações e prejuízos, conforme determinação do Comitê da Basileia. Isto é chamado de "regulação prudencial".

O CMN, por meio da Resolução 4.553/2017,[11] também seguindo as diretrizes da Basileia, cuidou de estabelecer a segmentação do conjunto das instituições financeiras e demais instituições autorizadas a funcionar. Trata-se da aplicação proporcional da regulação prudencial ao tamanho das instituições.

Ou seja, as instituições foram enquadradas por segmentos. Foram segmentadas em cinco grupos que levam em consideração o porte[12] de cada uma delas.

---

9. "Dispõe sobre a política de segurança cibernética e sobre os requisitos para a contratação de serviços de processamento e armazenamento de dados e de computação em nuvem a serem observados pelas instituições autorizadas a funcionar pelo Banco Central do Brasil."
10. Inclusive para os fins do art. 5º, I, "a" e "b", da Resolução 4.968/2021.
11. "Esta Resolução estabelece a segmentação do conjunto das instituições financeiras e demais instituições autorizadas a funcionar pelo Banco Central do Brasil para fins de aplicação proporcional da regulação prudencial, considerando o porte e a atividade internacional das instituições que compõem cada segmento."
12. O porte é definido com base na razão entre o valor da exposição total da instituição e o valor do PIB do Brasil, nos termos do art. 3º da Resolução.

Com base nessa segmentação, o CMN poderá definir requerimentos e exigir obrigações proporcionais a cada segmento criado. Haverá, portanto, regulações prudenciais e medidas de fiscalização mais compatíveis com o porte e o perfil de risco de cada instituição.

Finalmente, cabe ainda uma observação sobre a Resolução 4.595/2017 do Conselho Monetário Nacional, que dispõe sobre a "política de conformidade (*compliance*)" das instituições financeiras.

Tal Resolução faz menção, em seu art. 2º, à necessidade de haver, por parte da instituição, o gerenciamento do seu "risco de conformidade". Prevê, ainda, que: "O risco de conformidade deve ser gerenciado de forma integrada com os demais riscos incorridos pela instituição, nos termos da regulamentação específica".

Pois bem. Considerando-se que a Resolução 4.595/2017 não revogou o disposto na já mencionada Resolução 4.557/2017, e levando-se em conta a necessidade de harmonia entre ambas as Resoluções do mesmo CMN, pode-se entender que o risco de conformidade, ou de *compliance*, diz respeito a questões já conceitualmente tratadas e abrangidas anteriormente como "*risco operacional*".

Isto porque o risco de conformidade diz respeito exatamente ao risco de a empresa não cumprir determinada lei ou comando normativo, pressuposto que está implícito nas hipóteses de ocorrência de fraudes internas, demandas trabalhistas e práticas inadequadas relativas a clientes, produtos e serviços,[13] por exemplo.

Por seu turno, a Circular 3.978/2020 do BACEN, dispõe corretamente que o risco de as instituições terem seus produtos e serviços utilizados para a lavagem de dinheiro ou para o financiamento do terrorismo – risco *operacional*, como acima exposto – deverá ser identificado e mensurado, por meio de avaliação interna, para o combate aos referidos crimes, mecanismo que é crucial instrumento de PLD/FT (art. 10 – "ABR – abordagem baseada em risco").

Ademais, o risco identificado deve ser avaliado quanto à sua *probabilidade* de ocorrência e à *magnitude* dos impactos financeiro, jurídico, reputacional e socioambiental para a instituição. Deve ser elaborado, neste cenário, o que se costuma chamar de "matriz de riscos" ou de "*heat map*", como tratado com detalhes adiante em capítulo específico.

Ainda neste contexto de Governança Corporativa e de Gerenciamento de Riscos, e se focarmos nos riscos de impacto social e/ou ambiental, são necessárias algumas considerações sobre a sigla "*ESG*".

---

13. Hipóteses da Resolução CMN 4.557/2017.

ESG significa "*Environmental, Social and Governance*", no sentido de haver compromisso da empresa com boas práticas (i) ambientais, (ii) sociais e (iii) de governança corporativa.

Em resumo, trata-se de fatores ou padrões que são analisados, tanto pelo investidor[14] quanto pelo consumidor, quando da interação com uma determinada empresa. Ou seja, o investidor e o consumidor verificam se a empresa com a qual estão negociando é ou não, de fato, comprometida com estes três importantes aspectos: meio ambiente, responsabilidade social e governança corporativa. São fatores que se relacionam, portanto, com a sustentabilidade da companhia.

As empresas comprometidas com os fatores ESG certamente possuem passivo menor e, assim, conseguem atrair maior número de investidores e de clientes. Da mesma forma, as empresas que não se mostram comprometidas com os padrões ESG, perdem mercado e investidores.

Registre-se, no setor bancário, a ação conjunta de Itaú, Bradesco e Santander para a promoção do desenvolvimento sustentável da Amazônia, inclusive com a criação de um Conselho Consultivo em 08/2020.[15] Um dos objetivos seria a não concessão de crédito para clientes que não tenham compromisso com a responsabilidade ambiental e social na região amazônica.

A verificação da adequação ou não da companhia aos fatores ESG também é de interesse do *compliance officer*, pois tal adequação tem impacto direto na *reputação* da empresa.

Importante destacar que a Resolução CMN 4.968/2021, em vigor desde 01/01/2022, trouxe, feliz e expressamente, a preocupação do órgão regulador com os temas sociais e ambientais/climáticos, ao assim dispor em seu art. 5º:

> Os sistemas de controles internos devem prever: (...) i) controles que visem a evitar o envolvimento da instituição em atividades indevidas ou ilícitas, em especial as relacionadas aos riscos sociais, ambientais e climáticos (...).

Também vigora entre nós a Resolução CMN 4.945/2021, a qual dispõe sobre a "Política de Responsabilidade Social, Ambiental e Climática (PRSAC) e sobre as ações com vistas à sua efetividade". Desta maneira, o Conselho Monetário Nacional deu importante norte a ser seguido pelas instituições financeiras no cenário ESG.

---

14. O tema ESG, no âmbito da CVM, é tratado na Resolução 80/2022.
15. Disponível em: https://economia.uol.com.br/noticias/estadao-conteudo/2020/08/26/bradesco-itau-unibanco-e-santander-criam-o-conselho-consultivo-da-amazonia.htm. Acesso em: 09 jul. 2023.

O BACEN, por sua vez, já publicou também regras sobre o tema – Resoluções BCB 139 e 140/2021 e Instrução Normativa 153/2021, por exemplo. E desde março de 2020 o BACEN aderiu à rede de bancos centrais integrantes da NGFS – *Network for Greening the Financial System*.

1.3 COMPLIANCE – O "*CUSTOS LEGIS* PRIVADO"

Considerando a definição e a missão do *compliance*, se o leitor permitir aqui um neologismo, pode-se considerar que o *compliance officer*, tal qual idealizado nos EUA e na Europa, e aqui empregado desde a Resolução 2.554/1998, é, na prática, um verdadeiro "*custos legis* privado".

Custos legis significa "*fiscal da lei*" em latim, e é uma das atribuições essenciais do Ministério Público. Isto porque a função cotidiana do *compliance officer* dentro de uma empresa se aproxima à de um promotor de justiça, guardadas as devidas proporções e especificidades, é claro.

O *compliance officer*, ainda que com sua equipe, atua geralmente num trabalho isolado e solitário. Ele pode[16] fiscalizar, ouvir, apurar e deve denunciar as irregularidades à alta administração da empresa e, eventualmente, às autoridades competentes, quando for o caso.

E assim como um membro do Ministério Público, ele deve gozar de independência de opinião frente à alta administração, ter livre acesso a documentos e a um canal de livre recebimento de denúncias.

Da mesma forma, seu comprometimento primeiro é com a *ética* e com a legalidade dos negócios, e não com os lucros da empresa. Ele é o fiscal da lei e da honestidade no ambiente privado, cabendo ressaltar que nem tudo aquilo que é legalmente permitido é, de fato, também honesto. Neste cenário, o *compliance officer* deve ir além da "mera licitude" e zelar também pela honestidade dos atos empresariais.

Na prática, a missão do *compliance* significa uma verdadeira função de poder de polícia delegada pelo Poder Público às empresas, pois obrigam-nas ao controle interno da legalidade e da honestidade das suas próprias atividades.

As empresas privadas acabam, assim, por auxiliar a Administração Pública no atingimento de suas políticas públicas, pois quanto menores os gastos com a repressão pública externa, graças aos programas de *compliance*, maiores poderão ser os investimentos públicos em outras áreas da sociedade (saúde, educação e segurança, dentre outras).

---

16. Muitas vezes com o auxílio da auditoria.

1.4 *OMBUDSMAN*, SAC, AUDITORIA E JURÍDICO – BREVES CONSIDERAÇÕES

O *compliance* não se confunde com as áreas de *ombudsman*, Serviço de Atendimento ao Consumidor – SAC, Auditoria e Jurídico das instituições.

Apesar da busca comum pelos interesses da empresa, cada uma delas tem seu foco em um determinado aspecto ou segmento da instituição.

Aqui em resumo, pode-se dizer que o *ombudsman* se preocupa em defender os interesses dos clientes perante a empresa; que o Serviço de Atendimento ao Consumidor – SAC – busca ouvir e tentar solucionar reclamações; que a Auditoria (interna e externa) tem como preocupação maior zelar pela solidez contábil e pela lisura da conduta dos funcionários perante as regras internas; e que o Jurídico tem como objetivo defender o banco em toda e qualquer situação.

Já o *compliance*, apesar de ter pontos de contato com todas essas áreas, como trataremos neste livro, tem uma missão mais *dilatada* e mais *abrangente* que todas elas.

Assim, muitos dos assuntos dessas áreas poderão interessar também ao *compliance officer*, pois cabe a ele identificar se as reclamações sobre assédios, fraudes, falhas de serviço, mau atendimento ao cliente ou infrações disciplinares representam, na realidade, um risco *sistêmico*, e não apenas fatos isolados na atividade da empresa.

2
CONTEXTUALIZAÇÃO DO *COMPLIANCE* BANCÁRIO

2.1 QUEM É O *COMPLIANCE OFFICER* BANCÁRIO E QUAL A SUA POSIÇÃO NO ORGANOGRAMA DA EMPRESA?

De início, é necessário definirmos alguns termos que podem ser encontrados no mercado bancário para a mesma função. A depender do organograma de cada banco, conferem-se ao titular do cargo responsável pela área de *compliance* os nomes de "*chief compliance officer – CCO*", "*chief risk and compliance officer – CRCO*", "*head of compliance*", "diretor de *compliance*", "diretor de integridade[1] e controles internos", dentre outros semelhantes.

Ele deve se reportar diretamente ao Conselho de Administração – *Board of Directors*, cujo Presidente é o *Chairman* ou a *Chairwoman* –, sem restrições ou intermediários.[2] Também responde ao *Chief Executive Officer* – CEO (Diretor-Presidente), que é o principal executivo da instituição financeira.

Muitas instituições possuem também em seus organogramas Comitês Setoriais[3] de *compliance* e/ou de gestão de riscos. Estes Comitês, assim como o CCO, também estão ligados diretamente ao Conselho de Administração.

É altamente recomendável que exista uma unidade/diretoria específica para a atividade de *Compliance* no setor bancário, e que ela seja totalmente segregada das demais,[4] especialmente da área comercial, para que conflitos de interesses não surjam.

Ou seja, com base nos princípios norteadores do *compliance*, nos requisitos mínimos para o desempenho da função,[5] bem como com base no art. 7º da

---

1. *Compliance* é, por vezes, traduzido por "integridade", como, por exemplo, na importante Lei 12.846/2013, no seu art. 7º, VIII, bem como em algumas regras que tratam do tema no setor público.
2. Art. 5º, VIII e art. 7o, VI da Resolução 4.595/2017.
3. Órgãos colegiados formados por conselheiros e diretores das áreas afins.
4. Como se depreende da interpretação sistemática dos incisos II e IV do art. 5º, bem como dos arts. 6º e 7º da Resolução 4.595/2017, c/c o art. 2º da Resolução CMN 4.968/2021
5. Tratados adiante.

Resolução 4.595/2017, deve haver um diretor especificamente designado para esta função, sem cumular com outras atividades.

Assim, deve haver uma unidade *específica*[6] na estrutura organizacional, sob pena de severas ingerências e/ou conflitos de interesses.

Pode, ainda, em alguns casos, ter o *compliance officer* assento no Conselho de Administração, o que é salutar.

Independentemente do modelo de organograma que se adote, o que se deve sempre priorizar e permitir, é o seu livre acesso tanto ao Conselho de Administração quanto ao CEO.

Imediatamente abaixo do CCO podem estar os postos de "*compliance officer* regional" ou o de "superintendente de *compliance*", sempre a depender do tamanho e da estrutura da instituição, sendo que, na prática, cabe a eles a verificação diária do funcionamento da engrenagem de *compliance*. Abaixo a ilustração da exposição:

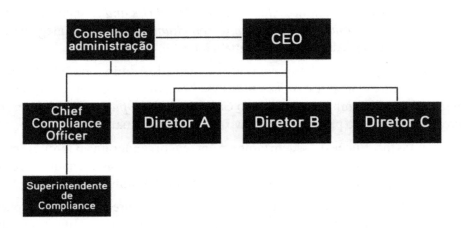

O superintendente[7] de *compliance* é o verdadeiro elo entre o *Chief Compliance Officer* – CCO – e os demais segmentos da instituição, de forma a dar capilaridade e eficiência a todo o sistema de *compliance*.

Além da atuação direta com o CCO, o superintendente de *compliance* promove reuniões com todas as demais áreas do banco e faz diligências das mais diversas, inclusive pessoalmente nas agências. Para isso, deve contar com estrutura adequada de pessoal.

---

6. Norma que deve ser interpretada em conjunto com o art. 2º da Resolução CMN 4.968/2021.
7. Ou o *compliance officer* regional.

Após, a ele compete levar todos os assuntos ao conhecimento do CCO e da alta administração (Diretoria, Conselho de Administração e Conselho Fiscal) mediante relatórios periódicos.[8]

Independentemente do nome/rótulo que se dê aos cargos, o que realmente importa, porém, é a função desempenhada por eles dentro da organização e a responsabilidade formal perante as autoridades regulatórias.

Neste livro trata-se da função apenas pela designação mais genérica e já amplamente difundida no Brasil, de *"compliance officer"*, a qual pode designar tanto o diretor chefe de *compliance* (CCO) quanto aqueles que com ele atuam naquela área da instituição financeira – superintendente e seus demais subordinados.

Apenas como ilustração, o Comitê da Basileia, organismo responsável pela edição de diretivas a serem seguidas por bancos centrais participantes em todo o mundo, trata como termo mais genérico a designação de *"head of compliance"*, mas admite também o termo *compliance officer,* como ocorre aqui.[9]

Portanto, o termo *"compliance officer"*, por ser mais genérico, nos será mais útil no presente trabalho. E qual é a missão do *compliance officer*?

O objetivo de um programa de *compliance* é preservar valores caros para qualquer organização, desde simplesmente sua higidez financeira, evitando a condenação em multas significativas, até mesmo a própria existência da instituição, com a cassação de sua autorização de funcionamento. Entretanto, a mais comum e importante preocupação é com o risco de dano reputacional, ou seja, o dano à imagem da empresa.

Imagem esta que tem significado importante não só para a instituição, mas também para o consumidor. Tanto aquele que já é cliente quanto aquele que admira a marca, mas que ainda não é cliente, observam o comportamento da empresa.

Qualquer deslize ético por parte da instituição certamente fará com que os atuais e os futuros clientes prefiram se afastar daquela marca. O consumidor não quer estar vinculado a uma marca de má reputação ética no mercado, mesmo que ele próprio, na vida privada, não seja um exemplo de comportamento moral.

---

8. Nesse sentido o inciso V do art. 7º da Resolução 4.595/2017 do CMN.
9. "Head of Compliance". Each bank should have an executive or senior staff member with overall responsibility for co-ordinating the identification and management of the bank's compliance risk and for supervising the activities of other compliance function staff. This paper uses the title "head of compliance" to describe this position. (...) In some banks, the head of compliance has the title "compliance officer", while in others the title "compliance officer" denotes a staff member carrying out specific compliance responsibilities". "Basel Committee on Banking Supervision – Compliance and the compliance function in banks" (versão de Abril de 2005). Disponível em: http://www.bis.org/publ/bcbs113.pdf. Acesso em: 17 jun. 2023.

Neste cenário, a missão do *compliance officer* é fazer, sempre tendo como norte a ética e a honestidade (como partes da *cultura* da empresa), com que se observem e se cumpram (i) as leis, (ii) os atos normativos emanados dos órgãos governamentais regulatórios competentes, bem como (iii) as normas internas da própria instituição financeira, sendo que em relação a estas últimas, deve auxiliar nas discussões da elaboração, implantação e treinamento. Por fim, deve também fazer com que se observem e se cumpram (iv) os preceitos éticos profissionais e institucionais trazidos no código de ética e de conduta da empresa.

Com isso, o *compliance officer* exerce sempre uma atividade proativa e, sobretudo, *educativa*, evitando que ocorram possíveis irregularidades no seio da empresa. Ou, em sendo descoberta uma infração, deverá trabalhar então no sentido de que haja a rápida resposta ao fato e a pronta reparação do dano ocorrido.

Assim, deve trabalhar diuturnamente na manutenção e na construção da boa imagem da empresa perante o mercado e a sociedade, esforçando-se para que essa imagem não seja arranhada por episódicas infrações legais ou por eventuais desvios de conduta ética de seus empregados, diretores ou terceirizados.

Desta forma estará assegurado o valor da ação da empresa na bolsa de valores e, em última instância, a continuidade da atividade comercial do banco, pois o acionista e o mercado também serão beneficiados.

Em suma, como bem observa Saloni P. Ramakrishna, a cultura de *compliance* no século XXI não é mero discurso sobre idealismo ou moral. É, sim, uma preocupação do negócio, que, se não atendida, pode diminuir ou até levar ao colapso o balanço da empresa. Ademais, um plano efetivo de *compliance* pode salvar a empresa de danos reputacionais.[10]

2.2 OBSERVAÇÕES SOBRE A POSSIBILIDADE DA CONTRATAÇÃO DE ESPECIALISTAS

De acordo com o parágrafo único do art. 7º da Resolução 4.595/2017 do CMN, "As instituições mencionadas no art. 1º poderão contratar especialistas para a execução de atividades relacionadas com a política de conformidade, mantidas integralmente as atribuições e responsabilidades do conselho de administração".

---

10. "It is not a conversation on idealism or morality anymore. It is a real business concern, a realization that is yet to take root effectively and, if not attended, can shrink or trigger total collapse of an organization´s balance sheet. An effective compliance framework can be an active deterrent of this outflow, not to mention save the organization from reputational damage and much more". RAMAKRISHNA, Saloni P. *Enterprise Compliance Risk Management*. *Singapore*: John Wiley & Sons Singapore Pte. Ltd, 2015, p. 31.

Nestes termos, "poderá" – trata-se de uma faculdade e não de uma obrigação – haver a contratação de "especialistas" não diretamente ligados à empresa; ou seja, que não sejam funcionários ou diretores, para a "execução de atividades relacionadas" com a política de *compliance*.

Como não poderia ser diferente, neste caso, ficam mantidas as responsabilidades do Conselho de Administração sobre o programa de *compliance* do banco, responsabilidades que estão elencadas expressamente no art. 9º da mesma Resolução do CMN.

Caberá então ao Conselho, nesta hipótese, fiscalizar a atividade desenvolvida pelos "especialistas", mantendo com eles relação de supervisão rígida e constante.

Mas o que se deve entender por "especialista(s)" e quais as "atividades relacionadas" a um programa de *compliance* que podem então ser a ele(s) delegadas ou terceirizadas?

Pode-se considerar especialista aquela pessoa – física ou jurídica – que tem notório conhecimento técnico-profissional em determinada área, destacando-se no mercado em virtude de sua aprofundada vivência e/ou estudos.

Em outras palavras, é aquela pessoa que tem elevado, robusto e reconhecido domínio sobre certa disciplina, fruto (i) de seus estudos teóricos e/ou (ii) de sua experiência prática.

A demonstração da qualificação teórica deve se dar, obrigatoriamente, por exemplo, por meio de certificações fornecidas por entidades idôneas especializadas ou por meio de pós-graduações universitárias, sejam nacionais ou internacionais, além da publicação de artigos e/ou de livros sobre o tema.

Já a comprovação de sua experiência prática deve se dar por meio de sólida vivência na área de *compliance*. Isto serve tanto para o caso das pessoas físicas quanto para o caso dos administradores das pessoas jurídicas eventualmente candidatas.

O ideal é que os ditos especialistas comprovem ter a junção de ambos os conhecimentos na área de *compliance*: os conhecimentos teórico e prático.

Já por "atividades relacionadas" ao *compliance*, deve-se entender que são aquelas que dizem respeito às atividades *acessórias*, mecânicas, contingenciais ou extraordinárias, pois a norma em questão não permite a terceirização integral do serviço de *compliance*. Muito difícil imaginar um "especialista" contratado que obedecesse a todos os requisitos mínimos previstos no art. 5º da Resolução 4.595/2017 do CMN.

Além disso, esse entendimento segue as orientação da Controladoria-Geral da União, conforme demonstra o seu próprio "Manual Prático de Avaliação de

Programa de Integridade em PAR",[11] ao valorar, dentre os diversos aspectos da "Cultura Organizacional de Integridade", justamente a existência de uma "instância interna" responsável pelo programa de integridade, com existência formal, atribuições exclusivas e expressamente previstas em documentos internos, bem como estrutura, funcionários e independência para a consecução de seu fim. A CGU, assim, mantém harmonia com as Resoluções CMN 4.595/2017[12] e 4.968/2021.[13]

Atividades mais estratégicas, importantes e características da conformidade devem, sim, permanecer sob o pleno domínio da instituição bancária, dadas as peculiaridades do sistema financeiro, principalmente tendo em vista o necessário resguardo do sigilo bancário, bem como a necessidade de que os envolvidos com a gestão do programa de *compliance* conheçam a fundo a instituição e atuem como agentes transformadores e consolidadores da cultura de *compliance*/integridade, auxiliando a alta administração na persecução de uma boa governança, com responsabilidade social e ambiental (ESG).

Investigações internas também devem ser preferencialmente dirigidas pelos funcionários da empresa – *compliance* e auditoria, atuando em sinergia.

Todavia, para casos que envolvam falhas ocorridas nas próprias áreas de controles internos, ou mesmo que digam respeito a uma violação regulamentar, legal ou ética muito grave e que coloque em xeque a própria administração da instituição perante os diversos *stakeholders*, a contração de investigadores externos pode se mostrar útil e necessária.

Por outro lado, atividades mais *teóricas*, mas não menos importantes, como o treinamento periódico dos funcionários sobre a cultura de *compliance*, bem como a elaboração e aplicação de testes de confiabilidade, podem ser confiadas a uma terceira pessoa, física ou jurídica, uma vez que apresentam menor risco operacional. Isto, entretanto, não significa que não deva existir uma colaboração estreita entre o especialista contratado e a área de *compliance*, pois nenhum serviço a ser contratado externamente prescinde dos conhecimentos daqueles que trabalham diuturnamente na instituição financeira.

---

11. Versão 2018. Disponível em: https://www.gov.br/infraestrutura/pt-br/centrais-de-conteudo/manual-pratico-integridade-par-pdf - Acesso em: 15 dez. 2022.
12. Dispõe sobre a *política de conformidade (compliance)* das instituições financeiras e demais instituições autorizadas a funcionar pelo Banco Central do Brasil. Porém, o disposto nesta Resolução não se aplica às administradoras de consórcio e às instituições de pagamento, que devem observar a regulamentação emanada do Banco Central do Brasil, no exercício de suas atribuições legais.
13. Dispõe sobre os *sistemas de controles internos* das instituições financeiras e demais instituições autorizadas a funcionar pelo Banco Central do Brasil. Porém, O disposto nesta Resolução não se aplica às administradoras de consórcio e às instituições de pagamento autorizadas a funcionar pelo Banco Central do Brasil, que devem observar a regulamentação emanada do Banco Central do Brasil, no exercício de suas atribuições legais.

Também a elaboração de pareceres ou a atividade de consultoria para assuntos pontuais e específicos, que não envolvam contato com os dados bancários dos clientes, podem, em tese, ser terceirizadas a especialistas, desde que não exista eventual conflito de interesses entre a instituição e o especialista contratado.

Esses trabalhos terão por finalidade embasar e auxiliar o CCO e o Conselho de Administração na tomada de suas decisões.

Não se pode esquecer, contudo, de que as informações bancárias dos clientes são protegidas por sigilo bancário, nos termos da Lei Complementar 105/2001. Mesmo no caso de terceirização, não se pode franquear qualquer documento sigiloso a terceiros. Por estas razões, é um tema que merece cuidado.

Nos EUA, a SEC tem demonstrado preocupação com este assunto, como já reportado pela revista *Compliance Week*:[14]

> *The Securities and Exchange Commission has also cast a critical eye upon outsourced compliance arrangements*. In August 2017, it reached a settlement with a third-party chief compliance officer and the firms that retained him for filing incorrect and misleading data. *It came to light that neither the outsourced CCO, nor the internal chief investment officer, took "sufficient steps to ascertain the accuracy"* of those disclosures. It is not the first or only time the SEC has chimed alarms. A 2015 risk alert issued by the Office of Compliance Inspections and Examinations noted that, faced with budget constraints and a shallow talent pool, financial firms were more frequently turning to external professionals to supplement – if not entirely run – their compliance programs. Updating firm policies and procedures, preparing regulatory filings, and conducting annual compliance reviews were among the services increasingly farmed out to external consultants and law firms. (grifamos)

Por fim, a Febraban, na edição de 2018 do valoroso trabalho denominado "Guia de Boas Práticas de *Compliance*", assim abordou do tema, observando a regra trazida na Resolução 4.595/2017: "O Conselho de Administração e a Alta Administração permanecem responsáveis pela conformidade e efetividade de possíveis atividades da função de Compliance que sejam terceirizadas".

Pode-se, assim, concluir que as instituições financeiras e demais instituições autorizadas a funcionar pelo Banco Central do Brasil, inclusive as administradoras de consórcio e as instituições de pagamento,[15] devem manter unidade específica[16] de *compliance* própria, com dotação suficiente e independência para o desenvol-

---

14. Disponível em: https://www.complianceweek.com/third-party-risk/the-risks-of-outsourcing-compliance/24701.article. Acesso em: 17 jun. 2023.
15. Nos termos da Resolução BCB 65/2021, a qual dispõe sobre a política de conformidade (*compliance*) das administradoras de consórcio e das instituições de pagamento.
16. Por mais enxuta que seja. Ademais, *em que pese a redação dos arts. 5º, IV e 7º da Resolução 4.595/2017, tal unidade específica/exclusiva é altamente recomendável* para que conflitos de interesses não aflorem. Resolução 4.595/2017 deve ser interpretada em conjunto com o art. 2º da Resolução CMN 4.968/2021.

vimento de uma política interna de conformidade ampla e que envolva todos os riscos operacionais identificados.

Ademais, é possível a contratação de "especialistas" para que atuem em conjunto/apoio, desde que em matérias acessórias e/ou contingenciais, tais como investigações internas independentes e treinamentos, nos termos acima expostos.

3
HISTÓRICO DO *COMPLIANCE*

Conhecer a evolução histórica do *Compliance* é importante para todos aqueles que atuam na área, seja direta ou indiretamente, inclusive para aqueles que pretendem ingressar na Magistratura, como observado na Introdução.

Já foi dito que o *compliance* foi oficialmente introduzido no Brasil em 1998, com o advento da Resolução 2.554 do Conselho Monetário Nacional e com a publicação da lei de combate à lavagem de dinheiro.

Para fins didáticos, ao tratar do *compliance* no Brasil,[1] é necessário também discorrer sobre o histórico normativo internacional, sempre na busca da compreensão sistemática e concatenada da matéria.

Tal fato se mostra importante, uma vez que a teoria do *compliance* no Brasil encontrou sua inspiração em normas europeias e norte-americanas.

Na lição de Saloni P. Ramakrishna, o exemplo mais antigo de uma violação de *compliance* pode ser considerado o ato de Adão comer a maçã proibida.[2]

Independentemente da crença criacionista ou não citada pela referida autora, deve-se ter em mente que, desde que o ser humano passou a viver e a se organizar em grupos, regras de convivência passaram a ser criadas e ao mesmo tempo burladas, quase que instintivamente.

Havendo regras de conduta e violações, surge a necessidade de serem aplicadas sanções, pois de outra maneira essas regras não seriam seguidas pela sociedade. O *compliance* tem por função *evitar* esse descumprimento, e, portanto, *evitar* a aplicação da sanção.

Para fins didáticos, será abordado o histórico do *compliance* no cenário internacional e no Brasil.

---

1. Sendo que a Resolução 2.554/1998 foi revogada, desde 01.01.2022, pela Resolução CMN 4.968/2021.
2. Op. cit., p. XI.

3.1 CENÁRIO INTERNACIONAL

Etimologicamente, para Saloni P. Ramakrishna, a origem mais remota do termo "*compliance*" seria ainda do século XVII. Em italiano, "*complire*" e em espanhol, "*complir*", ambas as modificações vindas da raiz latina "*complere*".[3]

Entretanto, em termos históricos,[4] o *compliance* surge nos *Estados Unidos*, que há décadas legisla sobre o controle do mercado financeiro, principalmente após a quebra da Bolsa de Valores na grande crise de 1929.

Naquele país, a SEC – *Securities and Exchange Commission* (equivalente à nossa CVM – Comissão de Valores Mobiliários), criada em 1934, tem por função a proteção do mercado de valores mobiliários e seus investidores.[5]

Além da SEC, existe nos EUA o Departamento de Justiça – DOJ –, criado em 1870, com competência para apurar ilegalidades e postular a punição de quem desrespeite a legislação norte-americana.[6] Escritórios e grupos dentro do DOJ incluem, entre outros, os famosos *Federal Bureau of Investigation* – FBI[7] –, o *Drug Enforcement Administration* – DEA – e o *U.S. Federal Marshals*.[8]

Em 1977, em decorrência do escândalo *Watergate*, entrou em vigor a histórica lei contra atos de corrupção transnacional, conhecida como FCPA – *Foreign Corrupt Practices Act*. Trata-se de legislação que anos depois, dada sua importância e abrangência, iria inspirar a elaboração de leis semelhantes em outros países, tais como Inglaterra, Brasil e França.

No que tange à FCPA, SEC e DOJ trabalham em conjunto na investigação e na punição das ilegalidades cometidas pelas empresas contra o mercado. Assim,

---

3. Op. cit., p. 11.
4. Com trechos extraídos do artigo do próprio autor André Almeida Rodrigues Martinez, denominado "Compliance no Brasil e suas origens", publicado no Jornal "Valor Econômico" em 16.11.2016.
5. "For more than 85 years since our founding at the height of the Great Depression, we have stayed true to our mission of protecting investors, maintaining fair, orderly, and efficient markets, and facilitating capital formation. Our mission requires tireless commitment and unique expertise from our staff of dedicated professionals who care deeply about protecting Main Street investors and others who rely on our markets to secure their financial futures". Disponível em: https://www.sec.gov/about/what-we-do. Acesso em: 17 jun. 2023.
6. Missão do DOJ: "The mission of the Department of Justice is to uphold the rule of law, to keep our country safe, and to protect civil rights". Disponível em: https://www.justice.gov/about. Acesso em: 17 jun. 2023.
7. "On July 26, 1908, Bonaparte ordered Department of Justice attorneys to refer most investigative matters to his Chief Examiner, Stanley W. Finch, for handling by one of these 34 agents. The new force had its mission – to conduct investigations for the Department of Justice—so that date is celebrated as the official birth of the FBI". Disponível em: https://www.fbi.gov/history/brief-history. Acesso em: 17 jun. 2023.
8. KOTZ, David H. *Financial Regulation and Compliance*. New Jersey, EUA: John Wiley & Sons, Inc., 2015, p. 13.

a SEC e o DOJ dividem competências executórias para apurar e punir casos de corrupção previstos na lei. O DOJ tem tanto competência civil quanto criminal; a SEC, por sua vez, tem apenas competência civil.[9]

Em dezembro de 2021, foi lançada nos EUA a chamada *United States Strategy on Countering Corruption*,[10] mecanismo aliado à FCPA no combate à corrupção, inclusive com o estímulo a autorregulação dos negócios e promoção de medidas de *compliance* anticorrupção por empresas norte-americanas e estrangeiras.

Na *Europa*, por seu turno, houve, em 1975, a primeira reunião do "Comitê da Basileia para Supervisão Bancária",[11] fórum integrado ao BIS – *Bank for International Settlements* (Banco de Compensações Internacionais) –, organização internacional criada em 1930,[12] que congrega 63 Bancos Centrais no mundo.[13]

A missão do BIS é dar suporte aos bancos centrais na busca pela estabilidade monetária e financeira de seus países membros, fomentar a cooperação internacional nessas áreas e atuar como um banco para referidos bancos centrais.

O Banco Central do Brasil – BACEN – integra o BIS desde 1997 e é membro do Comitê da Basileia desde 2009.

Tanto o BIS quanto o seu "Comitê da Basileia[14] para Supervisão Bancária" estão sediados na cidade suíça que dá nome ao Comitê.

---

9. KOTZ, op. cit., p. 13.
10. "When government officials abuse public power for private gain, they do more than simply appropriate illicit wealth. Corruption robs citizens of equal access to vital services, denying the right to quality healthcare, public safety, and education. It degrades the business environment, subverts economic opportunity, and exacerbates inequality. It often contributes to human rights violations and abuses, and can drive migration. As a fundamental threat to the rule of law, corruption hollows out institutions, corrodes public trust, and fuels popular cynicism toward effective, accountable governance". Disponível em: chrome-extension://efaidnbmnnnibpcajpcglclefindmkaj/viewer.html?pdfurl=https%3A%2F%2Fwww.whitehouse.gov%2Fwp-content%2Fuploads%2F2021%2F12%2FUnited-States-Strategy-on-Countering-Corruption.pdf&clen=532553&chunk=true. Acesso em: 17 jun. 2023.
11. *Basel Committee on Banking Supervision (BCBS).*
12. "Established in 1930, the Bank for International Settlements is the oldest international financial institution. From its inception to the present day, the BIS has played a number of key roles in the global economy, from settling reparation payments imposed on Germany following the First World War, to serving central banks in their pursuit of monetary and financial stability". Disponível em: https://www.bis.org/about/history.htm?m=1%7C4. Acesso em: 17 jun. 2023.
13. "(…) the BIS is owned by 63 central banks, representing countries from around the world that together account for about 95% of world GDP. Its head office is in Basel, Switzerland and it has two representative offices: in Hong Kong SAR and in Mexico City, as well as Innovation Hub Centres around the world". Disponível em: https://www.bis.org/about/index.htm?m=1_1. Acesso em: 17 jun. 2023.
14. "*Basel*", em alemão.

Referido Comitê tem o objetivo de prover um fórum de cooperação entre os bancos centrais dos países membros, supervisionando e regulamentando a atividade bancária internacional, com o fim de se aumentar a estabilidade financeira.[15]

O Comitê[16] é constituído atualmente por autoridades de supervisão bancária e por bancos centrais de 27 países:[17] África do Sul, Argentina, Austrália, Bélgica, Brasil, Canadá, Coreia do Sul, República Popular da China, França, Alemanha, Hong Kong, Índia, Indonésia, Itália, Japão, México, Holanda, Rússia, Arábia Saudita, Singapura, Suécia, Suíça, Turquia, Reino Unido, Estados Unidos, Luxemburgo e Espanha, além da União Europeia (totalizando 28 jurisdições diferentes).

Aqui uma rápida digressão: marco importante na luta contra a corrupção mundial e seus estudos foi o discurso do presidente do Banco Mundial, Sr. James David Wolfensohn, no ano de 1996, quando afirmou que a corrupção era um "câncer".[18] Graças ao seu discurso, o problema da corrupção foi considerado em patamar global, quando ele afirmou que a corrupção era "uma das maiores forças inibidoras do desenvolvimento equitativo e do combate à pobreza".[19]

---

15. "The Basel Committee – initially named the Committee on Banking Regulations and Supervisory Practices – was established by the central bank Governors of the Group of Ten countries at the end of 1974 in the aftermath of serious disturbances in international currency and banking markets (notably the failure of Bankhaus Herstatt in West Germany). The Committee, headquartered at the Bank for International Settlements in Basel, was established to enhance financial stability by improving the quality of banking supervision worldwide, and to serve as a forum for regular cooperation between its member countries on banking supervisory matters. The Committee's first meeting took place in February 1975, and meetings have been held regularly three or four times a year since". Disponível em: https://www.bis.org/bcbs/history.htm. Acesso em: 17 jun. 2023.
16. Sobre o status jurídico do Comitê da Basileia: "The BCBS does not possess any formal supranational authority. Its decisions do not have legal force. Rather, the BCBS relies on its members' commitments (…) to achieve its mandate". Disponível em: https://www.bis.org/bcbs/charter.htm#_ftn2. Acesso em: 17 jun. 2023.
17. "The Basel Committee comprises 45 members from 28 jurisdictions, consisting of central banks and authorities with formal responsibility for the supervision of banking business. Additionally, the Committee has eight observers including central banks, supervisory groups, international organisations and other bodies. The Committee expanded its membership in 2009 and again in 2014". Disponível em: https://www.bis.org/bcbs/membership.htm. Acesso em: 17 jun. 2023.
18. "After a full year as President, Wolfensohn told the 1996 Annual Meeting that the Bank needed to "work on the second part of the compact: to ensure that all resources are used efficiently." Then, in one of the most famous speeches by a Bank President, using words never spoken by a previous President, he told the delegates, "If the new compact is to succeed, we must tackle the issue of economic and financial efficiency. But we also need to address transparency, accountability, and institutional capacity. And let's not mince words: we need to deal with the cancer of corruption." He offered the Bank's assistance to governments who would implement national programs to discourage corrupt practices". Disponível em: https://www.worldbank.org/en/about/archives/history/past-presidents/james-david-wolfensohn. Acesso em: 17 jun. 2023.
19. FARRALES, Mark Jorgensen, *What is Corruption?* A History of Corruption Studies and the Great Definitions Debate, 2005, p. 10. Disponível em: https://ssrn.com/abstract=1739362. Acesso em: 17 jun. 2023.

Já em setembro de 1997, o Comitê da Basileia lançou os chamados vinte e cinco princípios para uma "supervisão bancária eficaz"[20] – *Core Principles for Effective Banking Supervision* –, seguindo o norte do primeiro acordo de capital da Basileia ("Basileia I"). Tais princípios deveriam, a partir de então, ser aplicados por todos os integrantes daquele órgão de cooperação e supervisão bancária internacional.

Ressalte-se a especial importância do Princípio 14,[21] que trouxe expressamente a necessidade da existência da função, apropriada e independente, da figura do *compliance*, além de auditorias interna e externa, para a fiel observância dos controles internos, das leis e dos regulamentos aplicáveis.

Um ano após, em setembro de 1998, o Comitê publicou outros treze princípios com o objetivo de fortalecer ainda mais os sistemas de controles internos e o mapeamento e gerenciamento de risco das instituições.

Neles ficou clara também a responsabilidade dos Conselhos de Administração[22] das instituições bancárias pela efetiva aplicação de sistemas de controles internos, bem como ficaram pormenorizadas as diretrizes a serem seguidas pelos bancos nesta missão.

No *Reino Unido*, por sua vez, vigora desde 2011 o chamado *Bribery Act 2010* – UKBA,[23] que trata exclusivamente do combate à corrupção, com similitude à legislação norte-americana. Nele estão listados os cuidados e obrigações a cargo das empresas.

---

20. "This paper presents a comprehensive set of twenty-five Core Principles that have been developed by the Basle Committee as a basic reference for effective banking supervision. The Principles are designed to be applied by all countries in the supervision of the banks in their jurisdictions". Disponível em: https://www.bis.org/publ/bcbs30a.htm. Acesso em: 17 jun. 2023.
21. "14. Banking supervisors must determine that banks have in place internal controls that are adequate for the nature and scale of their business. These should include clear arrangements for delegating authority and responsibility; separation of the functions that involve committing the bank, paying away its funds, and accounting for its assets and liabilities; reconciliation of these processes; safeguarding its assets; and appropriate independent internal or external audit *and compliance functions* to test adherence to these controls as well as applicable laws and regulations". Disponível em: https://www.bis.org/publ/bcbs30a.pdf. Acesso em: 17 jun. 2023. (grifamos)
22. "Principle 1: The board of directors should have responsibility for approving and periodically reviewing the overall business strategies and significant policies of the bank; understanding the major risks run by the bank, setting acceptable levels for these risks and ensuring that senior management takes the steps necessary to identify, measure, monitor and control these risks; approving the organisational structure; and ensuring that senior management is monitoring the effectiveness of the internal control system. The board of directors is ultimately responsible for ensuring that an adequate and effective system of internal controls is established and maintained". Disponível em: https://www.bis.org/publ/bcbs40.pdf. Acesso em: 17 jun. 2023.
23. "An Act to make provision about offences relating to bribery; and for connected purposes". Disponível em: http://www.legislation.gov.uk/ukpga/2010/23/introduction. Acesso em: 17 jun. 2023.

Entretanto, em relação à lei norte-americana – FCPA –, pode-se dizer que a referida lei britânica chega a ser até mais abrangente, pois trata da corrupção em relação a atos praticados no exterior por qualquer pessoa que tenha vinculação com o Reino Unido. É bem cuidadosa com o negócio específico de cada envolvido e tenta ser menos burocrática.[24]

Para o que nos interessa neste capítulo, é importante ressaltar que o UKBA considera culpada a empresa que não tiver um "procedimento adequado" para o combate à corrupção. É a chamada "falha das organizações comerciais na prevenção da corrupção" – *failure of commercial organisations to prevent bribery*. Ou seja, há a obrigação legal da adoção de medidas de combate e prevenção à corrupção, sob pena de condenação ao pagamento de multa.[25]

Na *França*, por seu turno, em 2017, entrou em vigor a chamada Lei *Sapin II*,[26] voltada ao combate à corrupção. Referida lei é elogiada pela doutrina europeia e considerada um divisor de águas na legislação francesa.

Sua edição se deu em resposta aos anseios da OCDE,[27] e prevê mecanismos de extraterritorialidade da lei, assim como já ocorria com a FCPA norte-americana e com a UKBA inglesa. Ademais, a Lei *Sapin II* criou a agência francesa anticorrupção, chamada AFA – *Agence Française Anticorruption*.

Outro aspecto importante da lei francesa diz respeito ao *compliance*. Empresas com mais de 500 funcionários e com faturamento anual superior a 100 milhões de euros são legalmente *obrigadas* a ter um programa de *compliance*.

Tal fato representa uma importante mudança de filosofia em relação aos programas de *compliance*, pois permite a punição da empresa pela simples inexistência deles no seio das empresas obrigadas (indo além da utilização apenas para a dosimetria nos casos de corrupção comprovada).

E em *Portugal*[28] foi publicado o Decreto-Lei 109-E/2021, de 09.12.2021, que criou o chamado "Mecanismo Nacional Anticorrupção" (MENAC) e que estabeleceu o "Regime Geral de Prevenção à Corrupção" (RGPC).

---

24. "There is no need for extensive written documentation or policies". Disponível em: https://www.justice.gov.uk/downloads/legislation/bribery-act-2010-quick-start-guide.pdf. Acesso em: 17 jun. 2023.
25. Disponível em: http://www.legislation.gov.uk/ukpga/2010/23/section/11. Acesso em: 17 jun. 2023.
26. "Loi relative à la transparence, à la lutte contre la corruption et à la modernisation de la vie économique".
27. Convenção Antissuborno de 1997.
28. Neste cenário legislativo internacional, em um mundo "hiperconectado", ganha ainda mais importância a lição do Professor português Vitor Paiva, para quem "O branqueamento das vantagens obtidas através de comportamentos ilícitos geradores de elevados montantes é fruto da internacionalização da economia, acompanha a globalização e a emergência de uma nova criminalidade, organizada e transnacional". PAIVA, Vitor. *Estratégias de Combate ao Branqueamento em Portugal*. Ericeira, Portugal: Diário de Bordo, 2020, p. 53.

Referido ato é de grande importância, pois prevê, entre as medidas de prevenção à corrupção do RGPC, o Programa de cumprimento normativo, com a indicação de um responsável pelo cumprimento normativo (leia-se *compliance officer*), para empresas com mais de 50 trabalhadores.[29]

Ainda no cenário da União Européria, iniciou operações em 01/06/2021 o *European Public Prosecutor's Office* (EPPO),[30] ou seja, o Ministério Público da União Europeia, com competência para investigar casos de corrupção e de lavagem de dinheiro.

3.2 BRASIL

Entre nós, foi somente com o advento da Lei 12.846, de 2013 – chamada Lei Anticorrupção – que a palavra da língua inglesa *compliance* – "conformidade", em português – foi inserida definitivamente no vocabulário brasileiro.

"Definitivamente", porque ela já estava há anos sendo praticada nos setores relacionados, principalmente, à prevenção da lavagem de dinheiro, especialmente do setor bancário (Resolução 2.554/1998 do CMN, como já dito anteriormente).

---

29. "Anexo. Artigo 2. Âmbito de aplicação. 1 – O presente regime é aplicável às pessoas coletivas com sede em Portugal que empreguem 50 ou mais trabalhadores e às sucursais em território nacional de pessoas coletivas com sede no estrangeiro que empreguem 50 ou mais trabalhadores. Artigo 5. Programa de cumprimento normativo e responsável pelo cumprimento normativo 1 – As entidades abrangidas adotam e implementam um programa de cumprimento normativo que inclua, pelo menos, um plano de prevenção de riscos de corrupção e infrações conexas (PPR), um código de conduta, um programa de formação e um canal de denúncias, a fim de prevenirem, detetarem e sancionarem atos de corrupção e infrações conexas, levados a cabo contra ou através da entidade. 2 – As entidades abrangidas designam, como elemento da direção superior ou equiparado, um responsável pelo cumprimento normativo, que garante e controla a aplicação do programa de cumprimento normativo. 3 – O responsável pelo cumprimento normativo exerce as suas funções de modo independente, permanente e com autonomia decisória, devendo ser assegurado, pela respetiva entidade, que dispõe da informação interna e dos meios humanos e técnicos necessários ao bom desempenho da sua função. 4 – No caso de as entidades abrangidas se encontrarem em relação de grupo, pode ser designado um único responsável pelo cumprimento normativo". Disponível em: https://dre.pt/dre/detalhe/decreto-lei/109-e-2021-175659840. Acesso em: 23 jan. 2022.
30. "The European Public Prosecutor's Office (EPPO) is an independent public prosecution office of the European Union. It is responsible for investigating, prosecuting and bringing to judgment crimes against the financial interests of the EU. These include several types of fraud, VAT fraud with damages above 10 million euro, money laundering, corruption etc. The EPPO undertakes investigations, carries out acts of prosecution and exercises the functions of prosecutor in the competent courts of the participating Member States, until the case has been finally disposed of. Up until the EPPO starting its operations, only national authorities could investigate and prosecute these crimes, but their powers stopped at the borders of their country. Organisations like Eurojust, OLAF and Europol do not have the necessary powers to carry out such criminal investigations and prosecutions. Since starting its operations on 1 June 2021, EPPO has registered more than 4000 crime reports from participating EU Member States and private parties; over 929 investigations have been opened (as of June 2022). Members of the public are able to report crime to EPPO using the special web form". Disponível em: https://www.eppo.europa.eu/en/mission-and-tasks. Acesso em: 16 jun. 2023.

Ao tratar da aplicação das sanções administrativas em relação às pessoas jurídicas, a Lei Anticorrupção brasileira trouxe a possibilidade da concessão de *benefício administrativo* às empresas que possuem área de *compliance* devidamente estruturada.

Importante anotar que em nosso ordenamento jurídico o *compliance* já se mostra obrigatório para empresas "nas contratações de obras, serviços e fornecimentos de grande vulto" (acima de duzentos milhões de reais) com o poder público,[31] para empresas públicas e sociedades de economia mista e suas subsidiárias,[32] para as instituições financeiras e demais instituições autorizadas a funcionar pelo Banco Central do Brasil, incluídas, pois, as cooperativas de crédito, bem como para as administradoras de consórcio e as instituições de pagamento.[33]

É a redação do art. 7º da Lei 12.846/2013 que assim dispõe:[34]

Serão levados em consideração na aplicação das sanções:
(...)
VIII – a existência de mecanismos e procedimentos internos de *integridade*,[35] auditoria e incentivo à denúncia de irregularidades e a aplicação efetiva de códigos de ética e de conduta no âmbito da pessoa jurídica.

Porém, como veremos adiante, no setor bancário o conceito de *compliance* já era bastante conhecido.

Desde 1998, com a criação da histórica Resolução 2.554 do Conselho Monetário Nacional, já haviam sido incorporadas aqui as diretrizes trazidas da Europa, com base no Comitê da Basileia para Supervisão Bancária,[36] e dos Esta-

---

31. Nos termos da Lei de Licitações 14.133/2021. Ademais, serve como *critério de desempate* do certame.
32. Para empresas estatais com receita operacional bruta superior a *R$ 90 milhões* (nos termos do art. 9º, parágrafo 4º da Lei 13.303/2016 c/c art. 1º, parágrafo 1º do mesmo diploma).
33. Resolução 4.595/2017 do CMN e Resolução BCB 65/2021.
34. Tramita no Congresso Nacional o Projeto de Lei PLS 435/2016, que recebeu o número PL 1588/2020 na Câmara dos Deputados, que propõe a exigência da certificação do programa de *compliance* por um gestor.
35. Note-se que o legislador utilizou o termo "integridade" como sinônimo de *compliance*.
36. "Com a inserção da economia brasileira no processo de globalização, a implementação voluntária de estruturas de controles internos já vinha sendo estimulada como importante instrumento na condução de operações bancárias. Além disso, o Banco Central do Brasil tem buscado compatibilizar a regulamentação aplicável ao SFN com as recomendações emanadas de órgãos e entidades internacionalmente reconhecidas, principalmente aquelas divulgadas pelo Comitê de Supervisão Bancária da Basileia. Com a Resolução 2.554, de 24.09.98, o CMN determinou às instituições financeiras a implementação de controles internos, os quais estão em conformidade com os Princípios de Basileia". Disponível em: https://www.bcb.gov.br/htms/deorf/r199906/texto.asp?idpai=REVSFN199906&frame=1. Acesso em: 17 jun. 2023.

dos Unidos, com base nas lições da SEC – *Securities and Exchange Commission*[37] – sobre *compliance*.

Dado seu valor histórico, leiamos parte da redação original da Resolução 2.554/1998 do CMN, a qual já foi revogada pela Resolução CMN 4.968/2021, desde 1º.01.2022:

> Resolução 2.554 (...) O Conselho Monetário Nacional (...) resolveu:
>
> Art. 1º Determinar às instituições financeiras e demais instituições autorizadas a funcionar pelo Banco Central do Brasil a implantação e a implementação de controles internos voltados para as atividades por elas desenvolvidas, seus sistemas de informações financeiras, operacionais e gerenciais e o cumprimento das normas legais e regulamentares a elas aplicáveis.
>
> Parágrafo 1º Os controles internos, independentemente do porte da instituição, devem ser efetivos e consistentes com a natureza, complexidade e risco das operações por ela realizadas.
>
> Parágrafo 2º São de responsabilidade da diretoria da instituição:[38] I – a implantação e a implementação de uma estrutura de controles internos efetiva mediante a definição de atividades de controle para todos os níveis de negócios da instituição;
>
> (...)
>
> Art. 4º Incumbe à diretoria da instituição, além das responsabilidades enumeradas no art. 1º, parágrafo 2º, a promoção de elevados padrões éticos e de integridade e de uma cultura organizacional que demonstre e enfatize, a todos os funcionários, a importância dos controles internos e o papel de cada um no processo.
>
> Art. 5º O sistema de controles internos deverá estar implementado até 31.12.99.

Em uma síntese dessa Resolução, pode-se definir *compliance* como sendo o conjunto de mecanismos e procedimentos voltados à proteção da legalidade, da integridade e da *ética* no ambiente da empresa, com o incentivo institucional à denúncia de irregularidades para apuração e punição.

---

37. Como já dito em outra oportunidade, a SEC é equivalente à nossa CVM – Comissão de Valores Mobiliários. Nos EUA existe também a instituição não governamental denominada *FINRA – Financial Industry Regulatory Authority* – cujo objetivo é a proteção do investidor mobiliário bem como velar pela integridade do mercado por meio da regulamentação das corretoras.
38. A respeito da responsabilidade da alta administração, vide "Basel Committee on Banking Supervision – Compliance and the compliance function in banks (2005)". Responsibilities of the board of directors for compliance. Principle 1: The bank's board of directors is responsible for overseeing the management of the bank's compliance risk. The board should approve the bank's compliance policy, including a formal document establishing a permanent and effective compliance function. At least once a year, the board or a committee of the board should assess the extent to which the bank is managing its compliance risk effectively. Responsibilities of senior management for compliance. Principle 2: The bank's senior management is responsible for the effective management of the bank's compliance risk. Principle 3: The bank's senior management is responsible for establishing and communicating a compliance policy, for ensuring that it is observed, and for reporting to the board of directors on the management of the bank's compliance risk. Principle 4: The bank's senior management is responsible for establishing a permanent and effective compliance function within the bank as part of the bank's compliance policy". Disponível em: http://www.bis.org/publ/bcbs113.pdf. Acesso em: 17 jun. 2023.

E pouco antes da publicação da Resolução 2.554 do Conselho Monetário Nacional em 1998, havia entrado em vigor no Brasil a Lei 9.613/1998, conhecida como a Lei de Combate aos Crimes de Lavagem de Dinheiro.[39]

Além da sua importância penal, a lei criou, no âmbito do Ministério da Fazenda, o COAF – Conselho de Controle de Atividades Financeiras. Ele recebe, examina e identifica ocorrências suspeitas de atividade ilícita e comunica às autoridades competentes para instauração de procedimentos. Além disso, tem atribuição para disciplinar e aplicar penas administrativas (art. 14 da Lei 9.613/98).

Anos depois, a Lei 13.974/2020, por sua vez, vinculou o COAF administrativamente ao BACEN, porém com "autonomia técnica e operacional".[40] Disciplinou ainda, sem prejuízo das atribuições da legislação já em vigor (Lei 9.613/98), caber ao referido Conselho: I – produzir e gerir informações de inteligência financeira para a prevenção e o combate à lavagem de dinheiro; II – promover a interlocução institucional com órgãos e entidades nacionais, estrangeiros e internacionais que tenham conexão com suas atividades.

Na Lei 9.613/1998 e nos princípios do Comitê da Basileia podemos encontrar, portanto, a *gênese da Resolução 2.554/1998* do Conselho Monetário Nacional, que, como visto, obrigou os bancos brasileiros a criar estruturas e mecanismos efetivos de controles internos e de riscos (*compliance*). No campo prático, o cumprimento das obrigações impostas na Resolução 2.554/1998 mostrou-se uma tarefa bastante desafiadora.

Em um primeiro momento – anos de 1999 a 2001 –, as instituições financeiras foram obrigadas a criar em seus organogramas áreas específicas de *compliance*, capacitando os responsáveis por referidas áreas.

Foram elaborados então códigos de ética, cartilhas de conduta para serem cumpridas quando do atendimento aos clientes, treinamentos em agências, análise de riscos operacionais, dentre outras tarefas, sem falar na inauguração de uma nova cultura, sempre voltada para a ética e para a completa atenção à conformidade de todos os atos e contratos às leis e demais normas aplicáveis ao ramo de atividade financeira.

Desde o presidente e diretores até os mais recentes contratados, não importando o nível hierárquico, todos eram instruídos sobre as obrigações da nova cultura de *compliance,* por meio de palestras e contato direto com os textos da lei e da Resolução.

---

39. Na União Europeia, o conceito de "branqueamento" de capitais está no art. 1º da Diretiva (EU) 2015/849.
40. A Medida Provisória 1.158/2023 perdeu sua eficácia em decorrência do término do prazo para sua votação no Congresso. Por meio dela, se pretendia que o COAF deixasse de ter vinculação ao BACEN.

Os novíssimos e totalmente desconhecidos conceitos de "lavagem de dinheiro" e de "*compliance*", palavras até então completamente fora do vocabulário de um funcionário do mercado financeiro, passaram, em alguns meses, a fazer parte do cotidiano de todos.

Tem-se, pois, que o conceito, a noção e mesmo a existência da área específica de *compliance* no sistema financeiro brasileiro ocorreu quatorze anos antes da entrada em vigor da Lei Anticorrupção.

Nesse ínterim, entre os primeiros atos normativos decorrentes da Lei de Combate à Lavagem de Dinheiro e a Lei Anticorrupção, o cumprimento de diversas outras legislações, inclusive criminais, foram sendo adicionadas à missão do *compliance officer*.

Também outras empresas, fora do segmento financeiro, foram paulatinamente incorporando em suas estruturas pessoas responsáveis pelo *compliance*, mesmo antes da Lei 12.846/2013, até porque a Lei de Combate à Lavagem de Dinheiro já estabelecia um rol de empresas obrigadas à conformidade que ia muito além dos bancos.

A grande novidade trazida com a Lei Anticorrupção em relação ao *compliance* – e isto sim passou a despertar o interesse do empresariado brasileiro – são os *benefícios* que podem ser obtidos com a implementação daquela cultura ética e de controles internos.

Nos termos da lei, as sanções administrativas a serem aplicadas podem ser menores desde que a empresa esteja cumprindo aquele novo paradigma de comportamento (*compliance*).

Na doutrina norte-americana, a análise feita pelos agentes acusadores (*prosecutors*[41]) acerca do grau de comprometimento da empresa com programas de ética e *compliance* recebe o nome de *Filip Factors*, termo utilizado pelo DOJ – Departamento de Justiça dos EUA[42] – e pelo USAM – *United States Attorney's Manual*.

Pois bem. Está prevista na Lei Anticorrupção brasileira uma espécie de análise da "conduta social" e da "personalidade" da empresa, método que o legislador

---
41. Equivalentes aos membros do Ministério Público no Brasil.
42. "The Principles of Federal Prosecution of Business Organizations in the United States Attorney's Manual describe specific factors that prosecutors should consider in conducting an investigation of a corporate entity, determining whether to bring charges, and negotiating plea or other agreements. These factors, commonly known as the "Filip Factors", include "the existence and effectiveness of the corporation's pre-existing compliance program" and the corporation's remedial efforts "to implement an effective corporate compliance program or to improve an existing one". Fonte: "U.S. Department of Justice – Criminal Division – Fraud Section – Evaluation of Corporate Compliance Programs" (versão 2017).

de 2013 optou quase em simetria ao sistema de aplicação de penas do art. 59 do Código Penal, o qual é aplicado às pessoas naturais – quanto mais favoráveis a conduta social e a personalidade do criminoso, menor será a pena a ele aplicada.

Segue o texto da lei penal:

> Art. 59 – O juiz, atendendo à culpabilidade, aos antecedentes, à conduta social, à personalidade do agente, aos motivos, às circunstâncias e consequências do crime, bem como ao comportamento da vítima, estabelecerá, conforme seja necessário e suficiente para reprovação e prevenção do crime: I – as penas aplicáveis dentre as cominadas; II – a quantidade de pena aplicável, dentro dos limites previstos; III – o regime inicial de cumprimento da pena privativa de liberdade (...).

A respeito dessa sistemática, bem esclarece Guilherme de Souza Nucci[43] que "no caso da pessoa jurídica, optou-se por uma individualização apropriada à sua estrutura, indicando mecanismos de *integridade*, apuração de *irregularidades* e respeito à ética. Cuida-se do denominado *compliance*".

Dito de outra forma, quanto mais ética e em conformidade às leis e regulamentos estiver de fato a empresa, *menores* poderão ser as *sanções* administrativas a ela impostas – as quais estão listadas no art. 6º da Lei Anticorrupção e no art. 19 e seguintes do Decreto Federal 11.129/2022[44]-[45]-[46] – em caso de um eventual descumprimento normativo.

O Brasil, com esta medida, alinhou-se, de maneira salutar, ao que já vinha ocorrendo nos EUA. Como lecionam Singh e Bussen:

> The rush is on to create an effective Program – replete with Codes of Conduct, compliance officers, reporting hotlines, and training modules. *Companies, like people, respond to incentives. And there is now both a carrot and a stick for effective and ineffective Programs, respectively. New regulations are coming online at a rapid pace, and organizations failing to stay vigilant while navigating this fluid regulatory framework face severe fines and penalties. Organizations with effective Programs can see their fines and penalties mitigated, and may avoid prosecution altogether.*[47] (grifamos)

---

43. NUCCI, Guilherme de Souza. *Corrupção e Anticorrupção*. Rio de Janeiro: Forense, 2015, p. 159.
44. Revogou o Decreto 8.420/2015.
45. Piso e teto da multa administrativa (nos termos do art. 6º, I da Lei Anticorrupção e do art. 19 e ss. do Decreto 11.129/2022) são os seguintes: valor de 0,1% (um décimo por cento) a 20% (vinte por cento) do faturamento bruto do último exercício anterior ao da instauração do processo administrativo, excluídos os tributos, a qual nunca será inferior à vantagem auferida, quando for possível sua estimação; caso não seja possível utilizar o critério do valor do faturamento bruto da pessoa jurídica, a multa será de R$ 6.000,00 (seis mil reais) a R$ 60.000.000,00 (sessenta milhões de reais).
46. A Instrução Normativa 13 da CGU, de agosto de 2019, com suas alterações posteriores, define os procedimentos para apuração da responsabilidade administrativa das pessoas jurídicas de que trata a Lei Anticorrupção, a serem observados pelos órgãos e entidades do Executivo federal.
47. SINGH, Nitish *and* Thomas J. BUSSEN. *Compliance Management*. Santa Barbara, California, EUA: Praeger, 2015, p. 15.

Cabe aqui ressaltar a importância do trabalho desenvolvido pela Controladoria-Geral da União em 2018, o chamado "*Manual Prático de Avaliação de Programa de Integridade em PAR*",[48] que estabeleceu perguntas a respeito da conformidade anticorrupção para fins da correta dosimetria das sanções administrativas previstas na Lei Anticorrupção (em consonância com o já revogado Decreto Federal 8.420/2015, vigente à época).[49]-[50]

No Reino Unido e nos EUA, existe ainda o que se denomina de "*Sentencing Guidelines*", uma espécie de guia a ser seguido pelo julgador de modo que ele leve em consideração todos os fatores relevantes do processo ao proferir a sentença.

Assim procedendo, diferentes níveis/patamares de condenações surgirão. Tal instituto faz com que a pessoa apenada receba a justa punição, na medida da sua ofensa; instrumento que mantém a individualidade e a proporcionalidade da sanção, precedida de um rito comum de observância de fatores que orbitam o crime.

Nos EUA, em relação às organizações, o tema vem tratado no Capítulo 8 das "*Guidelines*" e foi elaborado para que (i) tanto as sanções impostas às organizações, quanto a seus agentes sejam justas, (ii) para que haja um desestímulo para a realização das condutas proibidas, e (iii) para que sirvam de incentivo à manutenção de controles internos de prevenção, percepção e denúncia de condutas ilícitas.[51]

Mesmo insistindo que não se trata de um instituto novo, uma vez que a obrigação de *compliance* já existia oficialmente no Brasil há anos, como explicitado acima – Resolução 2.554/1998 do Conselho Monetário Nacional –, o que vemos atualmente é a consolidação da conformidade nas mais diversas atividades empresariais do País, o que não afasta, contudo, a necessidade de melhorias, especialmente em relação à aplicação prática/eficiente do *compliance* pelas empresas.

Ressalte-se que esse crescimento do *compliance* em outros ramos da economia brasileira tem seguido o aprimoramento da aplicação dessas normas no setor bancário, verdadeiro paradigma no assunto.

---

48. Disponível em: https://www.gov.br/infraestrutura/pt-br/centrais-de-conteudo/manual-pratico-integridade-par-pdf. Acesso em: 17 jun. 2023.
49. "O manual tem o intuito de orientar os servidores do Poder Executivo federal a realizarem a avaliação de Programa de Integridade apresentado pela pessoa jurídica processada para fins de redução do montante da multa prevista no art. 6º, inciso I, da Lei 12.846/2013, nos termos do art. 18, inciso V, do Decreto 8.420/2015."
50. *Dada a publicação do novo Decreto 11.129, de 11/07/2022, acredita-se que haverá, em breve, a publicação de um "Manual Prático" atualizado*.
51. Disponível em: www.ussc.gov/guidelines/2016-guidelines-manual/2016-chapter-8. Acesso em: 17 jun. 2023.

Importante anotar, também, que todo este processo evolutivo foi complementado, no setor bancário, com a edição da Resolução 4.595/2017 do CMN.

Nela, o Conselho Monetário Nacional, sem prejuízo das suas Resoluções anteriores, tratou da "política de conformidade (*compliance*)" de maneira exclusiva.

Apesar de o referido ato não trazer grandes novidades conceituais – pois segue, na prática, as orientações já declinadas pelo Comitê da Basileia –, é mais uma importante fonte normativa da cultura de *compliance*, uma vez que consolida e diz obrigatórias, em um instrumento único, diversas diretrizes sobre o tema.

Antes, contudo, ainda neste tópico sobre o histórico do *compliance*, e após menção à importância da revogada Resolução CMN 2.554/1998, cabem aqui algumas considerações sobre a Resolução revogadora CMN 4.968/2021, que regulamenta os sistemas de *controles internos* das instituições financeiras e demais instituições autorizadas a funcionar pelo Banco Central do Brasil.

Para nossos estudos, ponto crucial é a previsão de que os controles internos devem ter como finalidade o atingimento dos objetivos de conformidade[52] – leia-se *compliance* (art. 3º, III).

Além disso, as instituições devem implementar e manter sistemas de controles internos compatíveis com a sua natureza, o seu porte, a sua complexidade, a sua estrutura, o seu perfil de risco e o seu modelo de negócio (art. 2º).

Tema que também foi tratado expressamente na Resolução CMN 4.968/2021 diz respeito às *metas de desempenho*.

O art. 5º prevê, salutarmente, que os sistemas de controles internos devem prever "proibições de estabelecimento de metas de desempenho que incentivem a tomada de riscos em desacordo com os níveis determinados pela alta administração".

Ou seja, as metas comerciais *não* podem ser demasiadamente ousadas a ponto de prejudicar a qualidade dos programas KYC, PLD/FT e de análise e gestão de risco (Abordagem Baseada em Risco/*Risk-Based Approach*).

Tal preocupação mostra-se de suma importância para se evitar a abertura de contas frias no afã do atingimento das metas, muitas vezes, infactíveis.

Portanto, ao assim dispor, a Resolução abarca, direta ou indiretamente, pelo menos três temas (i) abordagem baseada no risco – ABR/RBA –, (ii) programa KYC, e (iii) PLD/FT, assuntos que são conexos. O tema será visto com mais vagar adiante.

---

52. "(...) relacionado ao cumprimento de disposições legais, regulamentares e previstas em políticas e códigos internos."

Outro ponto importante é a responsabildade da alta administração – especialmente Conselho de Administração – em relação aos controles internos, em consonância com o que já prevê a Resolução 4.595/2017[53] do mesmo CMN.

Todas as previsões da recente Resolução 4.968/2021 se deram à luz da Resolução CMN 4.595/2017, da Circular 3.978/2020 do BACEN, bem como das diretrizes mais modernas de PLD/FT do GAFI/FATF e do Comitê da Basileia.

Todas essas normas acima mencionadas devem ser interpretadas sistematicamente e aplicadas de maneira harmônica, de modo que o arcabouço criado pelo CMN e pelo BACEN seja aplicado de forma integrada e coerente.

Para as administradoras de *consórcios e instituições de pagamento*, aplica-se a Resolução BCB 65/2021, a qual dispõe sobre extamente sobre a política de conformidade (*compliance*) das administradoras de consórcio e das instituições de pagamento e não a Resolução CMN 4.968/2021,[54] como se pode depreender da leitura do parágrafo único do art. 1º desta última norma[55] (princípio da especialidade das normas).

Finalmente, cabe já adiantar aqui alguns dos pontos mais importantes de outra recente Resolução, a CMN 4.949/2021,[56] em vigor desde março de 2022.

O referido regramento do CMN surge como um instrumento de tutela e de respeito aos *direitos dos clientes e dos usuários* dos produtos e serviços prestados pelas instituições financeiras.

Não que tal cuidado do CMN seja novidade entre nós, pois a Resolução 4.949/2021 revogou a Resolução 3.694/2009,[57] a qual já tinha o mesmo objetivo da revogadora, qual seja, o de explicitar ainda mais os direitos dos clientes e usuários dos produtos e serviços bancários, sempre à luz do que dispõe a Constituição Federal de 1988 e o Código de Defesa do Consumidor – Lei 8.078/1990.

As normas infralegais, aliás, não afastam, mas sim complementam, o Código de Defesa do Consumidor.

---

53. Dispõe sobre a política de conformidade (*compliance*) das instituições financeiras e demais instituições autorizadas a funcionar pelo Banco Central do Brasil.
54. Dispõe sobre os sistemas de controles internos das instituições financeiras e demais instituições autorizadas a funcionar pelo Banco Central do Brasil.
55. "Art. 1º Esta Resolução regulamenta os sistemas de controles internos das instituições financeiras e demais instituições autorizadas a funcionar pelo Banco Central do Brasil. Parágrafo único. O disposto nesta Resolução não se aplica às administradoras de consórcio e às instituições de pagamento autorizadas a funcionar pelo Banco Central do Brasil, que devem observar a regulamentação emanada do Banco Central do Brasil, no exercício de suas atribuições legais."
56. Dispõe sobre princípios e procedimentos a serem adotados no relacionamento com clientes e usuários de produtos e de serviços.
57. E antes mesmo da Resolução 3.694/2003, vigorava a de número 2.878, de 2001.

Na Resolução 4.949/2021 são elencados princípios e direitos aos quais os clientes e usuários devem ter acesso durante todo o relacionamento com a instituição financeira, desde a *pré*-contratação até a *pós*-contratação de produtos e serviços. Ao mesmo tempo, elenca obrigações das instituições financeiras.

Para nossos objetivos, importa, em especial, a obrigação da manutenção de uma "*política institucional*"[58] de relacionamento com clientes e usuários, sendo que as instituições devem, também, obedecer a certos princípios elencados na norma (grifamos):

> Dos princípios
>
> Art. 2º As instituições de que trata o art. 1º, no relacionamento com clientes e usuários de produtos e de serviços, devem conduzir suas atividades com observância de *princípios de ética, responsabilidade, transparência e diligência, propiciando a convergência de interesses e a consolidação de imagem institucional de credibilidade, segurança e competência*.
>
> Art. 3º A observância do disposto no art. 2º requer, entre outras, as seguintes ações:
>
> I – promover cultura organizacional que incentive relacionamento cooperativo e equilibrado com clientes e usuários; e
>
> II – dispensar tratamento justo e equitativo a clientes e usuários, considerando seus perfis de relacionamento e vulnerabilidade associadas.

Além disso, as instituições devem assegurar a chamada *suitability*,[59] e a conformidade (leia-se *compliance*), nos termos do art. 4º.

Neste cenário, fundamental que o *compliance officer* bancário conheça e faça respeitar todas as regras acima comentadas, sob pena de fracasso de toda a engenharia de *compliance* existente na instituição.

---

58. Art. 2º c/c art. 6º.
59. Adequação do produto/serviço oferecido pela instituição às reais necessidades e expectativas do cliente.

4
FERRAMENTAS A SERVIÇO DO *COMPLIANCE*

4.1 CÓDIGO DE ÉTICA E DE CONDUTA

Não que antes não fosse assim, mas o advento da Lei Anticorrupção, em vigor desde 2014, tornou ainda mais importante a existência e a aplicação efetiva de um código de ética e de conduta – ou apenas "de conduta", como preferem alguns autores – pela instituição financeira.

Isso se deve à redação do art. 7º da referida Lei 12.846/2013 que assim dispõe:

> Art. 7º Serão levados em consideração na aplicação das sanções: (...)
>
> VIII – a existência de mecanismos e procedimentos internos de integridade, auditoria e incentivo à denúncia de irregularidades e a aplicação efetiva de códigos de ética e de conduta no âmbito da pessoa jurídica.

Dessa forma, a aplicação das sanções administrativas da Lei Anticorrupção deve observar a culpabilidade da empresa, que, no caso da referida lei, passa pela verificação da *efetividade* da aplicação do Código de Ética e de Conduta e do programa de *compliance*, pois as sanções administrativas podem ser menores se a empresa estiver cumprindo esse paradigma de comportamento.

Como já exposto anteriormente, a Lei Anticorrupção prevê uma espécie de análise da "conduta social" e da "personalidade" da empresa. Essa previsão de individualização da sanção administrativa a ser aplicada, contudo, vai além da própria Lei Anticorrupção, estendendo-se na realidade por todo o sistema sancionador.

Assim, outros desvios de conduta dentro da empresa, como, por exemplo, infrações de lavagem de dinheiro, devem ser analisados em conjunto com os *reais esforços* da empresa em preveni-los através de um programa de *compliance*.

Para nossos objetivos, pode-se definir o Código de Ética e de Conduta corporativo como sendo o corpo escrito dos valores éticos que uma determinada empresa tem como sendo os fundamentos de sua existência, sem a observância e respeito aos quais nem mesmo o lucro terá razão de existir. É o conjunto de normas e valores pelos quais a empresa quer ser identificada e reconhecida no mercado, e, especialmente, pelas próprias pessoas que nela trabalham, em uma espécie de autoconhecimento e de *pertencimento*.

Tais normas devem ser escritas de forma clara e objetiva, de modo que todos possam facilmente extrair do Código de Ética e Conduta seu real conteúdo e objetivos.

Nas lições de Kotz:[1]

> First and foremost, policies and procedures should be *clear and consistent and easily understood. One should avoid jargon as well as unnecessary and complex wording. The policies and procedures should be written for the employee, not for the legal counsel.* Policies should also be generally written in a positive manner, rather than focusing on prohibitions or what employees cannot do. (grifamos)

É, ainda, o guia comportamental esperado de toda pessoa que com ela se relaciona, com vínculo de emprego ou não – os chamados "terceiros".[2]

Assim como o *compliance*, os códigos de ética e de conduta corporativos não são novidades entre nós. Como exemplos podemos citar os bancos Itaú e Bradesco.

O Banco Itaú implementou seu Código de Ética ainda no ano de 2000, tendo sido vanguardista na adoção de regras e na imposição de limites para todos os seus funcionários. Na esteira das regras da Basileia e das então novas leis brasileiras (em especial Lei de Lavagem de Dinheiro), sem perder de vista a Resolução 2.554/1998 do CMN, referida instituição financeira impôs a todos os *stakeholders* um mesmo padrão ético de conduta e comportamento. O código foi renovado posteriormente.

Nas palavras da própria instituição, a "implementação do Código de Ética, em 2000, reforçou estes valores, orientando funcionários e colaboradores em sua conduta pessoal e profissional com todos os públicos com os quais o Banco se relaciona. O Código de Ética foi amplamente divulgado e distribuído aos funcionários, a mais de 500 mil clientes, acionistas, profissionais de imprensa, fornecedores, empresas e órgãos públicos. (...). O lançamento do Código de Ética do Itaú, em 2000, é mais um instrumento para o reforço desses valores, por meio

---

1. KOTZ, op. cit., p. 30-31.
2. SINGH e BUSSEN sobre a importância do código de conduta nos programas de *compliance*: "A Code of conduct is one of the most visible manifestations of a Program; in fact, it sets the tone for the Program itself. (...) A Code may also cover corporate ethics, human rights, labor, appropriate workplace behavior, possible environmental concerns, insider trading, conflicts of interest, government relations, and reporting mechanisms, while the modern trend is to include provisions on political contributions, and data privacy and protection". SINGH, Nitish and BUSSEN, Thomas J. *Compliance Management*. Santa Barbara, USA: Praeger, 2015, p. 63-64.

da orientação a funcionários em sua conduta pessoal e profissional e da ampla divulgação a cliente e demais públicos do banco".[3]

O Banco Bradesco, por sua vez, lançou seu código em 2003,[4] muitos anos antes, também, de a Lei Anticorrupção prever qualquer tipo de benefício para as empresas que assim o fizessem.

Demonstrou dessa forma também o Banco Bradesco sua preocupação de disciplinar e de uniformizar as condutas de seus funcionários no seu dia a dia.

Os códigos dessas duas instituições demonstram o efeito prático que a Lei de Lavagem de Dinheiro e a Resolução 2.554, ambas de 1998, tiveram sobre os bancos no início no novo século.

Mas só um código de ética e de conduta, por mais bem redigido que seja, se não for *realmente* aplicado, não passará de um pedaço de papel sem qualquer utilidade ou efeito prático.[5]

4.2 POLÍTICA DE PRESENTES RECEBIDOS POR FUNCIONÁRIOS

Cada empresa pode tratar este assunto de forma diferente, conforme suas peculiaridades, mas aqui tomaremos como mais acertado o estabelecimento da regra de recusa de presentes e/ou de brindes a partir de um determinado valor de mercado. Tal valor deve ser estabelecido pelo Conselho de Administração do banco.

Obviamente não será uma caneta de plástico, uma agenda simples ou um mero calendário que corromperá e/ou comprometerá a lisura da relação entre empresas (ou entre empresas e o setor público), uma vez que tais objetos, dada sua simplicidade, não têm o poder de influenciar a ação das pessoas.

Porém, presentes vultosos, ainda que embrulhados como meros "presentinhos" ou "pequenos mimos", devem, sim, ser recusados pelo funcionário. Na impossibilidade, deverá o presente ser encaminhado à auditoria ou ao *compliance* da instituição, para o tratamento mais adequado do tema (doação a uma instituição de caridade, por exemplo).

---

3. PINTO, Luiz Fernando da Silva. *Gestão-Cidadã*. Ações estratégicas para a participação social no Brasil. 2. ed. Rio de Janeiro: FGV Editora, 2003, p. 191-193.
4. Aprovado na RECA n. 946, de 30.06.2003. Disponível em: https://banco.bradesco/assets/common/pdf/codigo_conduta_etica_corporativo.pdf. Acesso em: 18 jun. 2023.
5. Como bem observado por Singh e Bussen, "The worst thing a Code can be is a *"paper Code"*. It should not collect dust on the bookshelves of senior management. It should serve as an integral guide for the Program as a whole". SINGH, Nitish and Thomas J. BUSSEN. *Compliance Management*. Santa Barbara, California, EUA: Praeger, 2015, p. 66. (grifamos)

Nem se diga que presentes caros não influenciam a relação entre as pessoas. O ser humano sempre gostou de receber agrados, e, quanto maior seu valor, maior é a inconsciente necessidade de retribuição implantada no subconsciente do recebedor.

Para se evitar todos esses impulsos é que as medidas acima são importantes.

Caso verídico ocorrido em um banco brasileiro foi o do recebimento de um relógio da marca *Rolex* pelo Diretor-Presidente (CEO). Para dar o exemplo da conduta esperada em relação a todos daquela instituição, o referido Presidente entregou o presente aos cuidados da auditoria, para os fins que ela entendesse melhor (devolução ou doação).

No âmbito do Poder Executivo federal, o tema é tratado na Lei 12.813/2013, que trata de conflito de interesses, e que foi regulamentada pelo Decreto 10.889, de 09/12/2021.

4.3 "WHISTLEBLOWER"

A palavra inglesa *"whistleblower"*, que pode ser traduzida como *"denunciante"*, é outra daquelas expressões que passaram a integrar o vocabulário de quem trabalha na área de controles internos.

"Whistleblower" pode ser definido como sendo aquela pessoa que leva ao conhecimento da própria instituição na qual trabalha, pública ou privada, ou que leva ao conhecimento das autoridades públicas, ilegalidades cometidas por colegas de trabalho, por algum segmento da instituição empregadora ou pela própria empresa ou órgão público institucionalmente considerados.[6]

A conduta do *"reportante do bem"*, como ele também é conhecido, deve ser voluntária e motivada, a princípio, apenas pelo senso de Justiça do cidadão. Daí o termo reportante ou denunciante "do bem".[7]

---

6. "Employees are well positioned to uncover – and help control – waste and fraud in the workplace. Given the low public visibility and high technical complexity of organizational activities, detection of abuse rests in large part with the workforce. In fact, it is amply documented that public and private sector whistleblowers are the single most important source for detecting and preventing crime – more than government regulators, law enforcement personnel, and professional auditors combined". BOWMAN, James S. and WEST, Jonathan P. *Public Service Ethics. Individual and Institutional Responsibilities*. Los Angeles, EUA: Sage Publications, 2015, p. 203.
7. Aproveitamos aqui a definição apresentada pela ENCCLA – Estratégia Nacional de Combate à Corrupção e à Lavagem de Dinheiro: "*Whistleblower*, em tradução literal, é o assoprador de apito. Na comunidade jurídica internacional, o termo refere-se a toda pessoa que espontaneamente leva ao conhecimento de uma autoridade informações relevantes sobre um ilícito civil ou criminal. As irregularidades relatadas podem ser atos de corrupção, fraudes públicas, grosseiro desperdício de recursos público, atos que coloquem em risco a saúde pública, os direitos dos consumidores etc. Por ostentar

Para ser efetivo e seguro, o programa de *"whistleblowing"* deve garantir sempre a confidencialidade da matéria investigada, especialmente em relação à empresa ou órgão público que com o denunciante mantém relação de trabalho.

As denúncias devem poder vir à tona por meio de vários canais de comunicação: *e-mail*, carta em papel, pessoalmente ou por telefone/*smartphone*/aplicativos de mensagens, pois limitá-los poderia tolher a vontade de ajudar do denunciante.

Neste sentido, e até como sinal de aprimoramento e amadurecimento do processo como um todo, a Resolução 4.567/2017 do CMN, já obrigava todos os bancos a disponibilizarem um *canal de comunicação* para que denúncias sobre indícios de ilicitudes pudessem chegar anonimamente à administração.

A referida norma já foi revogada e aprimorada por meio da Resolução CMN 4.859/2020, mantido o referido instrumento (canal de comunicação).[8]

Embora ainda não haja lei específica sobre o tema em nosso país, no âmbito federal a matéria é tratada no Decreto Federal 10.153/2019,[9] que estabelece salvaguardas de proteção à identidade do denunciante de ilícito ou de irregularidade praticados contra órgãos da administração pública federal direta, autárquica e fundacional, bem como às empresas públicas e às sociedades de economia mista, incluídas aquelas que explorem atividade econômica de produção ou comercialização de bens ou de prestação de serviços.

O *"whistleblower"* diferencia-se daquele que participa da chamada "colaboração premiada" ou "delação", como ficou mais conhecida na imprensa, prevista no art. 4º da Lei 12.850/2013 – que dispõe sobre as organizações criminosas –, pois ele, ao contrário do colaborador que busca o benefício da Lei 12.850/2013, não teve qualquer participação no ato ilícito.

O denunciante apenas soube por algum meio daquele determinado fato ilícito e quer que esse fato seja apurado e que o seu autor não fique impune. Pode o "reportante do bem" ser inclusive um funcionário público denunciando irregularidades no órgão em que trabalha.

---

conhecimento privilegiado sobre os fatos, decorrente ou não do ambiente onde trabalha, o instituto jurídico do *whistleblower*, ou reportante, trata-se de auxílio indispensável às autoridades públicas para deter atos ilícitos. Na grande maioria dos casos, o reportante é apenas um cidadão honesto que, não tendo participado dos fatos que relata, deseja que a autoridade pública tenha conhecimento e apure as irregularidades". Disponível em: http://enccla.camara.leg.br/noticias/o-que-e-o-whistleblower. Acesso em: 15 jul. 2019.

8. "Art. 2º As instituições mencionadas no art. 1º devem disponibilizar canal de comunicação por meio do qual funcionários, colaboradores, clientes, usuários, parceiros ou fornecedores possam comunicar, sem necessidade de se identificarem, situações com indícios de ilicitude de qualquer natureza, relacionadas com as atividades da instituição."

9. Com as alterações do Decreto 10.890/2021.

Não pode haver qualquer tipo de represália contra o denunciante. Ele tem que se sentir confortável e seguro para fazer chegar às chefias/autoridades a informação sobre as irregularidades ocorridas naquela determinada empresa ou órgão público, sem que disso advenha punição de qualquer ordem (assédio moral, isolamento ou demissão, por exemplo).

Nos EUA, as leis *Sarbane-Oxley Act*, de 2002, conhecida como SOX, e o *Dodd-Frank Act*, de 2010, protegem a figura do reportante do bem.

O *Dodd-Frank Act* prevê, em sua "*Section 922*", o pagamento de recompensa em dinheiro ao denunciante, a qual pode variar de 10 a 30 por cento da multa aplicada pelas autoridades à empresa infratora do mercado de capitais. Ou seja, quem denuncia um ilícito acaba se beneficiando financeiramente, observados os requisitos da referida lei.[10]

Para se ter uma ideia da dimensão dessas recompensas, abaixo alguns valores reais e ilustrativos:

- 2017: um reportante chegou a receber, sozinho, a quantia de US$ 10 milhões;[11]
- 2018: o total pago pela SEC a 13 indivíduos alcançou US$ 168 milhões;[12]
- 2019: um reportante recebeu US$ 37 milhões;[13]
- 2021: o prêmio em dinheiro recebido por um único reportante chegou à cifra de US$ 110 milhões;[14]

---

10. Assistance and information from a whistleblower who knows of possible securities law violations can be among the most powerful weapons in the law enforcement arsenal of the Securities and Exchange Commission. Through their knowledge of the circumstances and individuals involved, whistleblowers can help the Commission identify possible fraud and other violations much earlier than might otherwise have been possible. That allows the Commission to minimize the harm to investors, better preserve the integrity of the United States' capital markets, and more swiftly hold accountable those responsible for unlawful conduct. The Commission is authorized by Congress to provide monetary awards to eligible individuals who come forward with high-quality original information that leads to a Commission enforcement *action in which over $1,000,000 in sanctions is ordered. The range for awards is between 10% and 30% of the money collected.* Disponível em: https://www.sec.gov/whistleblower. Acesso em: 16 jun. 2023. (grifamos)
11. Disponível em: http://www.fcpablog.com/blog/2017/3/13/ca-inc-whistleblower-who-alleged-overcharges-awarded-10-mill.html?utm_source=feedburner&utm_medium=feed&utm_campaign=Feed%3A+fcpablog%2FsLbh+%28The+FCPA+Blog%29. Acesso em: 16 jun. 2023.
12. "The SEC, which established the program in 2011 as part of the 2010 Dodd-Frank Wall Street Reform and Consumer Protection Act, awarded more than $168 million to 13 individuals in the last fiscal year, which ended Sept. 30. The amount rewarded this past year for tips was more than all of the prior six years combined. Before this past year, the agency had awarded a total of $158 million to 46 individuals who brought in information and cooperated with the regulator". Disponível em: https://www.wsj.com/articles/sec-whistleblower-program-has-record-breaking-year-1542413518. Acesso em: 15 jul. 2019.
13. Disponível em: https://www.sec.gov/news/press-release/2019-42. Acesso em: 18 jun. 2023.
14. "The Securities and Exchange Commission today announced awards of approximately $110 million and $4 million to two whistleblowers whose information and assistance led to successful SEC and related

- 2023: maior prêmio já pago pela SEC, no valor de US$ 279 milhões a um único reportante.[15]

Tais cifras têm despertado discussões sobre a real – boa – intenção dos reportantes. Ou seja, estariam eles denunciando fraudes com espírito altruísta, desejando que a Justiça seja feita, ou estariam eles apenas em busca dos prêmios (egoisticamente)?

De qualquer sorte, independentemente da resposta ao referido dilema ético, fato é que, para a SEC, os benefícios trazidos por meio das denúncias para o mercado superam, em muito, o "custo" dos prêmios pagos.

Seguindo essa mesma filosofia de incentivar denúncias, na cidade de Seattle, nos EUA, o banco *HomeStreet Bank* foi multado pela SEC em US$ 500 mil por tentar impedir que denúncias ocorressem.[16]

No mesmo sentido, outro banco norte-americano, *Wells Fargo*, em 2017, foi obrigado pelo governo federal a reintegrar um gerente que anos antes havia sido demitido por reportar a seus superiores suspeitas de fraude na empresa. Além disso, o banco foi obrigado a indenizar o empregado e seu advogado em US$ 5,4 milhões.[17]

Esta é a forma encontrada de se incentivar a denúncia de irregularidades em um programa específico chamado *The SEC's – Whistleblower Program*, ao mesmo tempo em que se dá eficiência à apuração dos ilícitos.[18] Trata-se de um mecanismo utilitário que tem se revelado importante para as autoridades norte-americanas.

---

actions. With these awards, the SEC's whistleblower program has now paid more than $1 billion in awards to 207 whistleblowers, including over $500 million in fiscal year 2021 alone. The $110 million award stands as the second-highest award in the program's history, following the over $114 million whistleblower award the SEC issued in October 2020". Disponível em: https://www.sec.gov/news/press-release/2021-177#.YUnt-P_y9aM.mailto. Acesso em: 16 jun. 2023.

15. "As this award shows, there is a significant incentive for whistleblowers to come forward with accurate information about potential securities law violations", said Gurbir Grewal, director of the SEC's Division of Enforcement, in a statement. Disponível em: https://www.reuters.com/world/us/us-sec-issues-largest-ever-whistleblower-award-279-mln-2023-05-05/. Acesso em: 18 jun. 2023.
16. Disponível em: http://www.fcpablog.com/blog/2017/1/20/sec-seattle-bank-impeded-whistleblowers-during-investigation.html. Acesso em: 16 jun. 2023.
17. Disponível em: https://www.osha.gov/pls/oshaweb/owadisp.show_document?p_table=NEWS_RELEASES&p_id=33807. Acesso em: 18 jun. 2023.
18. Nos dizeres do Departamento de Justiça norte-americano (*Department of Justice* - DOJ) e da *Securities and Exchange Commission* – SEC, "Assistance and information from a whistleblower who knows of possible securities law violations can be among the most powerful weapons in the Law enforcement arsenal. Through their knowledge of the circumstances and individuals involved, whistleblowers can help SEC and DOJ identify potential violations much earlier than might otherwise have been possible, thus allowing SEC and DOJ to minimize the harm to investors, better preserve the integrity of the U.S. capital markets, and more swiftly hold accountable those responsible for unlawful conduct." FCPA – A Resource Guide to the U.S. Foreign Corrupt Practices Act, by the Criminal Division of US Department of Justice and the Enforcement Division of the US Securities and Exchange Commission, Chapter 8,

É bom lembrar que empresas brasileiras podem estar sujeitas à jurisdição internacional, com base tanto na lei norte-americana – FCPA – quanto na do Reino Unido – *Bribery Act 2010*, por exemplo. Um controle preventivo interno, especialmente com canais de comunicação eficientes, pode ser considerado uma maneira eficaz de mitigar eventuais multas milionárias inclusive no exterior.

Convém observar, ainda, que o *Anti-Money Laundering Act of 2020* – "AMLA" –, em vigor nos EUA desde 2021, também veio tratar do tema *whistleblower* em sua *"Section 6314"* em relação a violações do BSA – *Bank Secrecy Act*. O AMLA prevê também proteção e recompensas ao reportante.[19]

Isto, contudo, não isenta os programas de *"whistleblowing"* de cuidados especiais a serem tomados por quem investigará o todo relatado. Não são incomuns denúncias infundadas, exageradas ou até mesmo falsas.

Tal fato se dá pelos motivos mais diversos: para se tentar evitar ou adiar uma demissão iminente, por inveja, ciúmes, luta por promoção, raiva ou até por simples inimizade com o denunciado.

Mas independentemente do motivo que o levou a denunciar, o todo relatado pelo reportante deve ser sempre objeto de investigação. Ou seja, o motivo da denúncia não afasta a necessidade de apuração dos fatos.

Por isso que se deve sempre comprovar as alegações do denunciante, independentemente de estar ele imbuído ou não de um verdadeiro senso de Justiça e cidadania.[20]

Ademais, no Brasil, o denunciante deve estar ciente de que eventual excesso de sua parte será apurado, nos termos do Código Penal (artigos 339 e 340 – crimes

---

Whistleblower Provisions and Protections, 2012. Disponível em: https://www.sec.gov/spotlight/fcpa/fcpa-resource-guide.pdf. Acesso em: 15 jul. 2019. O referido Guia foi atualizado em 2020.

19. E em 29.12.2022, o Congresso Norte-Americano aprovou o *AML Whistleblower Improvement Act*: "On Dec. 29, 2022, the Anti-Money Laundering Whistleblower Improvement Act (the "Whistleblower Improvement Act" or "Act"), enacted as part of the Consolidated Appropriations Act of 2023, amended the Bank Secrecy Act (BSA) to bolster incentives for reporting BSA violations to federal officials and to *expand the scope of reportable violations to include violations of U.S. economic sanctions*" (Grifamos). Disponível em: https://www.gtlaw.com/en/insights/2023/2/anti-money-laundering--whistleblower--provision-expanded-cover-economic-sanctions-violations. Acesso em: 30 jan. 2023.

20. H. David Kotz, que foi inspetor geral da SEC – *Securities and Exchange Commission* – entre os anos de 2007 e 2012, faz o alerta ao informar que dentre as denúncias recebidas quase diariamente na SEC, "However, many of these complaints were either nonsensical or contained information that later turned out to be wholly inaccurate. We also received quite a number of complaints from employees facing disciplinary action or termination who were attempting to leverage their complaints in order to make it more difficult for their supervisors to finalize disciplinary action against them. This strategy actually worked in many case sas supervisors were afraid of being accused of retaliation and backed off from disciplinary actions against the whistleblowers when they were informed that a complaint had been filed". KOTZ, David H. *Financial Regulation and Compliance*. New Jersey, EUA: John Wiley & Sons, Inc., 2015, p. 37.

de "denunciação caluniosa" e de "comunicação falsa de crime ou contravenção", respectivamente). Mas esses casos de denunciantes mal-intencionados são certamente a minoria.

Vale ainda anotar que, em 2019, na União Europeia, o Parlamento Europeu aprovou norma especialmente dedicada à proteção do *"whistleblower"*.[21]

4.4 DENÚNCIAS ANÔNIMAS

Essencial destacar que o denunciante, por temer represálias do denunciado, pode preferir permanecer no anonimato, o que lhe é assegurado em nosso ordenamento jurídico.[22]

Neste caso, fará chegar às autoridades, à própria empresa ou ao órgão público onde trabalha, uma denúncia anônima.

É o que basta para a autoridade pública ou a empresa iniciarem suas investigações e diligências internas para comprovar ou não o reportado, (i) com prudência, discrição e sigilo, sempre que a denúncia anônima contiver (ii) elementos minimamente verossímeis e concretos que apontem para (iii) a ocorrência de um desvio de conduta e/ou ilícito.

Tal providência por parte da instituição financeira é baseada aqui, por analogia, no Enunciado 24 da 2ª Câmara de Coordenação e Revisão do Ministério Público Federal,[23] que serve de norte à carreira do MPF, apesar de não vinculante:

> *A notitia criminis anônima é apta a desencadear investigação penal sempre que contiver elementos concretos que apontem para a ocorrência de crime. Aprovado na Sessão 464ª, de 15.04.2009.*

No mesmo sentido do Ministério Público Federal, o Supremo Tribunal Federal,[24] em 2016, entendeu, acertadamente, que "notícias anônimas de crime, desde que verificada a sua credibilidade por apurações preliminares, podem servir de base válida à investigação e à persecução criminal".

A empresa, portanto, ao receber uma denúncia anônima, deve dar a ela credibilidade e iniciar suas apurações sobre o possível ocorrido, sempre em sigilo para preservar ao máximo as pessoas supostamente envolvidas.

---

21. "Directive of the European Parliament and of the Council on the protection of persons reporting on breaches of Union law."
22. O que a Constituição Federal de 1988 veda em seu art. 5º, IV é o anonimato em relação à manifestação do pensamento (liberdade de expressão) e não em relação à comunicação anônima de crimes. Exemplo é o "disque-denúncia" das Polícias.
23. Disponível em: http://www.mpf.mp.br/atuacao-tematica/ccr2/enunciados. Acesso em: 18 jun. 2023.
24. HC 106.152/MS, Rel. Min. Rosa Weber, 1ª Turma, julgado em 29.03.2016.

O anonimato, assim como o motivo que levou o denunciante a falar, não são empecilhos à verificação dos fatos.

De toda forma, a Resolução 4.567/2017 do CMN, hoje revogada, já havia pacificado esta questão, pois já permitia expressamente que as comunicações fossem feitas sem a identificação do autor (art. 2º).

Referida norma foi revogada e aprimorada por meio da Resolução CMN 4.859/2020, mantida, felizmente, a possibilidade do anonimato de quem faz a comunicação (art. 2º).

4.5 O USO DA TECNOLOGIA DA INFORMAÇÃO – "RED FLAGS"

Com o objetivo de apurar indícios de desvios de conduta e/ou ilícitos, vale desde já colocar que compete à área de Tecnologia da Informação – TI – o desenvolvimento de sistemas de *"red flags"* ("alertas", em português).

Tais sistemas são criados e desenvolvidos para emitirem sinais e avisos, para alertar o *compliance* sempre que a instituição financeira estiver diante de uma situação que indique a possibilidade de um risco operacional para a empresa – especialmente fraudes.

Assim, verificando-se uma situação de risco concreto para a instituição financeira – *risk assessment* –, o setor de TI pode, sob orientação do setor de *compliance*, criar filtros que disparem alertas.

Neste sentido, uma agência com uma discrepância em relação às demais na concessão de créditos a beneficiários da previdência social merece uma análise cuidadosa por parte do *compliance*.

As ferramentas de informática, portanto, são úteis na atividade de *compliance* por permitirem a *detecção* sistêmica de situações de risco sem que seja necessário investigar operação por operação.

Sua capacidade de trabalhar com grande quantidade de dados, identificando padrões de risco, faz da aplicação da inteligência artificial um dos instrumentos mais eficientes para a detecção de fraudes, especialmente em PLD/FT.

4.6 PRINCIPAIS NORMAS E DIRETRIZES SOBRE PROGRAMAS DE COMPLIANCE – ISO, ABNT, CGU E PRÓ-ÉTICA

O *compliance* anticorrupção no Brasil já alcançou maturidade e envergadura, exigindo que órgãos certificadores e governamentais passassem a se preocupar com a eficiência dos programas antissuborno implementados pelas empresas.

Exemplos dessa normatização infralegal visando combater o suborno são as regras produzidas pela ABNT – Associação Brasileira de Normas Técnicas – e pela CGU – Controladoria-Geral da União.

Em 2017, a ABNT publicou a norma brasileira antissuborno NBR ISO 37001:2017 – Sistema de Gestão Antissuborno. Ela é fruto da norma internacional de padronização ISO 37001:2016 – *Anti-bribery management systems – Requirements with guidance for use*.

E especificamente sobre *compliance*, foi lançada, em 2021, a norma ABNT NBR ISO 37301, trazendo os requisitos de um programa de *compliance*.[25]

Antes da entrada em vigor das ABNT NBR ISO 37001:2017 e ABNT NBR ISO 37301:2021, contudo, já existia a agora cancelada norma ISO 19600:2014[26] – *Compliance Management systems – Guidelines* – que já tratava de programas de *compliance*, buscando um padrão mundial para as áreas de *compliance*, mas sem foco exclusivo na prevenção da corrupção, como é o caso da 37001:2017.

A norma ABNT NBR ISO 37001:2017 qualifica o que se entende por suborno e prevê a existência da área de *compliance* para o seu combate. Além disso, o "documento especifica requisitos e fornece orientações para o estabelecimento, implementação, manutenção, análise crítica e melhoria de um sistema de gestão antissuborno".[27]

Enfim, ambas as normas acima citadas são diretrizes completas sobre os assuntos *compliance* e combate à *corrupção* que visam educar e guiar as companhias brasileiras. As empresas de todo tipo de atividade e tamanho podem obter as certificações 37001:2017 e 37301:2021, fato que certamente irá credenciá-las no mercado como companhias promotoras de uma cultura ética.

Tal fato, por si só, contudo, não é prova de que aquela determinada instituição seja correta no seu agir diário. Mais que obter a certificação, ela deverá demonstrar em sua rotina a aplicação diuturna daqueles fundamentos de honestidade e de *compliance* – o chamado *walk the talk*.

Mas a certificação, não representa, em absoluto, uma espécie de "salvo conduto" a nenhuma instituição. Além disso, em havendo casos de corrupção

---

25. "Este documento especifica os requisitos e fornece diretrizes para estabelecer, desenvolver, implementar, avaliar, manter, e melhorar um sistema de *gestão de compliance eficaz* dentro de uma organização. (grifamos)". Disponível em: https://www.abntcatalogo.com.br/norma.aspx?Q=OXJzRzVUSGxzM2l-zcjA4Z094c2JmUmh1clF2MVAzVTNtMWx1SWVVTnJ5Yz0=. Acesso em: 18 jun. 2023.
26. Substituída pela ISO 37301:2021.
27. "Este Documento especifica requisitos e fornece orientações para o estabelecimento, implementação, manutenção, análise crítica e melhoria de um sistema de gestão antissuborno. Disponível em: https://www.abntcatalogo.com.br/pnm.aspx?Q=ZGhrcU13QjVPbHBod3l3MysrdHJQb0hXWm82TUNF-QjJuN3QyRjVTU2U0VT0=. Acesso em: 16 jun. 2023.

ou de não conformidade envolvendo empresas previamente certificadas, muito provavelmente o processo de certificação deverá passar, ele próprio, por aperfeiçoamentos.

Outrossim, nesses casos, a certificadora deveria prontamente rever a concessão do certificado, até com seu eventual cancelamento, se for o caso.

Outra ferramenta que não pode deixar de ser mencionada é aquela produzida pela CGU, chamada "Programa de Integridade – Diretrizes para Empresas Privadas", disponível gratuitamente no *site* daquele órgão da Administração Pública.[28]

Apesar de não vinculante,[29] é uma importante diretriz a ser seguida por todas as empresas brasileiras que se pretendem em conformidade, fincada em cinco pilares mestres: (i) o comprometimento e apoio da alta direção, (ii) a existência de instância responsável pelo programa, (iii) a análise adequada de perfil e riscos, (iv) estruturação de regras e instrumentos, e (v) criação de estratégias de monitoramento contínuo.

Referido trabalho tem o mérito de ser um documento da lavra da própria Administração Pública, dando norte de como o particular deve conduzir seus negócios, inclusive em relação à própria Administração Pública, à luz da Lei Anticorrupção. É, pois, de leitura obrigatória.

Finalmente, existe ainda o programa empresa "Pró-Ética", fruto da união de esforços da CGU e do Instituto Ethos de Empresas e Responsabilidade Social, cuja "iniciativa consiste em fomentar a adoção voluntária de medidas de integridade pelas empresas, por meio do reconhecimento público daquelas que, independente do porte e do ramo de atuação, mostram-se verdadeiramente comprometidas com a prevenção e o combate à corrupção e outros tipos de fraudes".[30]

Em linhas gerais, as empresas que se submetem voluntariamente à avaliação de suas rotinas são criteriosamente analisadas e podem ou não receber aquele selo de qualidade.

---

28. Disponível em: https://www.gov.br/cgu/pt-br/centrais-de-conteudo/publicacoes/integridade/arquivos/programa-de-integridade-diretrizes-para-empresas-privadas.pdf. Acesso em: 13 jun. 2023.
29. "O conteúdo desta publicação tem por objetivo esclarecer o conceito de Programa de Integridade em consonância com a Lei 12.846/2013 e suas regulamentações e apresentar diretrizes que possam auxiliar as empresas a construir ou aperfeiçoar Programa dessa natureza. O documento é eminentemente orientativo e não possui, portanto, caráter normativo ou vinculante. As diretrizes descritas não criam direitos ou garantias, sejam eles relacionados a eventual análise de Programa de Integridade em processo de responsabilização com base na Lei 12.846/2013 ou a qualquer outro processo ou procedimento nas esferas administrativa ou judicial."
30. Disponível em: http://www.cgu.gov.br/assuntos/etica-e-integridade/empresa-pro-etica. Acesso em: 16 jul. 2019.

- Em 2017, recebeu esse *status* apenas o Banco Itaú;[31]
- Em 2018-2019, foram merecedores o Banco do Brasil e o Banco Itaú;
- Em 2020-2021, receberam a qualificação da CGU o Banco do Brasil, o Banco Bradesco e o Itaú Unibanco Holding.[32]

De acordo com o regulamento, o resultado 2022-2023 tem divulgação em dezembro 2023.

4.7 PROGRAMA DE TREINAMENTO

No que concerne à efetiva e sólida existência de um programa de *compliance*, bem como ao combate da lavagem de dinheiro, não se pode deixar de falar sobre o necessário treinamento[33] a ser dado àqueles que trabalham na instituição, especialmente aos da chamada primeira linha de defesa/linha de frente.

Diz respeito, sobretudo, aos funcionários das agências bancárias (varejo), pois eles são a verdadeira linha de frente da organização. Logo, eles são a porta de entrada a ser fechada para os criminosos.

Grandes bancos no Brasil possuem dezenas de milhares de funcionários cada um, sendo que grande parte desses empregados está voltada para a área comercial.

Esse número dá a dimensão do desafio enfrentado por eles na condução de um plano de educação efetiva e continuada para todos os funcionários – principalmente os que atuam em agências ou nos canais de atendimento remoto e/ou de investimentos. Sem um constante e didático treinamento dessas equipes fica muito mais difícil, para dizer o mínimo, a luta contra a lavagem de dinheiro no País.

---

31. Disponível em: https://www.ethos.org.br/conteudo/projetos/integridade/empresa_pro_etica/#.XS55k-hKjIU. Acesso em: 18 jun. 2023.
32. Disponível em: https://www.gov.br/cgu/pt-br/assuntos/noticias/2021/12/pro-etica-201ctriplicamos--o-numero-de-empresas-aprovadas-o-que-demonstra-um-reconhecido-desenvolvimento-da-integridade-no-pais201d-afirma-ministro-da-cgu/AprovadasImpressoCertificados.pdf. Acesso em: 13 dez. 2021.
33. *Ética pode ser ensinada e exercitada.* Johnson deu a esse processo de ensino o nome de "*Developing Ethical Competencies*". Ele explica que: "University of Notre Dame psychologist Darcia Narvaez argues that *we can master the knowledge and skills that can help us behave more like moral experts*. She points out that ethical authorities, like experts in other fields, think differently than novices. First, they know more about the ethical domain (…) Second, they see the world differently than novices (…) they are able to "think about their thinking" (…), knowing what moral knowledge to apply in a particular situation. Morally mature individuals also understand their personal moral standards and use their self-understanding to evaluate their positions". JOHNSON, Craig E. *Organizational Ethics. A practical approach.* 4. ed. Los Angeles, EUA: Sage Publications, 2019, p. 02. (grifamos)

Em relação ao treinamento, assim como ocorre com todo o programa de *compliance*, a palavra de ordem é *"efetividade"*. Há que se mostrar como aplicar a teoria na rotina dos funcionários.

E o treinamento nesse universo de pessoas precisa ser repetido inúmeras vezes, de modo dirigido a cada tipo diferente de público interno, à exaustão.

Primeiro, porque o funcionário já tem a tendência natural de esquecer o conteúdo aprendido meses antes, ainda mais em relação a uma matéria – como o combate à lavagem de dinheiro – para a qual não foi educado/treinado antes da admissão no banco.

É, pois, até esperado que com o passar do tempo – meses – necessite de novas lições e de novas aulas sobre aquele mesmo tema. A repetição do treinamento deve ser, ao menos, anual.

Segundo, porque sempre existe a rotatividade de funcionários – *turnover rate* –das agências bancárias e/ou dos canais de atendimento remoto/digital. Seja por demissão, remoção ou promoção, as pessoas estão sempre mudando.

Daí a obrigação da alta administração de prover continuamente a educação efetiva e o treinamento necessário a seus funcionários, iniciando-se por explicar e fazer com que todos entendam o "objetivo e o escopo da função de conformidade".[34]

Os programas de educação e de treinamento não necessitam contar com grandes produções/apresentações "pirotécnicas" ou teatrais e/ou com custos outros que não o de um instrutor/professor muito bem preparado, que consiga manter a atenção e o interesse da plateia com o uso de uma *linguagem simples e direta*, adequada a cada tipo de ouvinte.

É preciso apresentar a lei e os demais atos normativos aos funcionários do banco, explicando-lhes qual a importância deste ou daquele formulário, deste ou daquele cuidado ao se abrir uma conta corrente, por exemplo.[35]

Em muitos casos, é preciso apresentar as "tipologias", que nada mais são que descrições de condutas proibidas, com exemplos concretos, para que o funcioná-

---

34. Exatamente conforme preconizam os artigos. 5º, I e 7º, III da Resolução 4.595/2017 do CMN: "Art. 5º A política de conformidade deve definir, no mínimo: I – o objetivo e o escopo da função de conformidade; (...) Art. 7º Os responsáveis pela execução das atividades relacionadas à função de conformidade, independentemente da existência de unidade específica na estrutura organizacional da instituição, devem: (...) III – auxiliar na informação e na capacitação de todos os empregados e dos prestadores de serviços terceirizados relevantes, em assuntos relativos à conformidade".
35. MILLS e HAINES sugerem: "Even where there is no formal requirement to train, it is vital to do so, because you cannot expect your staff to comply with relevant requirements if you do not tell them what these requirements are – it's hardly fair not to do this". MILLS, Annie and HAINES, Peter. *Essential Strategies for Financial Services Compliance*. John Wiley & Sons, Ltd, Great Britain, 2015, p. 136.

rio adquira o *know-how* para reconhecer as situações de risco em suas atividades cotidianas. O principal é fazer com que todos compreendam a importância da conformidade com padrões éticos pela instituição.

O número de funcionários a ser treinado de forma continuada é enorme, mas o esforço da instituição, além de ser sua *obrigação*, é factível.

Deste processo de ensino deve o *compliance officer* participar ativamente, tanto acompanhando a elaboração do conteúdo a ser veiculado, quanto com sua presença física nas agências, sempre que possível, ainda que por amostragem.

Processos de acompanhamento do aprendizado devem também ser implantados para avaliação da eficiência e, sobretudo, da efetividade dos treinamentos e do nível de absorção do conhecimento por parte dos funcionários e terceiros, como prevê expressamente a Resolução 4.595/2017 do CMN.

Se os resultados esperados do treinamento não estiverem surgindo a contento, tudo tem que ser revisto do zero, porque algum ponto certamente está falho.

Por fim, todo o processo de treinamento deve ser *documentado* para que possa ser comprovada a participação e aproveitamento de cada funcionário, permitindo que os reguladores e órgãos criminais possam conhecer o histórico dos funcionários eventualmente um dia investigados.

Mas não bastam meras listas formais de presenças. Devem ser arquivados todos os conteúdos passados, a forma de interação da plateia e também a eventual avaliação realizada no encerramento.

4.8 *DUE DILIGENCE*/DEVIDA CAUTELA

Muito comuns e necessárias nos processos de fusão e aquisição de empresas (*mergers and acquisitions – M&A*), as *due diligences* em matéria de *compliance* podem ser definidas como *procedimentos prévios de estudos acautelatórios* do negócio que está prestes a ser ou não firmado.

Contudo, as *due diligences* mais complexas para o controle do setor de *compliance* estão, na maioria das vezes, na verificação de conformidade de seus fornecedores e de outros terceiros com os quais a instituição mantenha relações negociais.

Em outras palavras, sempre que uma instituição estiver disposta a adquirir ou a se fundir com outra, ou mesmo contratar o fornecimento de bens e serviços, deverá ela, *antes* de o negócio estar fechado, adotar todas as medidas que estejam ao seu alcance na busca por informações relevantes sobre aquela outra pessoa jurídica.

Assim como ocorre na compra de um imóvel, deve-se buscar conhecer antes de assinado o contrato tanto o estado de solvência daquela empresa (vendedor do imóvel), quanto do passivo trabalhista, cível e tributário porventura existente (dívidas do imóvel).

Mas as *due diligences* de *compliance* vão além disso. Deve-se buscar conhecer principalmente a reputação daquela outra organização e de seus gestores no campo jurídico e comercial.

As *due diligences*, portanto, envolvem a verificação de vários aspectos do pretendente a parceiro da instituição financeira, especialmente o seu *compliance* anticorrupção, o programa de PLD-FT, suas medidas de proteção de dados, sua responsabilidade fiscal, ambiental e trabalhista, sob pena de contaminação reputacional negativa da própria instituição contratante, além das diversas obrigações objetivas que pode ter que assumir em virtude daquele dado negócio comercial.

Neste contexto, algumas perguntas devem ser respondidas.

- Como ela costuma operar no mercado?
- Quais seus maiores fornecedores?
- Como foram suas participações em licitações pretéritas cujos contratos estão em andamento?
- Há histórico de lavagem de dinheiro ou de atos de corrupção?
- Quantas ações judiciais e inquéritos correm contra ela e de quais tipos?
- Já houve casos de assédios sexual/moral, de racismo ou de homofobia?
- Existe área de *compliance*?
- O *compliance* é realmente efetivo?

Em havendo indícios fortes ou provas de que a empresa em estudo não atinge os patamares de conformidade, o negócio deve ser, sim, *inviabilizado*.

Tudo isso com o objetivo de se evitar, depois, a assunção de um passivo – operacional/reputacional – até então desconhecido.

Assim como ocorre no direito civil, no qual existe o conceito de "homem médio" – de quem são esperadas certas atitudes de cautela na vida comum –, as *due diligences* de *compliance* também devem ser consideradas atualmente uma atitude já esperada daquela empresa interessada em se relacionar ou em adquirir outra.

Tais medidas de cautela não são um exagero ou um *plus*. São, sim, a exteriorização de um dever – o dever de diligência –, não podendo posteriormente a empresa pretender se eximir de suas responsabilidades perante as autoridades estatais alegando desconhecimento de fatos relativa ou facilmente encontráveis ou identificáveis.

É claro que situações/circunstâncias muito bem escondidas ou simuladas pela outra empresa deverão ser sopesadas pelas autoridades em eventual caso de responsabilização, mas, mesmo nestes casos, deverá então a instituição demonstrar documentalmente ter feito todas as diligências que estavam ao seu alcance naquele dado momento do negócio.

Transparência e diligência são fundamentais, apesar dos custos envolvidos.

4.9 TESTES DE CONFIABILIDADE

A contratação, demissão ou a promoção de um empregado, é bom que se diga, é uma escolha administrativa da empresa.

Tema delicado é a forma como a administração pode medir e aferir se o candidato à vaga de *compliance officer*, cargo de alta responsabilidade dentro da empresa, possui as indispensáveis características para o cargo – em especial honestidade e coragem.

Dada a importância do cargo de *compliance officer* dentro da instituição, sua contratação ou promoção ganham contornos específicos. E como se avaliar o grau de confiabilidade do pretendente dessa vaga?

Não desconhecendo a existência de críticas na doutrina (inclusive sobre sua eficiência), parece ser válido fazer o candidato passar por testes de confiabilidade, sendo que a instituição poderá realizá-los por si própria ou contratar uma das várias empresas especializadas no mercado, sempre com o apoio de psicólogos capacitados.

Primeiro, uma observação quanto à honestidade. Na realidade, o que os testes de confiabilidade tendem a mostrar – porque nenhum resultado será 100% certo – é se o funcionário é ou não "confiável" para aquela dada empresa; ou seja, sob o ponto de vista específico daquela determinada instituição.

"Honestidade" é algo que vai além e que não pode ser carimbado pela empresa por meio de alguns testes. Não podemos taxar as pessoas de "desonestas", por ser excessiva demais essa afirmativa por meio de testes simulados.

Esses testes de "confiabilidade", ou de "integridade", como preferem chamar alguns, lembram as já famosas e conhecidas "dinâmicas de grupo", que ocorrem nos processos de seleção mundo afora, seguidas de várias entrevistas e precedidas de inúmeros testes psicológicos. Portanto, nada mais são, na prática, que uma espécie de avaliação do perfil – inclusive ético – do candidato.

Especialmente no caso de recrutamento interno, os testes de confiabilidade, ou de integridade, consistem na avaliação pela alta administração, por meio de problemas que simulam a realidade, se o candidato possui preparos técnico e psicológico – inteligência emocional –, além de avaliarem se ele possui o perfil de caráter e confiabilidade ética desejáveis para o cargo de *compliance officer*.

Como exemplo, podemos citar um telefonema aparentemente despretensioso feito ao candidato à vaga ou à promoção já dentro da área de *compliance*. A situação pode ser a simulação de um contato com um cliente interno ou externo.

Sem que ele imagine, pois o "problema" que lhe será apresentado será muito próximo daqueles do seu cotidiano, o candidato será cuidadosamente avaliado. Ele terá um prazo para a solução. Durante o processo, além de cobranças de ordem técnica, surgirão propostas de soluções antiéticas veladas para a solução mais rápida do desafio. O candidato será posto, assim, frente a um *dilema ético*.

Mas para que tal teste não gere, ele próprio, um eventual passivo trabalhista e reputacional, pois há autores que defendem até a inconstitucionalidade do referido teste, por cautela, não se deve *nunca* propor ou instigar no funcionário sob teste a adoção de uma conduta que, em tese, configuraria um crime ou uma contravenção penal.

Da mesma forma, os testes devem ficar sempre restritos ao ambiente de trabalho, sem que situações da vida *particular* do indivíduo sejam colocadas em foco.

Devem, portanto, ser sugeridas apenas alternativas que vão contra o código de conduta da empresa, mas que não sejam nunca consideradas crime ou contravenção pela legislação. Apenas atitudes que a administração da empresa considere como não desejáveis para aquele importante posto de comando, estritamente sob o ponto de vista ético-profissional, devem ser postas à prova.

Outros possíveis exemplos: sugerir a adoção de medidas que implicariam um potencial prejuízo à carreira de um colega fictício de trabalho; que implicariam prejuízo financeiro ou reputacional para a empresa; ou ainda, que implicariam o retardamento ou o cancelamento da implantação de um projeto feito por outra área.

Do ponto de vista do funcionário, ele não tem nada com que se preocupar. Aquele sabedor de seu caráter e de sua sintonia com as regras da empresa certamente não verá qualquer problema nos referidos testes.

E, com a adoção dos cuidados acima, podem ser afastadas eventuais discussões na esfera da Justiça do Trabalho.

A preocupação da alta administração deve ser a forma como o candidato resolverá o teste, de que forma reagirá ao desafio técnico, ao prazo e, principalmente, como fará para resolver o dilema ético proposto sem fazer uso de nenhuma ação que contrarie o código de condutas da empresa.

É importante saber se mesmo antes de assumir qualquer função na área de *compliance* o candidato já se mostrava confiável e corajoso sob a ótica das atividades da empresa.

O resultado indicará se ele poderá continuar concorrendo ao cargo de *compliance* ou se não tem o perfil para o desempenho dessa difícil função, de altíssima responsabilidade institucional e jurídica. Indicará se ele é digno da confiança da alta administração no mais alto nível.

Se for aprovado nesse teste preliminar, várias entrevistas seguirão sendo feitas com as áreas envolvidas, especialmente a Auditoria e Comitê de controles internos.

Ressalte-se, por fim, que um eventual resultado ruim no referido teste não pode ter qualquer outra consequência além da não designação ou da não continuidade do funcionário na área de *compliance*.

5
QUATRO REQUISITOS MÍNIMOS NECESSÁRIOS AO *COMPLIANCE*

De todos os setores da economia brasileira, o *primeiro* a implementar os programas de *compliance* foi o setor bancário, especialmente devido à publicação da Lei de Combate à Lavagem de Dinheiro e da Resolução 2.554 do CMN, ambas em 1998.

E por serem os primeiros e aqueles que possuem o maior nível de regulação em suas atividades, ainda hoje são os bancos os paradigmas dos programas de *compliance* no País.

Assim, descontadas as peculiaridades do setor bancário, as colocações aqui feitas a respeito desses programas servem como norte para todas as outras atividades.

Quatro são os requisitos que podem ser tidos como os mais importantes, dentre outros citados pelo Comitê da Basileia,[1] pelo Conselho Monetário Nacional – na Resolução 4.595/2017 – e pela doutrina, para a implementação de um programa de *compliance sério e efetivo* no âmbito de uma instituição bancária. Vejamos:

5.1 RESPALDO TOTAL DA ALTA ADMINISTRAÇÃO – *"TONE AT THE TOP"*

O primeiro requisito mínimo indispensável na implementação de um programa de *compliance* realmente efetivo é o respaldo irrestrito da alta administração – Presidência, Diretoria Executiva e Conselho de Administração. É o que se costuma chamar de "*tone at the top*", ou seja, o tom, a decisão, o comprometimento, deve vir do topo, da alta administração da instituição financeira.

Em outras palavras, é a *vontade política genuína* da empresa.

O comportamento omissivo ou meramente formal da instituição já denota que a instituição financeira não está minimamente comprometida com seu programa

---

1. "*Compliance and the compliance function in banks*", 2005. Disponível em: http://www.bis.org/publ/bcbs113.pdf. Acesso em: 18 jun. 2023.

de *compliance*, que nada mais é que o conjunto de mecanismos e procedimentos voltados à proteção da conformidade e da ética, com o incentivo institucional à denúncia de irregularidades, à apuração dos fatos e à correção de rumos.

Se todas as empresas devem zelar pela lisura de seus negócios, com mais razão ainda não se admite a *inércia* dos administradores de empresas do mercado financeiro, pois desde 1998 está criado para eles a especial obrigação de agir, nos termos do art. 4º da já revogada[2] Resolução 2.554/1998 do Conselho Monetário Nacional:

> Incumbe à diretoria da instituição, além das responsabilidades enumeradas no art. 1º, parágrafo 2º, a promoção de elevados padrões éticos e de integridade e de uma cultura organizacional que demonstre e enfatize, a todos os funcionários, a importância dos controles internos e o papel de cada um no processo.

No mesmo sentido e com os mesmos objetivos da Resolução 2.554/1998, agora temos a Resolução CMN 4.968/2021, que dispõe sobre os sistemas de controles internos das instituições financeiras e demais instituições autorizadas a funcionar pelo Banco Central.[3] O novo regramento de 2021 manteve o norte da Resolução de 1998, ao assim dispor:

> Art. 7º A Diretoria e o Conselho de Administração devem se envolver ativamente na definição dos sistemas de controles internos, mediante:
>
> I – a promoção de elevados padrões éticos e de integridade;
>
> II – o estabelecimento de cultura organizacional com ênfase na relevância dos sistemas de controles internos e no engajamento de cada funcionário no processo de controle interno;
>
> III – a manutenção de estrutura organizacional adequada para garantir a qualidade e a efetividade dos sistemas e processos de controles internos; e
>
> IV – a garantia de recursos adequados e suficientes para o exercício das atividades relacionadas aos sistemas de controles internos, de forma independente, objetiva e efetiva.
>
> Art. 8º O conselho de administração é responsável por garantir que:
>
> I – a diretoria da instituição tome as medidas necessárias para identificar, medir, monitorar e controlar os riscos de acordo com os níveis de riscos definidos;
>
> II – as falhas identificadas sejam tempestivamente corrigidas;
>
> III – a diretoria da instituição monitore a adequação e a eficácia dos sistemas de controles internos; e
>
> IV – os sistemas de controles internos sejam implementados e mantidos de acordo com o disposto nesta Resolução.

---

2. Revogada desde 1º.01.2022 pela Resolução CMN 4.968/2021.
3. O disposto na Resolução 4.968/2021 *não* se aplica, porém, às administradoras de consórcio e às instituições de pagamento autorizadas a funcionar pelo Banco Central do Brasil, que devem observar a regulamentação emanada do Banco Central, no exercício de suas atribuições legais.

Da leitura do artigo 8º da Resolução 4.968/2021, extrai-se, portanto, que a responsabilidade última pelos controles internos continua sendo do Conselho de Administração da instituição.

No mesmo sentido, não se pode esquecer, ademais, que o Comitê da Basileia, em ato de 2005, dispôs ser do Conselho de Administração, em última instância, a responsabilidade pelo programa de *compliance*.[4]

E a Resolução 4.595/2017 do CMN, seguindo a recomendação do referido Comitê, dispõe expressamente ser do Conselho de Administração a responsabilidade pela política de conformidade (*compliance*) da instituição.[5]

As Resoluções do CMN 4.595/2017 e 4.968/2021, estão, pois, em harmonia.

Nos EUA, a respeito do imperioso respaldo da alta administração, bem como sobre a necessidade de programas de *compliance* realmente *efetivos*, o DOJ – *Criminal Division* – lançou em 2017 o documento chamado "Avaliação dos Programas de *Compliance* Corporativos" – *Evaluation of Corporate Compliance Programs* –, que é atualizado e aprimorado constantemente, sempre tendo como foco a verificação da efetividade dos programas de *compliance* das empresas.[6]

Em tal avaliação são feitos questionamentos – perguntas-chave – no sentido de verificar se a adoção da cultura de *compliance* é, de fato, efetiva.

A grande preocupação do DOJ – *Criminal Division* – é constatar se, na prática, os programas de *compliance* estão sendo *efetivos*, bem como se a alta administração está tratando o tema com a importância que ele merece, ou seja, se existe de fato o *"tone at the top"*.

---

4. "Compliance and the compliance function in Banks/2005. Responsibilities of the board of directors for compliance – Principle 1 The bank's board of directors is responsible for overseeing the management of the bank's compliance risk. The board should approve the bank's compliance policy, including a formal document establishing a permanent and effective compliance function. At least once a year, the board or a committee of the board should assess the extent to which the bank is managing its compliance risk effectively." http://www.bis.org/publ/bcbs113.pdf. Disponível em: Acesso em: 18 jun. 2023.
5. "Art. 4º A política de conformidade deve ser aprovada pelo conselho de administração. (...) Art. 9º O conselho de administração deve, além do previsto no art. 4º desta Resolução: I – assegurar: a) a adequada gestão da política de conformidade na instituição; b) a efetividade e a continuidade da aplicação da política de conformidade; c) a comunicação da política de conformidade a todos os empregados e prestadores de serviços terceirizados relevantes; e d) a disseminação de padrões de integridade e conduta ética como parte da cultura da instituição; II – garantir que medidas corretivas sejam tomadas quando falhas de conformidade forem identificadas; e III – prover os meios necessários para que as atividades relacionadas à função de conformidade sejam exercidas adequadamente, nos termos desta Resolução." (grifamos)
6. Disponível em: https://www.justice.gov/criminal-fraud/page/file/937501/download. Acesso em: 25 go. 2020. Na Europa, foi lançado em 2016 pela *International Organization of Securities Commissions – IOSCO* – o guia *Guidance on Statements of Compliance with the IOSCO Principles for Financial Benchmarks*.

Trata-se, portanto, de um valiosíssimo instrumento de avaliação, especialmente para os órgãos de controle e de acusação.

De acordo com o DOJ – *Criminal Division* –, os acusadores – *prosecutors* – devem levar em conta 3 questões[7] fundamentais ao analisarem a efetividade de um programa de *compliance*:

> 1. Is the corporation's compliance program well designed?
> 2. Is the program being applied earnestly and in good faith? In other words, is the program adequately resourced and empowered to function effectively?
> 3. Does the corporation's compliance program work in practice?[8]

No mesmo sentido, no Reino Unido, o SFO – *Serious Fraud Office* – possui também seus métodos para avaliar a *efetividade* dos programas de *compliance* das empresas – *Evaluating a Compliance Programme*.[9]-[10]

Neste cenário, sem olvidarmos do teor das Resoluções 4.595/2017 e 4.968/2021 do CMN, o total respaldo por parte do Conselho de Administração não é nenhum favor ou ato de altruísmo.

É, sim, uma *obrigação* normativa, o que não isenta a área de *compliance*, contudo, de suas responsabilidades – em especial a de reportar tudo o que se passa de mais importante na organização ao Conselho de Administração.[11]

A Resolução 4.595/2017 do CMN dispõe ser obrigação da área de *compliance* "relatar sistemática e tempestivamente os resultados das atividades relacionadas à função de conformidade ao conselho de administração".[12]

---

7. Versão de março de 2023.
8. "*In answering each of these three "fundamental questions", prosecutors may evaluate the company's performance on various topics that the Criminal Division has frequently found relevant in evaluating a corporate compliance program both at the time of the offense and at the time of the charging decision and resolution.*" (grifamos)
9. Disponível em: https://www.sfo.gov.uk/publications/guidance-policy-and-protocols/sfo-operational-handbook/evaluating-a-compliance-programme/. Acesso em: 16 jun. 2023.
10. *Version OGW1*.
11. "Compliance and the compliance function in Banks/2005. Principle 2 The bank's senior management is responsible for the effective management of the bank's compliance risk; Principle 3 The bank's senior *management is responsible for establishing and communicating a compliance policy, for ensuring that it is* observed, and for reporting to the board of directors on the management of the bank's compliance risk; The bank's senior management is responsible for establishing a permanent and effective compliance function within the bank as part of the bank's compliance policy; (...)Principle 7: Compliance function responsibilities The responsibilities of the bank's compliance function should be to assist senior management in managing effectively the compliance risks faced by the bank. Its specific responsibilities are set out below. If some of these responsibilities are carried out by staff in different departments, the allocation of responsibilities to each department should be clear." Disponível em: http://www.bis.org/publ/bcbs113.pdf. Acesso em: 18 jun. 2023.
12. Art. 7º, VI.

Em resumo: o programa de *compliance* não pode ser só "para inglês ver".[13] Não se pode permitir, assim, que toda a normatização de *compliance* se torne letra morta.

O programa de *compliance* tem que ser real e efetivo e seus resultados devem ser medidos, por exemplo, pela quantidade de funcionários lotados na área, pelo orçamento destinado a ela, pela quantidade de investigações em andamento ou concluídas, pelo número de treinamentos oferecidos, pelo resultado das avaliações periódicas etc.

Finalmente, e ainda no cenário acima delineado, a já citada Resolução CMN 4.968/2021, acertada e expressamente, previu que os sistemas de controles internos devem ter como finalidade o atingimento de objetivos de desempenho, de informação e de *conformidade* (*compliance*). Além disso, devem ser contínuos, revisados periodicamente e, sobretudo, *efetivos*, como já mencionamos.

Ademais, os referidos controles devem ser *compatíveis* com a (i) natureza, (ii) o porte, (iii) a complexidade, (iv) a estrutura, (v) o perfil de risco e (vi) o modelo de negócio da instituição. Vejamos abaixo a clareza da norma:

> Art. 2º As instituições mencionadas no art. 1º devem implementar e manter sistemas de controles internos compatíveis com a sua natureza, o seu porte, a sua complexidade, a sua estrutura, o seu perfil de risco e o seu modelo de negócio.
>
> Art. 3º Os sistemas de controles internos devem ter como finalidade o atingimento dos objetivos de:
>
> I – desempenho: relacionado à eficiência e à efetividade no uso dos recursos nas atividades desenvolvidas;
>
> II – informação: relacionado à divulgação voluntária ou obrigatória, interna ou externa, de informações financeiras, operacionais e gerenciais, que sejam úteis para o processo de tomada de decisão; e
>
> III – conformidade: relacionado ao cumprimento de disposições legais, regulamentares e previstas em políticas e códigos internos.
>
> Art. 4º Os sistemas de controles internos devem:
>
> I – ser contínuos e efetivos, definindo as atividades de controle para todos os níveis de negócios e para todos os riscos aos quais a instituição está exposta;
>
> II – integrar as atividades rotineiras das áreas relevantes da instituição; e
>
> III – ser revisados e atualizados periodicamente. (destacamos)

---

13. Tal expressão, aliás, por si só, já escancara uma triste vocação brasileira do século XIX – e até hoje observada – de não cumprir as leis "para valer". Como esclarece Luiz Gustavo Santos Cota, a origem dessa expressão se refere à Lei Feijó, de 1831, que foi criada apenas para dar satisfação às pressões inglesas pela abolição da escravatura no Brasil. Porém, nunca foi aplicada na prática. SANTOS COTA, L. G. Não só "para inglês ver": justiça, escravidão e abolicionismo em Minas Gerais. *História Social*, [S. l.], n. 21, p. 65-92, 2012. DOI: 10.53000/hs.vi21.912. Disponível em: https://ojs.ifch.unicamp.br/index.php/rhs/article/view/912. Acesso em: 09 jul. 2023.

5.2 INDEPENDÊNCIA DO *COMPLIANCE OFFICER*

O segundo requisito mínimo, que está intimamente ligado ao primeiro, é a independência do *compliance officer* em relação às suas ideias e opiniões.

Ele deve ser respeitado no ambiente organizacional, ouvido e levado em consideração pela alta administração em todos os seus pareceres e alertas. Não pode jamais ser tolhido ou direcionado para um determinado caminho com o propósito de ter seu trabalho limitado, conduzido ou até mesmo esvaziado.

Isso seria a falência de todo o programa de *compliance*. Tanto assim que referido requisito foi previsto na Resolução 4.595/2017 do CMN: "art. 5º A política de conformidade deve definir, no mínimo: (...) V – as medidas necessárias para garantir *independência e adequada autoridade* aos responsáveis por atividades relacionadas à função de conformidade na instituição." (grifamos)

Depositada nele a confiança da empresa, ele deve ser ouvido pela alta administração com todo o respeito às suas premissas e conclusões.

Mas apenas o respaldo institucional não basta.

5.3 ESTRUTURAS FÍSICA, HUMANA E ORÇAMENTÁRIA

O terceiro requisito mínimo essencial é que o programa de *compliance* seja provido com estruturas (i) humana, (ii) física e (iii) orçamentária. Tais estruturas devem ser adequadas, suficientes e necessárias, para que o *compliance officer* possa bem desenvolver o seu mister.

Referimo-nos a dotá-lo com pessoas capacitadas para atuarem junto a ele – secretárias, estagiários, engenheiros, administradores, advogados, técnicos de TI, analistas de dados etc. –, com os meios físicos necessários – salas, veículos, equipamentos com tecnologia de última geração, *softwares* com *inteligência artificial* etc. – e com um orçamento próprio.[14]

Nesse aspecto, é importante ressaltar que a área de *compliance*, por responder apenas ao Conselho de Administração e ao CEO, deve ser dotada de *orçamento próprio*, com o fim de se ver livre de possíveis ingerências,[15] conflitos de interesses

---

14. Sobre a estrutura adequada, a Resolução 4.595/2017 do CMN dispõe que: "art. 5º A política de conformidade deve definir, no mínimo: (...) III – a alocação de pessoal em quantidade suficiente, adequadamente treinado e com experiência necessária para o exercício das atividades relacionadas à função de conformidade; (...) *VI – a alocação de recursos suficientes para o desempenho das atividades relacionadas à função de conformidade* (...)".
15. Em que pese a redação dos arts. 5º, IV e 7º da Resolução 4.595/2017, a unidade específica/exclusiva de *Compliance* é altamente recomendável para que conflitos de interesses não aflorem. A Resolução 4.595/2017 deve ser interpretada em conjunto com o art. 2º da Resolução CMN 4.968/2021.

ou pressões políticas de outras diretorias ou superintendências – especialmente da área comercial –, pois todas elas estão sob o espectro de atuação do *compliance*.

5.4 REMUNERAÇÃO COMPATÍVEL

Finalmente, o quarto requisito mínimo indispensável: a remuneração do *compliance officer* tem que ser condizente com a importância de sua função e com o alto grau de responsabilidade dele exigida.

Em outras palavras, o titular da função tem que ser bem remunerado. Se for um superintendente, seu salário tem que ser compatível com o dos demais superintendentes daquele banco. Se for diretor, sua remuneração tem que ser equivalente à dos demais.[16]

Deve fazer jus, ainda, à PLR – Participação nos Lucros ou Resultados[17] – em patamar igual ao dos seus pares.

Nunca deverá receber menos. Se isso ocorresse, seria clara sinalização de que, na realidade, a alta administração não estaria levando sua missão a sério e seu cargo seria meramente pró-forma.

Vale ainda observar que de acordo com a Resolução 4.595/2017 do CMN (art. 8º), "a política de remuneração dos responsáveis pelas atividades relacionadas à função de conformidade deve ser determinada independentemente do desempenho das áreas de negócios, de forma a não gerar conflito de interesses".

O sentido da norma é que a remuneração do *compliance officer* bancário não pode estar diretamente atrelada ao atingimento de metas pela área comercial – os chamados bônus de desempenho. Tudo para evitar eventuais conflitos de interesses.

Mas tal política não poderá se dar em detrimento da boa remuneração do ocupante do cargo de conformidade, sob pena de sério desprestígio da função.

---

16. Lembramos que no livro tratamos da função apenas pela designação mais ampla, genérica e já amplamente difundida no Brasil, de "*compliance officer*", a qual pode designar tanto o chefe de *compliance* (CCO) quanto aqueles que com ele atuam naquela área da instituição financeira (seus subordinados).
17. Benefício com previsão na Constituição Federal – art. 7º, XI e na Lei 10.101/2000.

6
COMPLIANCE BANCÁRIO, PLD/FT – *PREVENÇÃO À LAVAGEM DE DINHEIRO E AO FINANCIAMENTO DO TERRORISMO* – E A CIRCULAR 3.978/2020 DO BACEN

6.1 AS ATRIBUIÇÕES DO *COMPLIANCE OFFICER* BANCÁRIO EM PLD/FT

Como já exposto anteriormente, especialmente quando tratamos dos riscos operacionais, o *compliance officer* bancário possui uma vasta gama de assuntos sobre os quais deve se debruçar e zelar.

E uma das atribuições do *compliance officer* que gera grande impacto – positivo ou negativo – para a instituição, *stakeholders* e para todo o sistema financeiro, é a prevenção à lavagem de dinheiro e ao financiamento do terrorismo – PLD/FT.

As leis brasileiras – a exemplo de leis estrangeiras, e seguindo o norte dado pelo GAFI/FATF, Comitê da Basileia e por tratados internacionais –, especialmente a Lei contra a Lavagem de Dinheiro (Lei 9.613/1998) e a Lei Anticorrupção (Lei 12.846/2013), trazem para as empresas em geral, mas para os bancos em particular, uma série de determinações que incluem obrigações de fazer, deveres de agir de uma determinada forma, sob pena de serem responsabilizadas *administrativamente* (foco deste trabalho).

No que tange à PLD/FT, vejamos, então, suas principais nuances no setor bancário, bem como as atribuições do *compliance officer*.

6.2 A OBRIGAÇÃO DE CONHECER O SEU CLIENTE – *"KNOW YOUR CUSTOMER"* (KYC)

As instituições autorizadas a funcionar pelo BACEN têm a *obrigação legal e infralegal* de conhecer os clientes – KYC – com os quais se relacionam, como se depreende da leitura da Lei 9.613/1998 e da Circular 3.978/2020 do BACEN.

O setor financeiro presta serviços de verdadeira utilidade pública, e é controlado não somente pela capacidade de promover a atividade econômica, mas também de ser, muitas vezes, usado como veículo para atividades ilícitas.

Criminosos vão comparecer perante um funcionário de uma agência bancária para ludibriá-lo ou mesmo para comprar os seus favores, sempre no interesse de algum delito.

O mesmo ocorre no mundo digital/virtual, ambiente igualmente propício para a transferência de dinheiro entre ou para criminosos. Nele, os criminosos usarão de tecnologias capazes de burlar os filtros dos sistemas bancários.

Da mesma forma que os bancos hoje se utilizam de inteligência artificial, seria inocência imaginar que criminosos também não se valham da tecnologia para tentar furar os bloqueios virtualmente criados pelas instituições financeiras.

Assim, de nada adianta o banco ter internamente um controle muito bem estruturado em relação a funcionários e fornecedores – necessário para se evitar os crimes de corrupção – se não souber quem são seus clientes.

De nada adianta a instituição abrir contas correntes de péssima qualidade se depois terá que as encerrar em virtude de lavagem de dinheiro, por exemplo. Como diria um antigo e muito competente diretor de auditoria de um grande banco brasileiro, "é mais fácil controlar a entrada da bebida na festa que retirar os bêbados do salão".

A obrigação de conhecer seu cliente KYC – *Know Your Customer* – tem sua raiz nos Princípios da Basileia,[1] sendo que, entre nós, a obrigação nasceu com a promulgação da Lei contra a Lavagem de Dinheiro de 1998, em conjunto com as Resoluções 2.554/1998[2] e 2.747/2000[3] do Conselho Monetário Nacional.

Observe-se que, além das instituições financeiras, outros setores da economia, tais como os que realizam transações imobiliárias,[4] ou os que trabalham com valores mobiliários, ou ainda os que trabalham com atividades esportivas, obras

---

1. "1997 Core Principles for Effective Banking Supervision – 15 – Banking supervisors must determine that banks have adequate policies, practices and procedures in place, including strict "know-your-customer" rules, that promote high ethical and professional standards in the financial sector and prevent the bank being used, intentionally or unintentionally, by criminal elements". Disponível em: https://www.bis.org/publ/bcbs30a.pdf. Acesso em: 18 jun. 2023.
2. Norma revogada pela Resolução 4.968/2021, desde 1º.01.2022.
3. Norma revogada pela Resolução CMN 4.753 de 26.09.2019.
4. Vide Provimento 88/2019 do Conselho Nacional de Justiça, da lavra do Ministro Corregedor Nacional de Justiça, em vigor desde 03/02/2020, que dispõe sobre a política, os procedimentos e os controles a serem adotados pelos notários e registradores visando à prevenção dos crimes de lavagem de dinheiro, previstos na Lei 9.613, de 3 de março de 1998, e do financiamento do terrorismo, previsto na Lei 13.260, de 16 de março de 2016.

de arte, dentre outros, também são sujeitos às obrigações da Lei de Lavagem. A relação de pessoas obrigadas encontra-se no art. 9º da Lei 9.613/1998.

Para a determinação clara da obrigação de conhecer o seu cliente, o que se desdobra em obrigações de guarda e registro dos documentos, é importante transcrever aqui o art. 10 da lei 9.613/1998:[5]

> *Da Identificação dos Clientes e Manutenção de Registros*
>
> Art. 10. As pessoas referidas no art. 9º:
>
> I – identificarão seus clientes e manterão cadastro atualizado, nos termos de instruções emanadas das autoridades competentes;
>
> II – manterão registro de toda transação em moeda nacional ou estrangeira, títulos e valores mobiliários, títulos de crédito, metais, ativos virtuais, ou qualquer ativo passível de ser convertido em dinheiro, que ultrapassar limite fixado pela autoridade competente e nos termos de instruções por esta expedidas;
>
> III – deverão adotar políticas, procedimentos e controles internos, compatíveis com seu porte e volume de operações, que lhes permitam atender ao disposto neste artigo e no art. 11, na forma disciplinada pelos órgãos competentes;
>
> IV – deverão cadastrar-se e manter seu cadastro atualizado no órgão regulador ou fiscalizador e, na falta deste, no Conselho de Controle de Atividades Financeiras (Coaf), na forma e condições por eles estabelecidas;
>
> V – deverão atender às requisições formuladas pelo Coaf na periodicidade, forma e condições por ele estabelecidas, cabendo-lhe preservar, nos termos da lei, o sigilo das informações prestadas.
>
> § 1º Na hipótese de o cliente constituir-se em pessoa jurídica, a identificação referida no inciso I deste artigo deverá abranger as pessoas físicas autorizadas a representá-la, bem como seus proprietários.
>
> § 2º Os cadastros e registros referidos nos incisos I e II deste artigo deverão ser conservados durante o período mínimo de cinco anos a partir do encerramento da conta ou da conclusão da transação, prazo este que poderá ser ampliado pela autoridade competente.
>
> § 3º O registro referido no inciso II deste artigo será efetuado também quando a pessoa física ou jurídica, seus entes ligados, houver realizado, em um mesmo mês-calendário, operações com uma mesma pessoa, conglomerado ou grupo que, em seu conjunto, ultrapassem o limite fixado pela autoridade competente.
>
> Art. 10A. O Banco Central manterá registro centralizado formando o cadastro geral de correntistas e clientes de instituições financeiras, bem como de seus procuradores.

As sanções pelo descumprimento das obrigações dos art. 10 e 11[6] da lei 9.613/98 estão elencadas no artigo 12 da mesma Lei. Elas vão de simples advertência, passando por pesadas multas, até a inabilitação temporária para os

---

5. Com a redação da Lei 14.478/2022 sobre ativos virtuais.
6. Tratado adiante.

administradores ou a cassação ou suspensão da autorização para o exercício de atividade, operação ou funcionamento.

No caso das instituições financeiras, as regras processuais e sanções relativas a não observância dos arts. 10 e 11 da Lei de lavagem são tratadas conforme os arts. 41/42 e seguintes da Resolução BCB 131/2021, que regulamenta[7] a Lei 13.506/2017, a qual, por sua vez, versa sobre o PAS – Processo Administrativo Sancionador – nas esferas de atuação do BACEN e da CVM.

Na referida norma BCB 131/2021, que revogou a Circular 3.858/2017 do BACEN, foram consolidadas "as normas sobre o rito do processo administrativo sancionador, a aplicação de penalidades, o termo de compromisso, as medidas acautelatórias, a multa cominatória e o acordo administrativo em processo de supervisão, previstos na Lei 13.506, de 13 de novembro de 2017, e os parâmetros para a aplicação das penalidades administrativas previstas na Lei 9.613, de 3 de março de 1998".

Importante salientar que no processo administrativo sancionador em questão devem ser observados os princípios da legalidade, da finalidade, da motivação, da razoabilidade, da proporcionalidade, da moralidade, da ampla defesa, do contraditório, da segurança jurídica, do interesse público e da eficiência (conforme art. 2º da Resolução).

A Resolução BCB 131 versa, ainda, sobre a dosimetria das sanções a serem aplicadas com base no artigo 12 da lei 9.613/1998. O órgão recursal é o Conselho de Recursos do Sistema Financeiro Nacional (CRSFN).[8]

O regramento previsto no art. 10 da lei contra lavagem de dinheiro acima colacionado é ainda complementado pelo Normativo SARB – Sistema de Autorregulação Bancária – 11/2013 da Federação Brasileira dos Bancos:

Art. 6º O processo de Prevenção e Combate à Lavagem de Dinheiro e ao Financiamento do Terrorismo é composto por um conjunto de ações de controle que deve ser adotado de forma organizada e integrada, para melhor eficácia:

I – Conheça seu Cliente (KYC – "Know Your Customer");

II – Conheça seu Funcionário (KYE – "Know Your Employee");

III – Conheça seu Fornecedor (KYS – "Know Your Supplier");

IV – Conheça seu Parceiro (KYP – "Know Your Partner");

V – Conheça seu Correspondente;

VI – Avaliação de Novos Produtos e Serviços;

---

7. Na órbita do BACEN.
8. Órgão que também tem competência para julgar recursos contra penalidade aplicadas pelo COAF, nos termos do art. 16 da lei contra lavagem.

VII – Monitoramento de Operações;
VIII – Comunicação de Operações Suspeitas;
IX – Treinamento;
X – Estruturação institucional da área de prevenção à lavagem de dinheiro". (destacamos)

De acordo com tais regras, a instituição deve conhecer e manter informações atualizadas não somente sobre o seu cliente – quem ele é, qual a sua renda, o que ele faz e se há *coerência* entre sua atividade declarada e a sua movimentação financeira –, mas também sobre seus funcionários, fornecedores, parceiros e correspondentes (terceiros).

Além disso, o banco deve comunicar sempre operações suspeitas ao COAF, monitorar atividades com maior risco de irregularidades, dar treinamento contínuo aos funcionários e prover a estruturação institucional da área de prevenção à lavagem de dinheiro, seguindo aqui as diretrizes da Basileia e da Lei de Combate à Lavagem de Dinheiro de 1998.

Isto significa, na prática, a necessidade de entrevista inicial do cliente e o preenchimento e manutenção de um cadastro fidedigno com informações completas sobre aquela determinada pessoa que movimenta recursos financeiros no banco – manutenção do "perfil" atualizado do cliente.

Historicamente, até 30 de setembro de 2020, as informações mínimas que deveriam ser mantidas pelos bancos, exigidas pela Circular 3.461/2009, já revogada desde 01/10/2020 pela Circular 3.978/2020 do BACEN, nos termos da Circular 4.005/2020, eram as seguintes:

Manutenção de Informações Cadastrais Atualizadas
Art. 2º As instituições mencionadas no art. 1º devem coletar e manter atualizadas as informações cadastrais de seus clientes permanentes, incluindo, no mínimo:
I – qualificação do cliente:
a) pessoas naturais: nome completo, filiação, nacionalidade, data e local do nascimento, documento de identificação (tipo, número, data de emissão e órgão expedidor) e número de inscrição no Cadastro de Pessoas Físicas (CPF); e
b) pessoas jurídicas: firma ou denominação social, atividade principal, forma e data de constituição, informações referidas na alínea "a" que qualifiquem e autorizem os administradores, mandatários ou prepostos, número de inscrição no Cadastro Nacional da Pessoa Jurídica (CNPJ) e dados dos atos constitutivos devidamente registrados na forma da lei;
II – endereços residencial e comercial completos;
III – número do telefone e código de Discagem Direta a Distância (DDD);
IV – valores de renda mensal e patrimônio, no caso de pessoas naturais, e de faturamento médio mensal referente aos doze meses anteriores, no caso de pessoas jurídicas; e
V – declaração firmada sobre os propósitos e a natureza da relação de negócio com a instituição.

(...)

Art. 3º As instituições mencionadas no art. 1º devem obter as seguintes informações cadastrais de seus clientes eventuais, do proprietário e do destinatário dos recursos envolvidos na operação ou serviço financeiro:

I – quando pessoa natural, o nome completo e o número de inscrição no Cadastro de Pessoas Físicas (CPF);

II – quando pessoa jurídica, a razão social e número de inscrição no CNPJ

Parágrafo único. Admite-se o desenvolvimento de procedimento interno destinado à identificação de operações ou serviços financeiros eventuais que apresentem baixo risco de utilização para lavagem de dinheiro ou de financiamento ao terrorismo, para os quais é dispensada a exigência de obtenção das informações cadastrais de clientes, ressalvado o cumprimento do disposto nos demais artigos desta circular.

Importante destacar que sempre as instituições devem solicitar documentos aos seus clientes para confirmação das informações cadastrais. Devem adotar procedimentos contínuos de atualização e adequação das informações cadastrais de seus clientes, os chamados "recadastramentos".

A obrigação do KYC não se trata, ressalte-se novamente, de mera atividade formal. A regra do *"Know Your Customer"* exige um esforço real de conhecer a realidade do negócio desse cliente – *"Know Your Client Business"* – e até mesmo os clientes de seu cliente – *"Know Your Customer's Customer – KYCC"*[9] –, pois só assim se perceberá a veracidade e a compatibilidade das informações prestadas por ele.

Se for preciso, o cliente deve ser sempre chamado para comparecer à agência, por mais trabalhoso que isso possa parecer, quando o gerente estiver diante de alguma *inconsistência de informações* – renda ou faturamento declarados versus movimentação financeira, por exemplo.

Da mesma forma, o gerente deve se deslocar até o estabelecimento comercial de seu cliente, pessoalmente, quando estiver em dúvidas se há de fato *compatibilidade* entre a movimentação da conta com o ramo de atividade declarado, indício típico de possível lavagem de dinheiro.

E tempo hábil para isso? Sabemos que o dia a dia de uma agência bancária é muito corrido e certamente uma visita a um cliente custará caro em tempo e di-

---

9. "KYC or Know Your Customer procedures are required for financial institutions, by law, in order to establish the legitimacy of a customer's identity and the risk factors associated with that customer. These procedures are designed to help prevent identity theft, money laundering, financial fraud, terrorist financing, and other financial crimes. In many instances, KYC doesn't extend to shell corporations or similar entities, which is why there is increasing pressure from regulators to impose laws that fall under the heading Know Your Customer's Customer (KYCC)". Disponível em: https://www.sanctions.io/blog/what-do-you-need-to-know-about-kycc. Acesso em: 09 abr. 2023.

nheiro. Mas a instituição deve garantir e franquear ao gerente de contas esse tempo, tirando dele eventuais tarefas que possam ser delegadas a outros funcionários.

Se o gerente tem tempo para visitar um potencial novo cliente, buscando legitimamente o lucro para a instituição, deve ter tempo também para analisar e visitar um potencial caso de lavagem de dinheiro, em observância à regra do KYC.

Aqui um exemplo que ilustra bem o acima preconizado: em dezembro de 2021, numa cidade do interior do estado de São Paulo com pouco mais de trezentos mil habitantes, investigação da Polícia Federal apurou que uma barbearia teve, em apenas onze meses, movimentação financeira de R$ 12,7 milhões.

Ou seja, R$ 1,150 milhão por mês, sendo que, segundo apurado, o dono da barbearia, no referido período, teria efetuado 779 depósitos em dinheiro nos caixas eletrônicos. As investigações apontavam para uma organização criminosa ligada ao garimpo ilegal em terras indígenas no estado o Pará.[10]

Pois bem. Para ter acesso ao bônus – o lucro –, a instituição financeira deve suportar alguns ônus, dentre os quais está o de conhecer bem os seus clientes – KYC. A alta administração tem que estar consciente disso, em coerência com o *"tone at the top"*.

Como ilustração histórica, anotamos que nos anos de 2000 e 2001, um grande aparato foi montado em todos os bancos para o recadastramento de milhões de contas correntes Brasil afora.

Tal movimento deu-se tanto à luz da Resolução 2.747/2000[11] do CMN, que estabeleceu quais os dados mínimos que os bancos deveriam colher de seus clientes a partir daquele ano, quanto em virtude da Circular 3.006/2000[12] do BACEN, que corretamente determinou à mesma época que apenas titulares com CPFs ativos perante a Receita Federal do Brasil poderiam manter contas em bancos.[13]

Essa missão, como tantas outras que verificamos na rotina de um banco, deu-se sob responsabilidade do *compliance officer* com a supervisão direta e

---

10. Disponível em: https://sustentabilidade.estadao.com.br/noticias/geral,no-interior-de-sp-barbearia--ligada-a-garimpo-ilegal-movimentou-r-12-7-milhoes-em-11-meses,70003923801. Acesso em: 18 jun. 2023.
11. Norma revogada pela Resolução CMN 4.753, de 26.09.2019.
12. Circular revogada em 2016 pela Circular 3.788. Esta última, por sua vez, foi revogada pela Circular 3.988/2020.
13. O cumprimento dessa obrigação normativa pode ser comparado à gestão de um grandioso e complexo projeto, sendo que "A *gestão de projetos* pode ser definida como o planejamento, a programação e o controle de uma série de tarefas integradas de forma a atingir seus objetivos com êxito, para benefício dos participantes do projeto. Dessa forma, percebe-se que as empresas passaram a reconhecer a importância da gestão de projetos, tanto para o futuro quanto para o presente." KERZNER, Harold. *Gestão de Projetos: as melhores práticas*. 2. Ed. Porto Alegre: Bookman, 2006, reimpr. 2010, p. 15-16.

pessoal da alta administração. Consumiu meses, custou alguns milhões de reais e envolveu absolutamente todos os funcionários das agências bancárias. Mas o necessário foi feito.

Ocorre que a Circular 3.461/2009 teve sua vigência apenas até 30/09/2020. Isto porque, desde 1º.10.2020,[14] está em vigor a Circular 3.978 do BACEN.

Trata-se de ato normativo do BACEN, o qual "dispõe sobre a política, os procedimentos e os controles internos a serem adotados *pelas instituições autorizadas a funcionar pelo Banco Central do Brasil* visando à prevenção da utilização do sistema financeiro para a prática dos crimes de "lavagem" ou ocultação de bens, direitos e valores, de que trata a Lei 9.613, de 3 de março de 1998, e de financiamento do terrorismo, previsto na Lei 13.260, de 16 de março de 2016". (grifamos)

Logo de início, anotamos que a referida Circular 3.978/2020, assim como a anterior, deve seguir o norte estabelecido (i) nos Princípios da Basileia, (ii) nas leis – especialmente na lei contra lavagem de dinheiro, de 1998 –, e (iii) nas Resoluções do CMN – especialmente na Resolução 4.753/2019, a qual será comentada adiante. Ademais, deve ser interpretada em harmonia com a Resolução CMN 4.968/2022.

Assim, a Circular 3.978/2020 do BACEN deve observar os artigos 10 e 11 da Lei 9.613/98 e os artigos 2º, 3º, 6º e 7º da Resolução 4.753/19.

Cuida-se com mais vagar dos principais aspectos da Circular 3.978/2020 neste Capítulo, pois é aqui que são abordados tanto o programa KYC quanto as chamadas PEPs, matérias que sofreram importantes alterações desde a entrada em vigor do referido regramento em 01/10/2020. Vejamos.

Já no artigo 2º, a Circular 3.978/2020 enfatiza que as instituições autorizadas a funcionar pelo BACEN "devem implementar e manter *política* formulada *com base em princípios e diretrizes* que busquem prevenir a sua utilização para as práticas de lavagem de dinheiro e de financiamento do terrorismo".[15]

Esta é a grande virtude da norma, pois determina a implementação e a manutenção de uma "política" – e não apenas a adoção de medidas muitas vezes isoladas e desordenadas – voltada para a prevenção dos crimes de lavagem de ativos (lei 9.613/1998) e de financiamento ao terrorismo[16] (nos termos das leis 13.260/2016 e 13.810/2019).

---

14. Conforme Circular 4.005/2020.
15. Texto com destaques nossos.
16. Sobre a obrigação da indisponibilidade de ativos nestes casos, a Resolução BCB 44/2020, em vigor desde 04.0162021 e que "estabelece procedimentos para a execução pelas instituições autorizadas a funcionar pelo Banco Central do Brasil das medidas determinadas pela Lei 13.810, de 8 de março de 2019, *que dispõe sobre o cumprimento de sanções impostas por resoluções do Conselho de Segurança das*

A Circular 3.978 também tem o mérito de deixar ainda mais explícitas obrigações que antes já existiam para as instituições – com o objetivo de afastar quaisquer eventuais dúvidas. Cada instituição autorizada a funcionar pelo BACEN deve se preocupar em gerir sua própria carteira de clientes de modo a evitar que o banco seja usado como um instrumento de passagem de dinheiro proveniente de alguma infração penal.

Cabe às instituições a adoção de política que respeite os programas KYC, KYE, KYS e KYP. Tal "política" deve observar certos requisitos mínimos estabelecidos no art. 3º da referida Circular.

Porém, a obrigação de implementar e de manter medidas para evitar a lavagem de dinheiro e o financiamento do terrorismo não nasceu nem com a Circular revogada 3.461/2009 nem tampouco com a Circular revogadora 3.978/2020.

Referida obrigação tem seus alicerces nos Princípios da Basileia, na Lei 9.613/1998[17] e nas Resoluções do Conselho Monetário Nacional. Tanto assim que a própria Circular 3.978/2020 diz que a "política" a ser implementada pelas instituições deve ser formulada com base em *"princípios e diretrizes"* que busquem prevenir a sua utilização para as práticas de lavagem de dinheiro e de financiamento do terrorismo.

As Circulares e Resoluções BCB, do BACEN, diga-se, servem exatamente para regulamentar e para dar mais ênfase e efetivo cumprimento ao disposto nas leis e nas Resoluções do CMN.

De acordo com a Circular 3.978, a "política" de prevenção de cada instituição financeira deve ser *documentada*, aprovada pelo Conselho de Administração – ou pela Diretoria, nos casos em que não houver o Conselho – e mantida atualizada, nos termos do art. 7º.

No art. 10, a Circular 3.978/2020 diz ser obrigação da instituição realizar a "avaliação interna com o objetivo de *identificar e mensurar o risco de utilização de seus produtos e serviços na prática da lavagem de dinheiro e do financiamento do terrorismo"*.[18]

Ou seja, na chamada *"avaliação interna de risco"*, a instituição deve identificar e mensurar o quanto – e como – os seus produtos e serviços oferecidos aos

---

Nações Unidas, incluída a indisponibilidade de ativos de pessoas naturais e jurídicas e de entidades, e a designação nacional de pessoas investigadas ou acusadas de terrorismo, de seu financiamento ou de atos a ele correlacionados".

17. Em especial artigos 10 e 11. Vale destacar que mesmo antes da profunda reforma pela qual passou a lei 9.613/1998, no ano de 2012, o *"terrorismo e seu financiamento"* já era considerado crime "antecedente", conforme redação dada pela Lei 10.701, de julho de 2003.
18. Texto com destaques nossos.

clientes podem ser utilizados na prática dos crimes de lavagem de dinheiro e de financiamento do terrorismo.

E para a identificação do risco em PLD/FT, a referida "avaliação interna" deve considerar, no mínimo, os *perfis de risco*: "I – dos clientes; II – da instituição, incluindo o modelo de negócio e a área geográfica de atuação; III – das operações, transações, produtos e serviços, abrangendo todos os canais de distribuição e a utilização de novas tecnologias; e IV – das atividades exercidas pelos funcionários, parceiros e prestadores de serviços terceirizados".

Ao levar em conta os diferentes perfis de risco acima elencados, o art. 10 contempla as regras de "*risk assessment*" e de "*risk management*" – avaliação e gerenciamento de riscos, respectivamente –, temas já mencionados neste trabalho.

Em outras palavras, nos termos da Circular 3.978, o banco deve, por exemplo, dar tratamento diferenciado para aquelas pessoas, físicas ou jurídicas, que atuam em determinados ramos de atividade, em determinadas regiões geográficas, as quais sejam estatística e sabidamente mais propensas ao cometimento de ilícitos – como ocorre com clientes de agências bancárias localizadas em regiões de fronteira.

Assim, os clientes de operações de câmbio da agência de Foz do Iguaçu/PR ou de Corumbá/MS merecem mais atenção que os de uma agência localizada em Piracicaba/SP. Isto não significa, contudo, que no interior de São Paulo não possa haver clientes que tentem usar o banco para lavar dinheiro, mas a *probabilidade* de tal fato ocorrer é menor se comparada com aquelas cidades de fronteira dos estados do Paraná e do Mato Grosso do Sul.

Não que antes assim já não devessem proceder os bancos, mas a Circular 3.978/2020 não deixou espaço para dúvidas ao trazer um regramento ainda mais expresso de PLD/FT.

O art. 10 da multicitada Circular também diz respeito à já conhecida "gestão de terceiros", pela qual a instituição tem a obrigação de conhecer todas as pessoas com as quais mantém contratos/relacionamentos, sejam elas clientes, funcionários, parceiros, terceirizados ou prestadores eventuais de serviços.

Este tema ganhou mais importância no Brasil com a entrada em vigor da Lei Anticorrupção em 2014, uma vez que a empresa pode ser responsabilizada objetivamente, inclusive por atos de terceiros que ajam em seu interesse ou benefício.[19]

Já de acordo com o parágrafo 2º do artigo 10 da Circular em tela, o risco identificado – risco operacional, como já exposto – "deve ser avaliado quanto à

---

19. "Art. 2º: As pessoas jurídicas serão responsabilizadas objetivamente, nos âmbitos administrativo e civil, *pelos atos lesivos previstos nesta Lei praticados em seu interesse ou benefício, exclusivo ou não.*

sua *probabilidade de ocorrência* e à *magnitude dos impactos* financeiro, jurídico, reputacional e socioambiental para a instituição".[20]

E o parágrafo 3º completa que: "Devem ser definidas *categorias de risco* que possibilitem a adoção de controles de gerenciamento e de mitigação reforçados para as situações de *maior risco* e a adoção de controles simplificados nas situações de *menor risco*".[21]

Exige mais preocupação e deve se dar mais atenção ao risco cuja probabilidade de ocorrência seja maior e cujos impactos sejam mais severos para a instituição. Para tanto, deve ser elaborada pelo banco a ferramenta chamada "*matriz de riscos*" ou "*heat map*" – mapa de calor –, que leva em conta, em uma tabela, tanto (i) a probabilidade de ocorrência quanto (ii) a magnitude do impacto dos riscos,[22] conforme exemplo abaixo.

	Severo	Risco médio	Risco médio	Risco alto	Risco extremo	Risco extremo
	Grande	Risco baixo	Risco médio	Risco alto	Risco extremo	Risco extremo
IMPACTO	Moderado	Risco baixo	Risco médio	Risco médio	Risco alto	Risco alto
	Pequeno	Risco Baixo	Risco baixo	Risco médio	Risco médio	Risco médio
	Insignificante	Risco Baixo	Risco baixo	Risco baixo	Risco baixo	Risco médio
MATRIZ DE RISCOS HEAT MAP		Rara	Pouco Provável	Possível	Muito Provável	Quase certa
		PROBABILIDADE				

Em se tratando de lavagem de dinheiro e de financiamento do terrorismo,[23] quanto maior a *probabilidade* de ocorrência, e quanto mais danoso for o *impacto* para a instituição e/ou para seus diversos *stakeholders*, mais atenção/gerenciamento aquele determinado risco deve merecer por parte da empresa.

A Circular 3.978 cuida expressamente, assim, da chamada ABR – "Abordagem Baseada em Risco" em PLD/FT, com a avaliação dos riscos aos quais a instituição está exposta e a consequente adoção de medidas *proporcionais* a eles.

---

20. Texto com destaques nossos.
21. Texto com destaques nossos.
22. Riscos "operacionais", incluído entre eles o risco de "conformidade".
23. Riscos *operacionais* existentes.

É o também chamado RBA – "*Risk-Based Approach*" – no combate aos crimes de lavagem e de financiamento do terrorismo – PLD/FT.

Feitas estas considerações preliminares sobre a Circular 3.978/2020,[24] discorre-se abaixo sobre a obrigação das instituições conhecerem bem os seus clientes – KYC.

O que se pretendeu com a sistemática proposta pela Circular 3.978 foi a melhoria dos sistemas de identificação dos clientes e das demais pessoas com as quais a instituição mantém relação, tendo como foco o *risco associado de haver lavagem de dinheiro e financiamento do terrorismo* – abordagem baseada em risco/*risk-based approach*.

Trata-se de ato normativo que veio à luz para *aperfeiçoar* o sistema de controles já existentes e não para afrouxá-los. Deve, ainda, ser entendido e interpretado no contexto das Resoluções CMN 4.753/2019 e CMN 4.968/2021.

Esta última, em vigor desde 01/01/2022, aliás, é bastante assertiva sobre a necessidade de previsão de procedimentos de PLD/FT pelas instituições financeiras: "Art. 5º: Os sistemas de controles internos devem prever:(...) j) procedimentos e controles previstos na legislação e regulamentação vigentes, visando à prevenção da utilização do sistema financeiro para a prática dos crimes de "lavagem" ou ocultação de bens, direitos e valores, e de financiamento do terrorismo (...)".

Feita essa observação, a Circular do BACEN 3.978 assim dispõe, em seu capítulo V, sobre a obrigação KYC:[25]

Dos Procedimentos Destinados a Conhecer os Clientes

Seção I

Dos Procedimentos

Art. 13. As instituições mencionadas no art. 1º devem implementar procedimentos destinados a conhecer seus clientes, incluindo procedimentos que assegurem *a devida diligência na sua identificação, qualificação e classificação.*

§ 1º Os procedimentos referidos no caput devem ser compatíveis com:

I – *o perfil de risco do cliente*, contemplando medidas reforçadas para clientes classificados em categorias de maior risco, *de acordo com a avaliação interna de risco referida no art. 10*;

II – *a política de prevenção à lavagem de dinheiro e ao financiamento do terrorismo* de que trata o art. 2º; e

III – *a avaliação interna de risco de que trata o art. 10.*

§ 2º Os procedimentos mencionados no caput devem ser formalizados em manual específico.

---

24. A Circular 3.978 fez cair por terra os artigos da antiga Circular 3.461/2009 relativos à identificação dos clientes.
25. Texto com destaques nossos.

§ 3º O manual referido no § 2º deve ser aprovado pela diretoria da instituição e mantido atualizado. (...)

Aqui também são válidos os nossos comentários já colocados acima sobre a antiga Circular 3.461/2009, sendo que agora ficou expresso que a instituição tem a obrigação de bem conhecer seus clientes *de acordo com o risco* que cada um deles representa – abordagem baseada em risco/*risk-based approach*.

Mas a essência de ambas as Circulares é a mesma: a instituição tem a obrigação de cultivar uma relação próxima com o cliente, especialmente para o fim de verificar a real *compatibilidade* entre as *transações* financeiras e a *renda* ou o *faturamento* por ele declarados.

Caso não haja essa compatibilidade, a conta *deve ser encerrada*,[26] nos termos do art. 6º da Resolução 4.753/2019 do Conselho Monetário Nacional.[27]

Mérito da nova Circular 3.978/2020 é estabelecer, de maneira mais bem organizada e sistematizada, quais são as obrigações dos bancos.

Com esse objetivo, o BACEN idealizou um critério de *"identificação"* dos clientes:[28]

---

26. Sobre a possibilidade de *bloqueio* da conta em caso de suspeita de fraude, o bem-vindo julgado do TRF4, de 2023: "A instituição bloqueou as contas devido a detecção de movimentações suspeitas de fraude. A 12ª turma entendeu, por unanimidade, que não houve ilegalidade na conduta da Caixa. A ação foi ajuizada em novembro de 2017. A titular da conta narrou ter tido suas contas-correntes e de poupança bloqueadas em agosto daquele ano, sem qualquer justificativa ou informação prévia por parte do banco. Assim, requisitou que a instituição fosse condenada a "desbloquear as contas de sua titularidade, franqueando-lhe o acesso a todas e quaisquer operações, bem como ao pagamento de indenização por danos morais em razão do bloqueio indevido, no valor de R$ 15 mil". Em agosto de 2020, a 7ª Vara Federal de Curitiba/PR julgou a ação improcedente. Na sentença, a juíza de Direito responsável destacou que "o conjunto probatório formado nos autos confirma a alegação feita pela Caixa de que sua atuação teve como motivação a existência de suspeita de fraude, de forma que não há irregularidade no procedimento de bloqueio adotado". A cliente recorreu ao TRF-4, mas teve recurso negado pela 12ª turma. A relatora, juíza de Direito Ana Beatriz Vieira da Luz Palumbo, chama atenção para o fato de a controvérsia nos autos dizer respeito "à regularidade do bloqueio total, pela instituição bancária, das contas nas quais foram detectadas movimentações suspeitas de fraude. Da leitura da legislação pertinente, resolução do Conselho Monetário Nacional, verifica-se que tal proceder é legítimo e constitui obrigação da instituição bancária". "Constata-se que não houve ilegalidade da conduta da Caixa quanto ao bloqueio das contas bancárias, uma vez que realizado de acordo com o regramento estabelecido pelo Banco Central e embasado por documentos que indicam a prática de fraude. Por outro lado, a autora não demonstrou a regularidade dos depósitos creditados em suas contas. Nesse contexto, não há como prosperar o recurso." O número do processo não foi disponibilizado. Informações: TRF da 4ª região". Disponível em: https://www-migalhas-com-br.cdn.ampproject.org/c/s/www.migalhas.com.br/amp/quentes/386349/cef-nao-indenizara-titular-de-contas-bloqueadas-por-suspeita-de-fraude. Acesso em: 20 maio 2023.
27. Art. 6º As instituições devem encerrar conta de depósitos em relação a qual verifiquem irregularidades nas informações prestadas, consideradas de natureza grave.
28. Texto com destaques nossos.

Da Identificação dos Clientes

Art. 16. As instituições referidas no art. 1º devem adotar procedimentos de identificação *que permitam verificar e validar a identidade do cliente.*

§ 1º Os procedimentos referidos no caput devem incluir a obtenção, a verificação e a validação da autenticidade de informações de identificação do cliente, inclusive, se necessário, mediante confrontação dessas informações com as disponíveis *em bancos de dados de caráter público e privado.*

§ 2º No processo de identificação do cliente devem ser coletados, no mínimo:

I – *o nome completo e o número de registro no Cadastro de Pessoas Físicas (CPF), no caso de pessoa natural;* e (Redação dada, a partir de 1º.09.2021, pela Resolução BCB 119, de 27.07.2021)

II – *a firma ou denominação social e o número de registro no Cadastro Nacional da Pessoa Jurídica (CNPJ), no caso de pessoa jurídica.* (Redação dada, a partir de 1º.09.2021, pela Resolução BCB 119, de 27.07.2021)

(...)

Art. 17. As informações referidas no art. 16 *devem ser mantidas atualizadas.*

Para a correta "identificação" do cliente, ou seja, para se saber (i) quem ele é, e para se confirmar/validar (ii) se realmente ele é quem diz ser, as instituições poderão se valer inclusive de bancos de dados públicos ou privados.

Mas, como não poderia ser diferente, *dados mínimos* como o nome completo, e o número de registro no Cadastro de Pessoas Físicas (CPF), no caso de pessoa natural, e a firma ou denominação social, e o número de registro no Cadastro Nacional da Pessoa Jurídica (CNPJ), no caso de pessoa jurídica, continuam sendo *indispensáveis.*

Tais informações devem estar sempre atualizadas, como já era previsto na Circular revogada 3.461/2009.

Não podemos deixar de mencionar que o número do telefone celular[29] – *smartphone* – e o *e-mail* do cliente também devem ser coletados, principalmente considerando-se que grande parte das transações são feitas por meios eletrônicos (*sites* e aplicativos – *apps* – dos bancos). Assim já faz há anos a Receita Federal do Brasil na declaração anual de ajuste do imposto de renda da pessoa física, por exemplo.

Aliás, a tendência é se tornar obrigatória, concedido um prazo razoável, a *identificação biométrica* de cada cliente, assim como ocorre na Justiça Eleitoral, o que tornaria quase impossível uma pessoa se fazer passar por outra. Muitos bancos já o fazem para transações em terminais/caixas eletrônicos – *ATMs* –, nos quais o cliente somente consegue concluir a operação por meio de sua digital previamente cadastrada.

---

29. A revogada Circular 3.461/2009 exigia o número do telefone, conforme texto indicado acima.

E a Circular idealizou, ainda, um critério de "*qualificação*" dos clientes:[30]

Da Qualificação dos Clientes
Art. 18. As instituições mencionadas no art. 1º devem adotar procedimentos que permitam qualificar seus clientes por meio da coleta, verificação e validação de informações, *compatíveis com o perfil de risco do cliente e com a natureza da relação de negócio.*
§ 1º Os procedimentos de qualificação referidos no caput devem incluir a coleta de informações que permitam: (Redação dada, a partir de 1º.09.2021, pela Resolução BCB 119, de 27.07.2021.)
I – identificar *o local de residência*, no caso de pessoa natural; (Incluído, a partir de 1º/9/2021, pela Resolução BCB 119, de 27.07.2021)
II – identificar o *local da sede ou filial*, no caso de pessoa jurídica; e (Incluído, a partir de 1º/9/2021, pela Resolução BCB 119, de 27.07.2021)
III – *avaliar a capacidade financeira do cliente, incluindo a renda, no caso de pessoa natural, ou o faturamento, no caso de pessoa jurídica.* (Incluído, a partir de 1º.09.2021, pela Resolução BCB 119, de 27/7/2021.)
§ 2º *A necessidade de verificação e de validação das informações referidas no § 1º deve ser avaliada pelas instituições de acordo com o perfil de risco do cliente e com a natureza da relação de negócio.*
§ 3º Nos procedimentos de que trata o caput, *devem ser coletadas informações adicionais do cliente compatíveis com o risco de utilização de produtos e serviços na prática da lavagem de dinheiro e do financiamento do terrorismo.*
§ 4º *A qualificação do cliente deve ser reavaliada de forma permanente, de acordo com a evolução da relação de negócio e do perfil de risco.*
§ 5º As informações coletadas na qualificação do cliente *devem ser mantidas atualizadas.*
§ 6º O Banco Central do Brasil poderá divulgar rol de informações a serem coletadas, verificadas e validadas em procedimentos específicos de qualificação de clientes. (...)

Valendo aqui também as mesmas observações que fizemos à luz da antiga Circular 3.461/2009 em relação à maneira como se respeitar a regra KYC, a regra da Circular 3.978/2020 trouxe importante avanço em seus artigos 18/20, ao fornecer, com riqueza de detalhes, como deve se dar a "qualificação" e a "classificação" – tratada adiante – dos clientes.

Ambos os aspectos estão diretamente ligados à avaliação e ao gerenciamento de risco dos clientes – "*risk assessment*" e "*risk management*", respectivamente.

Importante aqui reparar que a alteração promovida pela Resolução BCB 119, de 27/7/2021, no texto original do parágrafo 1º do art. 18 da Circular 3.978/2020, fez com que a coleta de informações quanto ao endereço dos clientes migrasse

---

30. Texto com destaques nossos. O tema PEP, do art. 19, será tratado abaixo.

topologicamente do procedimento de "identificação" – art. 16 – para o procedimento de "qualificação" – art. 18.[31]

Quanto a essa alteração normativa, em que pese o teor do parágrafo 2º do art. 18[32] acima colacionado,[33] é prudente e recomendável que o local de residência ou da sede/filial do cliente, seja, sim, sempre "identificado", "verificado" e "validado" pela instituição.

Em outras palavras, mesmo tendo em mente a abordagem baseada em risco, eventual dispensa por parte da instituição dos atos de "verificação" e de "validação" das informações prestadas deve se restringir, assim, por cautela, à avaliação da "capacidade financeira do cliente" – renda ou faturamento –, hipótese do inciso III do parágrafo 1º do art. 18 da Circular, sempre *de acordo com o risco* de haver o crime de lavagem ou de financiamento do terrorismo.

Verificar e validar a veracidade do local onde o cliente declara residir ou do local onde ele declara ter sua sede/filial (hipóteses dos incisos I e II do parágrafo 1º do art. 18 da Circular), por meio de documento idôneo, inclusive digital, é medida que ampara e fortalece a política de PLD/FT.

E neste contexto, mecanismos de tecnologia, como a geolocalização dos *smartphones*, por exemplo, podem e devem ser utilizados para se aferir a veracidade das informações prestadas pelo cliente.

Neste sentido, aliás, o art. 7º, I da Resolução CMN 4.753/2019, o qual deve nortear a interpretação dos demais atos relativos à abertura, manutenção e encerramento das contas de depósitos: "As instituições, por meio dos procedimentos e das tecnologias utilizados na abertura, na manutenção e no encerramento de conta de depósitos, devem assegurar: *I – a integridade, a autenticidade e a confidencialidade das informações e dos documentos eletrônicos utilizados (...)*"

Já no tocante à "qualificação" do cliente, note-se que, ao contrário da antiga Circular 3.461/2009,[34] o parágrafo 1º do art. 18 da Circular 3.978/2020, deixou de mencionar expressamente o "patrimônio" do contratante como sendo de coleta obrigatória, deixando apenas a "renda" ou o "faturamento" com este *status*.

Todavia, nos termos do parágrafo 3º do mesmo artigo 18,[35] informações sobre o patrimônio do cliente devem, sim, ser exigidas, *de acordo com o risco* de

---

31. Como se depreende da leitura dos textos originais dos artigos 16 e 18.
32. § 2º A necessidade de verificação e de validação das informações referidas no § 1º deve ser avaliada pelas instituições de acordo com o perfil de risco do cliente e com a natureza da relação de negócio.
33. Parágrafo que já existia na redação original da norma, ou seja, antes da alteração promovida pela Resolução BCB 119/2021.
34. Art. 2º, IV.
35. Combinado com o art. 39, I, "c".

haver o crime de lavagem ou de financiamento do terrorismo no trato comercial com aquela determinada pessoa – abordagem baseada em risco/*risk-based approach*. São as chamadas "informações adicionais" sobre o cliente, compatíveis com o risco associado.

Ressalte-se que a correta qualificação do cliente por parte dos bancos é essencial no combate aos crimes mencionados. Se for feita sem os devidos cuidados, todo o sistema de *compliance* em PLD/FT será frouxo.

Ademais, dada a dinâmica do padrão financeiro dos clientes, a qualificação deve ser sempre revista de acordo com a evolução da relação de negócio e do perfil de risco, além de mantida sempre atualizada – parágrafos 4º e 5º do art. 18. E o BACEN poderá divulgar rol de informações a serem coletadas, verificadas e validadas em procedimentos específicos de qualificação de clientes – § 6º.

Nos termos da Circular 3.978/2020, cabe às instituições a verificação e a validação das informações, ou seja, atestar, na prática, a plausibilidade e a veracidade daquilo que é declarado pelo cliente. Tal ato não pode ser, sob qualquer hipótese, menosprezado pelos bancos.

E, finalmente, o BACEN idealizou um critério de "*classificação*" dos clientes nas *categorias de risco* mencionadas no art. 10:[36]

> *Da Classificação dos Clientes*
>
> Art. 20. As instituições mencionadas no art. 1º devem *classificar seus clientes nas categorias de risco* definidas na avaliação interna de risco mencionada no art. 10, com base nas informações obtidas nos procedimentos de qualificação do cliente referidos no art. 18.
>
> Parágrafo único. A classificação mencionada no caput deve ser:
>
> I – realizada com base *no perfil de risco do cliente e na natureza da relação de negócio*; e
>
> II – revista sempre que houver alterações no perfil de risco do cliente e na natureza da relação de negócio.

Depois de corretamente "identificar", a instituição irá "qualificar" e "classificar" o cliente. A identificação busca verificar e constatar a correta identidade do cliente. Já a qualificação diz respeito ao seu endereço, e à sua capacidade financeira e patrimonial. A classificação, por sua vez, diz respeito ao *risco* representado por aquela pessoa, seguidos os critérios do art. 10 – abordagem baseada em risco/*risk-based approach* e elaboração da matriz (tabela) de riscos.[37]

As regras valem também para os administradores dos clientes pessoas jurídicas e para os representantes de clientes, devendo os procedimentos, nestes casos,

---

36. Texto com destaques nossos.
37. *Probabilidade de ocorrência versus severidade do impacto dos riscos.*

ser compatíveis com a função exercida pelo administrador e com a abrangência da representação (art. 21).

Os procedimentos de identificação, qualificação e classificação, bem como os seus critérios, devem ser formalizados em um *"manual específico"* de cada instituição, que deve ser aprovado pela diretoria e mantido atualizado – art. 13 combinado com o art. 22. Trata-se, portanto, de documento de vital importância na engenharia de *compliance*, ao qual deve ser dada toda a atenção da alta direção – *tone at the top*.

Em resumo, a Circular 3.978/2020, em sintonia com a Resolução 4.753/2019 do CMN, se preocupou, de maneira salutar, (i) com a verdadeira identidade do cliente, (ii) com a sua declarada capacidade financeira – renda ou faturamento – e sua evolução no tempo, além do seu endereço, (iii) com a sua situação patrimonial,[38] de acordo com o risco que o cliente represente para a instituição em relação aos crimes de lavagem de dinheiro e de financiamento do terrorismo e, sobretudo, (iv) com a compatibilidade de tais informações em relação às transações bancárias e aos negócios comerciais celebrados por ele com o banco.

Outrossim, a referida Circular se preocupou (v) com a identificação e qualificação do chamado "beneficiário final" do cliente pessoa jurídica (art. 24/26). Trata-se da pessoa natural que está por trás do véu da pessoa jurídica. Ou seja, a pessoa física que se beneficiará com o relacionamento daquele determinado cliente com a instituição financeira.

Em outras palavras, a Circular quer que os procedimentos de qualificação do cliente pessoa jurídica incluam também a identificação do beneficiário final – pessoa natural – da relação comercial estabelecida.

Tal identificação deve se dar por meio da análise da cadeia de participação societária da empresa cliente. Para tanto, as instituições financeiras deverão estabelecer em seus manuais específicos de procedimentos – art. 13, parágrafo 2º – um valor mínimo de referência de participação societária para a identificação do beneficiário final (art. 25). O referido valor mínimo deve levar em conta o risco envolvido e não pode ser superior a 25%.

Necessário notar que também são considerados beneficiários finais o representante – inclusive o procurador e o preposto – que exerça o comando de fato sobre as atividades da pessoa jurídica. Aqui a norma quis alcançar quem, *de fato*, toma as decisões de gestão da empresa. Isto porque, não raras vezes, "laranjas"[39]

---

38. Art. 18, parágrafo 3º, combinado com o art. 39, I, "c".
39. De acordo com a Polícia Federal, em publicação de 30.05.2023, "Nos últimos anos, a Polícia Federal detectou um aumento considerável da *participação consciente* de pessoas físicas em esquemas criminosos, para os quais "emprestam" suas contas bancárias, mediante pagamento. Este "lucro fácil", com

são colocados formalmente no quadro societário enquanto as decisões cotidianas são tomadas, na realidade, por procuradores ou prepostos que são, no mundo real, os verdadeiros donos do negócio – os chamados "sócios de fato".

Outrossim, devem ser observadas as exceções previstas no parágrafo 3º do art. 24 da Circular, com a redação dada pela Resolução BCB 119/2021 – companhias abertas, entidades sem fins lucrativos e cooperativas, por exemplo. Nestes casos, contudo, deve ser observada, então, a regra do parágrafo 4º do mesmo diploma normativo.[40]

6.2.1 As contas digitais e a obrigação de conhecer o cliente (KYC)

Sem prejuízo do acima exposto, e sempre tendo em mente a obrigação de conhecer o cliente – KYC –, alguns problemas podem aparecer com a informatização e com o crescimento da tecnologia nos serviços bancários.

Um dado importante é que, de acordo com pesquisa da Febraban,[41] no ano de 2022, *80% das transações bancárias foram feitas por canais digitais, sendo os smartphones responsáveis por 66% de todas as operações realizadas no Brasil.*

Daí a dimensão dos desafios dos programas de PLD/FT e KYC no universo digital.[42]

Neste contexto, primeiramente, é válido falar aqui da *evolução histórica* da disciplina relativa à abertura, à manutenção e ao fechamento de contas.

---

a cessão das contas para receber transações fraudulentas, possibilita a ocorrência de fraudes bancárias eletrônicas que vitimam inúmeros cidadãos. Tais pessoas são conhecidas popularmente como "laranjas". (destacamos). Disponível em: https://www.gov.br/pf/pt-br/assuntos/noticias/2023/05/pf-deflagra-a-operacao-nao-seja-um-laranja-2-com-o-apoio-da-febraban. Acesso em: 11 maio 2023.

40. § 4º No caso das entidades relacionadas no § 3º, as informações coletadas devem abranger as das pessoas naturais autorizadas a epresenta-las, bem como as de seus controladores, administradores ou gestores, e diretores, se houver.

41. "A Pesquisa Febraban de Tecnologia Bancária mostrou que 8 em cada 10 operações são digitais. Os aparelhos celulares são responsáveis por 66% de todas as operações feitas no país. Em 2022, os brasileiros fizeram 163,3 bilhões de transações nos vários canais de atendimento disponibilizados pelos bancos, representando um aumento de 30% ante 2021. Uma taxa de crescimento recorde. A pesquisa também mostrou um aumento de 531% nas transações de pagamentos realizadas através do WhatsApp, ferramenta disponibilizada pelo Banco Central (BC) em março de 2021. O levantamento revelou recuo nas transações feitas pelos brasileiros presencialmente nas agências bancárias: de 3,3 bilhões para 3,2 bilhões e, hoje, o canal representa apenas 2% do total". Disponível em: https://www.cnnbrasil.com.br/economia/febraban-tech-80-das-transacoes-bancarias-ja-sao-digitais-no-brasil/. Acesso em: 08 jul. 2023.

42. "Aware that new technologies are outpacing existing anti money laundering (AML) frameworks, authorities are responding, though a sense of playing catch up prevails. Set to be implemented in 2024, the EU's Markets in Crypto Assets (MiCA) proposal draws crypto-assets, crypto-assets issuers and crypto-asset service providers (CASPs) under a regulatory framework for the first time." "The risks of money laundering in the metaverse", de 18.06.2023. Disponível em: https://fintechmagazine.com/articles/the-risks-of-money-laundering-in-the-metaverse. Acesso em: 23 jun. 2023.

Desde 2016 o CMN autorizou, por meio da Resolução 4.480,[43] atualizada pela redação da Resolução 4.697/2018,[44] a abertura e fechamento de contas de depósito por meio eletrônico,[45] ou seja, com a utilização de *sites* e aplicativos (apps) dos bancos em *smartphones*, nos quais não há contato presencial com o proponente.[46]

Até então a única regra geral que valia em relação a tais contas era a da apresentação pessoal de documentos, preenchimento de cadastro – ficha proposta – e assinatura do proponente na agência, nos termos das Resoluções 2.025/1993[47] e 3.211/2004[48] do CMN.

Com a antiga Resolução 4.480/2016, passou-se a admitir a utilização de assinatura digital, bem como a coleta de assinatura por meio de dispositivos eletrônicos, nos termos dos parágrafos 1º e 2º do artigo 2º da Resolução.

A já revogada Resolução 4.480/2016 visou adequar o Brasil à tendência mundial no sentido de se utilizarem os *smartphones* para transações financeiras com o mínimo de burocracia possível.

É um movimento há anos em franco desenvolvimento na África e na Ásia, por exemplo. Nos países como Quênia, Moçambique e Índia, as empresas Vodafone (gigante inglesa de telefonia móvel) e M-Pesa (empresa africana de transferências de valores por telefonia) uniram-se para explorar esse novo mercado de transferências e depósitos por telefone, sem o auxílio de agências bancárias.[49] Os serviços contam com milhões de clientes nos países assistidos.

Como já dito, a partir dessa regulamentação, a assinatura do cliente poderia ser digital, cabendo ao banco adotar todas as medidas necessárias à confirmação de que aquela pessoa é mesmo quem ela diz ser.

As instituições deveriam também tomar especial cuidado contra a lavagem de dinheiro e o financiamento do terrorismo – PLD/FT[50] –, podendo se valer de bancos de dados complementares públicos ou privados.

---

43. Norma revogada pela Resolução CMN 4.753 de 26.09.2019.
44. Norma revogada pela Resolução CMN 4.753 de 26.09.2019.
45. "Art. 1º Esta Resolução estabelece os requisitos a serem observados pelas instituições financeiras e pelas demais instituições autorizadas a funcionar pelo Banco Central do Brasil na abertura e no encerramento de contas de depósitos por meio eletrônico."
46. A utilização exclusiva de canal de telefonia por voz não é considerada meio eletrônico para os fins da Resolução.
47. Norma revogada pela Resolução CMN 4.753 de 26.09.2019.
48. Norma revogada pela Resolução CMN 4.753 de 26.09.2019.
49. "O M-Pesa é um serviço financeiro móvel que te permite transferir e levantar dinheiro, comprar crédito, Credelec, Jackpot e pagar serviços através do teu celular. Este é um serviço trazido para ti pela Vodafone M-Pesa as. M-Pesa é uma forma fácil, rápida e segura de movimentar dinheiro em qualquer parte de Moçambique". Disponível em: http://www.vm.co.mz/Individual/M-Pesa. Acesso em: 19 jun. 2023.
50. A sigla PLD/FT é utilizada para designar a prevenção à lavagem de dinheiro e combate ao financiamento do terrorismo.

Diante da verificação de irregularidades nas informações prestadas, julgadas de natureza grave, as instituições deveriam proceder ao *encerramento* da conta, nos termos da redação do art. 13 da Resolução 2.025/1993[51] do CMN – regra, aliás, que valia *não só* para contas digitais.

Pois bem. Desde 2020 está em vigor o novo regramento para a abertura, a manutenção e o encerramento de contas de depósito: a Resolução 4.753/2019 do Conselho Monetário Nacional, que também permite a abertura de contas por *meios eletrônicos* (art. 3º).

A referida Resolução do CMN serviu de norte para a Circular 3.978/2020 do BACEN, comentada no item anterior.

Buscando modernizar e simplificar os procedimentos de abertura, manutenção e encerramento de contas, o CMN, por meio da Resolução 4.753/2019, entendeu por bem revogar, de uma só vez, desde 1º.01.2020, as seguintes Resoluções: 2.025/1993, 2.078/1994, 2.747/2000, 2.817/2001, 2.953/2002, 3.211/2004, 3.222/2004, 4.480/2016, 4.697/2018, além do parágrafo único do art. 2º da Resolução 3.972/2011.

Dada sua relevância, vamos aqui transcrever as principais regras da Resolução 4.753/2019[52] que estão em vigor desde 01/01/2020 para a abertura, manutenção e encerramento de contas, por meio eletrônico ou não:[53]-[54]

> Art. 1º Esta Resolução estabelece os requisitos a serem observados pelas instituições financeiras na abertura, na manutenção e no encerramento de conta de depósitos.
>
> Art. 2º As instituições referidas no art. 1º, para fins da abertura de conta de depósitos, *devem adotar procedimentos e controles que permitam verificar e validar a identidade e a qualificação dos titulares da conta* e, quando for o caso, de seus representantes, bem como a *autenticidade das informações* fornecidas pelo cliente, inclusive mediante confrontação dessas informações com as disponíveis em bancos de dados de caráter público ou privado.
>
> § 1º Considera-se *qualificação* as informações que permitam às instituições apreciar, avaliar, caracterizar e *classificar o cliente com a finalidade de conhecer o seu perfil de risco e sua capacidade econômico-financeira*.

---

51. "Art. 13. A instituição financeira deve encerrar conta de depósitos em relação à qual verificar irregularidades nas informações prestadas, julgadas de natureza grave, mantendo as informações e os documentos relativos ao encerramento da conta à disposição do Banco Central do Brasil pelo prazo de cinco anos". Redação dada pela já revogada Resolução 4.480, de 25.04.2016.
52. Art. 4º-A É *vedado* às instituições financeiras *postergar saques em espécie* de contas de depósitos à vista de valor igual ou inferior a *R$ 5.000,00 (cinco mil reais)*, admitida a postergação para o expediente seguinte de saque de valor superior ao estabelecido. (Incluído, a partir de 1º.03.2022, pela Resolução CMN 4.983, de 17.02.2022).
53. "Dispõe sobre a abertura, a manutenção e o encerramento de conta de depósitos."
54. Texto com destaques nossos.

§ 2º É admitida a abertura de conta de depósitos com base em *processo de qualificação simplificado*, desde que estabelecidos limites adequados e compatíveis de saldo e de aportes de recursos para sua movimentação.

§ 3º No caso de conta de depósitos de titularidade de pessoa incapaz, nos termos da legislação vigente, também deverá ser identificado e qualificado o responsável que a assistir ou a representar.

§ 4º As informações de identificação e de qualificação dos titulares de conta de depósitos e de seus representantes, quando houver, *devem ser mantidas atualizadas pelas instituições*.

§ 5º As instituições devem adequar os procedimentos de que trata o caput às disposições relativas à *prevenção à lavagem de dinheiro e ao financiamento do terrorismo*, bem como observar a legislação e a regulamentação vigentes.

Art. 3º A abertura e o encerramento de conta de depósitos podem ser realizados com base em solicitação apresentada pelo cliente por meio de qualquer canal de atendimento disponibilizado pela instituição financeira para essa finalidade, *inclusive por meios eletrônicos*, não se admitindo o uso de canal de telefonia por voz.

Parágrafo único. Para efeitos desta Resolução, *consideram-se meios eletrônicos os instrumentos e os canais remotos utilizados para comunicação e troca de informações, sem contato presencial, entre clientes e as instituições*. (...)

Art. 6º As instituições devem encerrar conta de depósitos em relação a qual verifiquem irregularidades nas informações prestadas, consideradas de natureza grave.

Art. 7º As instituições, por meio dos procedimentos e das tecnologias utilizados na abertura, na manutenção e no encerramento de conta de depósitos, devem assegurar:

I – *a integridade, a autenticidade e a confidencialidade* das informações e dos documentos eletrônicos utilizados; e

II – a proteção contra o acesso, o uso, a alteração, a reprodução e a destruição não autorizados das informações e de documentos eletrônicos. (...)

Em síntese, a Resolução 4.753/2019 do CMN, no mesmo sentido das anteriores, diz expressamente em seu art. 2º serem de responsabilidade das instituições financeiras as corretas e necessárias *identificação e qualificação* dos seus clientes – obrigações do programa KYC – bem como a verificação da *autenticidade* das informações prestadas por ele, "inclusive mediante confrontação dessas informações com as disponíveis em bancos de dados de caráter público ou privado".

O parágrafo 2º do mesmo artigo prevê, ainda, a hipótese da abertura de contas por meio de um chamado "processo de qualificação simplificado", desde que estabelecidos "limites adequados e compatíveis de saldo e de aportes de recursos para sua movimentação".

Mesmo que o "processo simplificado" tenha por objeto conta de menor movimentação financeira, nada foi dito na Resolução do CMN sobre o que se deve entender por "simplificação" da qualificação do cliente – o parágrafo 2º deve ser lido em conjunto com o parágrafo 1º.

Porém, com a publicação da Circular 3.978/2020, o tema foi assim abordado pelo BACEN no art. 10 da referida Circular:[55]

> Art. 10. As instituições referidas no art. 1º devem realizar avaliação interna com o objetivo *de identificar e mensurar o risco de utilização de seus produtos e serviços na prática da lavagem de dinheiro e do financiamento do terrorismo.*
>
> (...)
>
> § 3º Devem ser definidas *categorias de risco* que possibilitem a adoção de controles de gerenciamento e de mitigação reforçados para as situações de maior risco *e a adoção de controles simplificados nas situações de menor risco.*

Ou seja, o chamado *processo simplificado* somente poderá ser aplicado aos casos de menor risco de cometimento dos crimes de lavagem de dinheiro e de financiamento do terrorismo – conforme a política da abordagem baseada em risco/*risk-based approach*. Em outras palavras, servirá apenas para clientes de *baixo risco* na matriz de riscos – *heat map* – a ser elaborada pela instituição.

No mesmo espírito de análise de riscos da Resolução 4.753/2019 do CMN, a Circular 3.978/2020 do BACEN diz ainda quais são os elementos mínimos de "identificação" do cliente em seu art. 16 e dispõe sobre a "qualificação" e a "classificação" nos artigos 18/20. Tais elementos já foram abordados no item acima.

De qualquer forma, a obrigação de conhecer bem o cliente e seus negócios – KYC – deve ser observada para todas as contas, independentemente dos valores movimentados, mesmo se consideradas as regras da Circular 3.978/2020, as quais são baseadas no risco que cada cliente representa – *risk-based approach.*

Vale sempre destacar que a instituição deve ter preocupação contra a prática de "*smurfing*"[56] por clientes eventualmente mal identificados e/ou mal qualificados.

E como já dito acima, dada a dinâmica do padrão financeiro dos clientes, a qualificação deve ser sempre revista de acordo com a evolução da relação de negócio e do perfil de risco, além de mantida sempre atualizada.[57] Um cliente equivocadamente considerado pela instituição como sendo de baixo risco pode acabar se beneficiando para o cometimento de ilícitos.

No mais, como nas anteriores, a Resolução 4.753/2019 prevê que as instituições deverão manter os dados de identificação dos clientes devidamente atualizados, como não poderia ser diferente.

---

55. Texto com destaques nossos.
56. Nome que se dá à série de depósitos ou saques de valores pouco abaixo dos limites de controle legal, com o fim de burlá-lo.
57. Nos termos dos parágrafos 4º e 5º do art. 18 da Circular 3.978/2020.

Outrossim, de suma importância, o art. 6º prevê a obrigação de se proceder ao *encerramento da conta* em caso de irregularidades nas informações prestadas, consideradas de natureza "grave".

Tendo em vista principalmente o disposto na Lei de Combate à Lavagem de Dinheiro – artigos 10 e 11 –, qualquer incompatibilidade de movimentação financeira com o perfil do cliente deve, sim, ser considerada "grave" pela instituição.

E devem as instituições assegurar a integridade, a autenticidade e a confidencialidade das informações e dos documentos eletrônicos utilizados. Eis mais uma regra fundamental para o programa KYC.

Convém também observar que, nos termos do art. 13 da Resolução 4.753, o BACEN está autorizado a baixar as normas e a adotar as medidas julgadas necessárias à execução do disposto na referida Resolução. Aí está, pois, a origem normativa da Circular 3.978/2020 do BACEN, elaborada depois da Resolução do CMN.

De todo modo, mesmo depois da entrada em vigor da Circular 3.978/2020, ainda resta verificar como, na prática, os bancos irão se adaptar a essa realidade, evitando que, *de fato*, contas não sejam abertas e movimentadas por "laranjas", traficantes, "doleiros", terroristas ou integrantes de organizações criminosas.[58]

Isso porque, considerando-se os Princípios da Basileia, a Lei de Combate à Lavagem de Dinheiro, a Lei que disciplina o terrorismo (Lei 13.260/2016) e a Circular 3.978/2020 do BACEN, e apesar dos cuidados mencionados pelo CMN em sua Resolução 4.753/2019,[59] o contato pessoal entre o gerente e o proponente ajuda, sim, a evitar a abertura de muitas contas "frias" por criminosos.

Já por meio de aplicativos de *smartphones*[60] ou pela *internet*, a relação com o cliente fica muito mais distante e impessoal, exatamente ao contrário do que preconiza a obrigação KYC. Observe-se que os aplicativos de *smartphones* permitem o pagamento de contas, além de transferência de valores – operação que é uma das mais utilizadas pelos criminosos.

O mencionado contato pessoal – ou ao menos por *videochamada*, quando da abertura da conta, por exemplo –, é muito importante e não pode ser des-

---

58. O tema é tratado na Lei 12.850/2013. Para Nucci, "a organização criminosa é a associação de agentes, com caráter estável e duradouro, para o fim de praticar infrações penais, devidamente estruturada em organismo preestabelecido, com divisão de tarefas, embora havendo ao objetivo comum de alcançar qualquer vantagem ilícita, a ser partilhada entre os seus integrantes". NUCCI, Guilherme de Souza. *Organização Criminosa*. 2. ed. Rio de Janeiro: Forense, 2015, p. 12.
59. Tendo aqui como foco a abertura de contas por meios eletrônicos.
60. Inclusive por meio do *WhatsApp*.

prezado pelos envolvidos, especialmente bancos e reguladores, pois a ausência do referido contato pode ter impacto negativo direto na abertura de contas simuladas/frias.

Como ilustração do que pode acontecer se a obrigação KYC não for observada adequadamente, citamos a "Operação Cravada" da Polícia Federal, ocorrida em agosto de 2019, cujo objetivo foi a desarticulação do braço financeiro de uma organização criminosa.

A referida operação foi assim veiculada na imprensa,[61] dando a exata dimensão do desafio a ser enfrentado pelo setor bancário, com a ajuda dos programas de *compliance*:

> "Cravada" da PF mira núcleo financeiro do PCC, bloqueia 400 contas e prende 28 da facção. (...) A apuração constatou que o núcleo financeiro da facção é responsável por recolher e gerenciar as contribuições para a organização em âmbito nacional. Para dificultar o rastreamento do dinheiro, os pagamentos, chamados de 'rifas', eram repassados à organização por meio de diversas contas bancárias e de maneira intercalada, apontou a Polícia Federal. De acordo com a PF, a investigação indica que cerca de R$ 1 milhão circulava nas contas ligadas à facção por mês. A investigação identificou e bloqueou mais de 400 contas bancárias suspeitas em todo o país. Os valores que transitavam entre tais contas eram utilizados 'para pagar a aquisição de armas de fogo e de entorpecentes para a facção, além de providenciar transporte e manutenção da estadia de integrantes e familiares de membros da organização em locais próximos a presídios', indicou a PF.

Da mesma forma, o Superior Tribunal de Justiça – STJ – já enfrentou o tema do envolvimento de empresas com organização criminosa para o fim de se movimentar dinheiro com a utilização de contas bancárias. Citamos abaixo parte da ementa do julgamento:[62]

> O Tribunal a quo considerou provada a ligação de J G R com a organização criminosa conhecida como Primeiro Comando da Capital – PCC e que o trânsito financeiro verificado em sua conta bancária envolveu proventos advindos das atividades ilícitas desenvolvidas pela citada facção. 2. O decreto condenatório faz referência expressa à movimentação verificada na conta bancária da agravante, muito superior aos rendimentos lícitos declarados, bem como a comprovantes de depósitos apreendidos em local de central telefônica do PCC. Com base nessas provas, concluiu que o capital circulante registrado na conta bancária da agravante não adveio de rendimentos lícitos, mas sim de seu comprometimento para com a famigerada organização criminosa do Estado de São Paulo.

---

61. Jornal "O Estado de São Paulo". Disponível em: https://politica.estadao.com.br/blogs/fausto-macedo/cravada-da-pf-mira-nucleo-financeiro-do-pcc-e-bloqueia-400-contas-da-faccao/. Acesso em: 06 jul. 2023.
62. AgRg no AREsp 499.134/SP, Rel. Ministro Reynaldo Soares da Fonseca, Quinta Turma, julgado em 20.09.2016, DJe 26.09.2016. Fonte: *site* do STJ.

Em suma, por mais *indispensáveis* e benéficas que sejam, a moderna tecnologia e a "simplificação" de procedimentos não podem comprometer ou prejudicar a veracidade e a confiabilidade dos dados dos clientes do sistema bancário. Tampouco podem enfraquecer o sistema de combate à lavagem de dinheiro e ao financiamento do terrorismo.

Os órgãos reguladores e as instituições financeiras devem, pois, privilegiar e desenvolver tecnologias e procedimentos que garantam a agilidade dos negócios sem que a obrigação KYC seja preterida ou enfraquecida.

6.2.2 Resolução Conjunta CMN e BCB 6/2023

A prevenção às fraudes no sistema financeiro ganhou mais um instrumento por meio da publicação da Resolução Conjunta CMN e BCB 06/2023, em vigor dia 1º.11.2023.

Trata-se de norma que "Dispõe sobre requisitos para *compartilhamento de dados e informações sobre indícios de fraudes* a serem observados pelas instituições financeiras, instituições de pagamento e demais instituições autorizadas a funcionar pelo Banco Central do Brasil".[63] (grifamos)

Destaque-se, de plano, que os reguladores utilizaram os importantes termos "*compartilhamento*" e "*indícios*" (de fraude). Ou seja, a Resolução Conjunta versa sobre a interconectividade, sobre a comunicação e sobre o auxílio recíproco entre as instituições em relação aos dados sensíveis relativos a indícios de *fraudes*, que *devem* ser compartilhados entre elas para fins de controle e prevenção de fraudes.[64]

A Lei que dá alicerce jurídico à referida Resolução é a Lei Complementar 105/2001,[65] a qual, por sua vez, cuida das regras atinentes ao resguardo e proteção do sigilo das operações das instituições financeiras.[66]

---

63. *Exceção*: a Resolução Conjunta *não* se aplica às *administradoras de consórcio*.
64. "Art. 2º As instituições devem compartilhar dados e informações com as demais instituições referidas no art. 1º com a finalidade de subsidiar seus procedimentos e controles para prevenção de fraudes."
65. Em especial as regras do artigo 1º, § 1º, inciso XIII, e § 3º, inciso I.
66. Para a Resolução Conjunta, *as instituições de que trata o caput são consideradas instituições financeiras para os efeitos da Lei Complementar 105, de 10 de janeiro de 2001* (art. 1º). Vale a pena aqui transcrever o texto do art. 1º da LC 105/2001, dada sua relevância: "*Art. 1º As instituições financeiras conservarão sigilo em suas operações ativas e passivas e serviços prestados. § 1o São consideradas instituições financeiras, para os efeitos desta Lei Complementar:* I – os bancos de qualquer espécie; II – distribuidoras de valores mobiliários; III – corretoras de câmbio e de valores mobiliários; IV – sociedades de crédito, financiamento e investimentos; V – sociedades de crédito imobiliário; VI – administradoras de cartões de crédito; VII – sociedades de arrendamento mercantil; VIII – administradoras de mercado de balcão organizado; IX – cooperativas de crédito; X – associações de poupança e empréstimo; XI – bolsas de valores e de mercadorias e futuros; XII – entidades de liquidação e compensação; *XIII – outras sociedades que, em razão da natureza de suas operações, assim venham a ser consideradas pelo Conselho Monetário Nacional*. § 2º As empresas de fomento comercial ou *factoring*, para os efeitos desta Lei

Presente no texto da Lei Complementar desde 2001, o § 3º do art. 1º dispõe que não constitui violação do dever de sigilo: "I – a troca de informações entre instituições financeiras, para fins cadastrais, inclusive por intermédio de centrais de risco, observadas as normas baixadas pelo Conselho Monetário Nacional e pelo Banco Central do Brasil".

Exatamente o caso em estudo. Assim, dúvidas sobre a legalidade da Resolução Conjunta 06/2023 não deve haver. E nada mais salutar para todo o Sistema Financeiro que as instituições, nos termos da definição dada pela LC 105, *compartilhem* informações sobre fraudes existentes entre seus bancos de dados informatizados.

O compartilhamento, ou o intercâmbio, de informações sobre fraudes entre as instituições deverá contemplar, no mínimo, o registro de dados e informações sobre *indícios de ocorrências ou de tentativas de fraudes* identificadas pelas instituições durante suas atividades diárias.

Quis assim a Resolução Conjunta 06/2023 englobar tanto os casos de (i) *indícios* de ocorrências de fraudes, quanto de (ii) *indícios* de tentativas de fraude. Em outras palavras, deve haver registro e compartilhamento de circunstâncias e de situações nas quais a instituição tenha observado a fumaça de fraude ou até mesmo a mera fumaça de tentativa de fraude. Vale o Princípio da Precaução.

Como não poderia ser diferente, nos termos do parágrafo 2º do art. 2º da norma infralegal,[67] o registro deve ser muito bem instruído, com pelo menos os seguintes dados: "I – a identificação de quem, segundo os indícios disponíveis, teria executado ou tentado executar a fraude, quando aplicável; II – a descrição dos indícios da ocorrência ou da tentativa de fraude; III – a identificação da instituição responsável pelo registro dos dados e das informações; e IV – a identificação dos dados da conta destinatária e de seu titular, em caso de transferência ou pagamento de recursos".

No parágrafo 3º do art. 2º da Resolução Conjunta, por seu turno, é prevista a exigência de *consentimento* (expresso), prévio e geral do cliente para que seja

---

Complementar, obedecerão às normas aplicáveis às instituições financeiras previstas no § 1º. *§ 3º Não constitui violação do dever de sigilo: I – a troca de informações entre instituições financeiras, para fins cadastrais, inclusive por intermédio de centrais de risco, observadas as normas baixadas pelo Conselho Monetário Nacional e pelo Banco Central do Brasil".* (grifamos)

67. Art. 2º (...) § 2º O registro dos dados e das informações de que trata o § 1º, inciso I, deste artigo devem contemplar, no mínimo: I – a identificação de quem, segundo os indícios disponíveis, teria executado ou tentado executar a fraude, quando aplicável; II – a descrição dos indícios da ocorrência ou da tentativa de fraude; III – a identificação da instituição responsável pelo registro dos dados e das informações; e IV – a identificação dos dados da conta destinatária e de seu titular, em caso de transferência ou pagamento de recursos.

levado a cabo o registro dos dados e informações mencionadas na norma,[68] ou seja, relativos a indícios de fraudes porventura ocorridas, ou tentadas,[69] em relação a ele.

Aqui a regra buscou harmonia com a LGPD – Lei Geral de Proteção de Dados –, a qual é aplicável em conjunto tanto com a LC 105[70] quanto com a Lei 9.613/1998,[71] de combate à lavagem de dinheiro.

Nos termos da LC 105/2001,[72] não constitui violação do dever de sigilo, entre outros casos, "a troca de informações entre instituições financeiras, *para fins cadastrais, inclusive por intermédio de centrais de risco*, observadas as normas baixadas pelo Conselho Monetário Nacional e pelo Banco Central do Brasil, nem tampouco a comunicação, *às autoridades* competentes, da prática *de ilícitos penais ou administrativos*, abrangendo o fornecimento de informações sobre operações que envolvam recursos provenientes de qualquer prática criminosa".

Sem olvidar deste norte, em que não se considera quebra de sigilo a comunicação de ilícitos penais ou administrativo *às autoridades* públicas competentes, a Resolução Conjunta do CMN e BCB, fez a seguinte ressalva no mesmo art. 2º:

> Art. 2º (...) § 7º O registro de que trata o § 1º, inciso I, *deste artigo*[73] *não se aplica aos dados e às informações sigilosos, nos termos de legislação especial, relacionados a indícios da prática dos crimes de "lavagem" ou ocultação de bens, direitos e valores e de financiamento do terrorismo*. (grifamos)

Em outras palavras, o foco da Resolução Conjunta, de compartilhamento de informações entre instituições, é a *prevenção de fraudes e "golpes"* no sistema financeiro. Não versa, portanto, sobre eventuais indícios de ocorrência do crime de lavagem de dinheiro, o qual é tratado em legislação especial: a Lei 9.613/1998.

---

68. Art. 2º (...) § 3º As instituições de que trata o caput devem obter do cliente com quem possuam relacionamento o consentimento prévio e geral, possibilitando o registro dos dados e das informações de que trata o § 2º que digam respeito ao referido cliente. (art. 2º).
69. Art. 2º (...) § 4º O consentimento de que trata o § 3º deve: I – ter como finalidade o tratamento e o compartilhamento de dados e informações sobre indícios de fraudes no âmbito desta Resolução Conjunta; e II – constar de contrato firmado entre o cliente e a instituição, mediante cláusula em destaque no corpo do instrumento contratual ou por outro instrumento jurídico válido.
70. Observação importante: Art. 5º O Poder Executivo disciplinará, inclusive quanto à periodicidade e aos limites de valor, os critérios segundo os quais as instituições *financeiras informarão à administração tributária da União, as operações financeiras efetuadas pelos usuários de seus serviços*. (grifamos)
71. As *comunicações de boa-fé feitas ao COAF*, nos termos da lei 9.613/1998, na forma prevista no artigo 11, *não acarretarão responsabilidade civil ou administrativa* ao obrigado.
72. Hipóteses do § 3º do art. 1º.
73. § 1º O compartilhamento de que trata o caput deve ser realizado por meio de sistema eletrônico que contemple, no mínimo, as seguintes funcionalidades: I – o registro de dados e de informações sobre indícios de ocorrências ou de tentativas de fraudes identificadas pelas instituições em suas atividades.

Assim, por disposição expressa, a Resolução Conjunta 06/2023 *não é* uma norma de PLD/FT, ao contrário do que ocorre com a Circular BACEN 3.978/2020, com a Circular SUSEP 612/2020, com a Resolução CVM 50/2021 e com a Resolução COAF 36/2021.

A Resolução Conjunta 6/2023, é, sim, norma infralegal de prevenção de *fraudes/golpes financeiros outros*,[74] diversos do crime de lavagem de capitais e de seus indícios,[75] fatos cada vez mais comuns com o avanço das tecnologias e da transformação digital,[76] especialmente depois do advento das transações via PIX.

6.3 AS *FINTECHS* DE CRÉDITO E O *COMPLIANCE*

Cabe destacar que as Sociedades de Crédito Direto – SCDs – e as Sociedades de Empréstimos entre Pessoas – SEPs –, também chamadas de *"fintechs"*[77] de crédito", são consideradas instituições financeiras, nos termos da Resolução CMN 5.050/2022[78] (artigos 3º e 11).

De acordo com a referida Resolução, as SCDs são instituições financeiras, as quais devem ser constituídas sob a forma de Sociedades Anônimas, e que "têm por objeto a realização de operações de *empréstimo, de financiamento e de aquisição de direitos creditórios* exclusivamente por meio de plataforma eletrônica, com utilização de recursos financeiros que tenham como origem capital próprio ou os recursos de que trata o inciso II do art. 8º".[79] (destacamos)

Ou seja, somente pode utilizar capital próprio – observada a ressalvas do art. 8º, II – em suas transações de empréstimo, financiamento ou de aquisição de direitos creditórios.

---

74. Com base na "Exposição de Motivos" da Resolução 6, poderiam ser citados os exemplos de falsidade ideológica, uso de documento falso, aluguel de contas correntes etc. Em que pese este não ser um trabalho de Direito Penal, controvérsias poderão surgir, eventualmente, nos casos de haver *concurso de crimes*.
75. Para os quais há a Comunicação de Operação Suspeita – COS – ao COAF, como detalhado adiante.
76. Finalmente, registre-se a possibilidade de haver a contratação de empresa prestadora de serviço de compartilhamento de dados e informações (art. 5º da Resolução).
77. Termo oriundo da união das palavras "financial" (financeiro) e "technology" (tecnologia). Em outras palavras, empresa de tecnologia financeira. Para o BACEN, *fintechs* são empresas que promovem inovações nos mercados financeiros por meio do uso intenso de tecnologia, com potencial para criar modelos de negócios.
78. Em vigor desde 1º.01.2023.
79. "Art. 8º As sociedades de crédito direto podem financiar as operações de que trata o art. 7º, exclusivamente, por meio da: (...) II – obtenção de recursos para concessão de créditos, em conformidade com seu objeto social, em operações de repasses e de empréstimos originários do *Banco Nacional de Desenvolvimento Econômico e Social (BNDES)*."

A SEPs, por sua vez, são também instituições financeiras, as quais igualmente devem ser constituídas sob a forma de Sociedades Anônimas, e que "têm por objeto a realização de *operações de empréstimo e de financiamento entre pessoas exclusivamente por meio de plataforma eletrônica*". (destacamos)

Podem intermediar, assim, operações de empréstimo e de financiamento entre pessoas por meio eletrônico, além de poderem prestar os serviços elencados no parágrafo único do art. 15.[80]

E como *são instituições financeiras*, aplicam-se a elas, portanto, as regras da Resolução CMN 4.595/2017,[81] que dispõe sobre a política de *compliance*.[82]

Portanto, ambas devem seguir toda a cultura de *compliance* preconizada pelo CMN, inclusive e especialmente em relação ao programa KYC, pelos mesmos motivos já acima expostos.

Já as chamadas "fintechs de meios de pagamento",[83] têm a política de *compliance* normatizada pelo BACEN, por força de delegação da competência feita pelo CMN, conforme art. 1º, parágrafo único da Resolução CMN 4.595/2017.

Neste tema, para elas, valem as Resoluções BCB 01/2020 (art. 3, § 5º, "c", sobre PLD/FT) e BCB 65/2021[84] (sobre *compliance*). E, nos termos deste último ato normativo do BACEN, as referidas *fintechs* também são obrigadas a respeitar política de *compliance*, assim como as administradoras de *consórcio*.

Importante ressaltar, ainda, que tanto as *fintechs* "de crédito" quanto as "de meios de pagamento" devem respeitar a Circular 3.978/2020 do BACEN,[85] tema já tratado acima (RBA/ABR).

---

80. I – análise de crédito para clientes e para terceiros; II – cobrança de crédito de clientes e de terceiros; III – atuação, por meio de plataforma eletrônica, como representante de seguros na distribuição de seguro relacionado com as operações mencionadas no caput, nos termos da regulamentação do CNSP; IV – emissão de moeda eletrônica; e V – atuação como iniciadora de transação de pagamento.
81. "Art. 1º Esta Resolução regulamenta a política de conformidade (compliance) aplicável às instituições financeiras e demais instituições autorizadas a funcionar pelo Banco Central do Brasil."
82. Já as operadoras de cartão de crédito, desde que sem vínculo com bancos, não são instituições financeiras, uma vez que não usam recursos próprios para suportar os pagamentos aos seus credores. São as chamadas administradoras "em sentido estrito". A elas se aplica a Lei 12.865/2013. A respeito, o julgamento do Resp 1.359.624 do STJ, de 26.06.2020.
83. Vide art. 9º da Lei 12.865/2013.
84. Dispõe sobre a política de conformidade (compliance) das administradoras de consórcio e das instituições de pagamento.
85. Art. 1º Esta Circular dispõe sobre a política, os procedimentos e os controles internos a serem adotados pelas instituições autorizadas a funcionar pelo Banco Central do Brasil visando à prevenção da utilização do sistema financeiro para a prática dos crimes de "lavagem" ou ocultação de bens, direitos e valores, de que trata a Lei 9.613, de 3 de março de 1998, e de financiamento do terrorismo, previsto na Lei 13.260, de 16 de março de 2016.

Feitas estas considerações, passa-se a analisar um tipo especial de clientela, cujas circunstâncias pessoais ou profissionais são objeto de especial atenção da lei. São as chamadas "Pessoas Expostas Politicamente". Vejamos.

6.4 PEPS – PESSOAS EXPOSTAS POLITICAMENTE

Este tema diz respeito à correta "qualificação" dos clientes nas políticas KYC e RBA/ABR.

Referidas pessoas, no segmento bancário, são elencadas por meio de Circular do BACEN. São aquelas que merecem *tratamento especial/mais acurado* por parte da instituição financeira, uma vez tratar-se de clientes cuja exposição política na sociedade é bem maior que a convencional. Antigamente, o tema era tratado pela Circular 3.461/2009.

Desde 1º.10.2020, o tema passou a ser veiculado na Circular 3.978 do BACEN, de maneira mais alargada e abrangente, se comparada à norma anterior.

A intenção do BACEN é que se olhe para esse tipo de cliente, agente público[86] ou pessoa a ele ligada "com uma lente de aumento", com o objetivo de assim observar melhor e mais de perto suas transações financeiras, como reflexo do programa "*Know Your Customer*" – KYC.

Como se pode depreender da leitura da Circular 3.978/2020, nela são elencadas (i) pessoas que desempenham papel de grande relevância na República – como, por exemplo, detentores de mandatos eletivos dos Poderes Executivo e Legislativo da União, Membros do Conselho Nacional de Justiça e do Supremo Tribunal Federal, Ministros de Estado, Procurador-Geral da República, Governadores, Deputados Estaduais, Prefeitos e Vereadores, entre outros cargos importantes no serviço público –, bem como seus (ii) representantes, (iii) seus familiares ou (iv) seus estreitos colaboradores.

O conceito normativo de PEP está nos artigos 19 e 27 da Circular 3.978 do BACEN. Dada a importância e a didática dos conceitos trazidos pela referida Circular, transcrevem-se aqui os trechos mais relevantes dos dois artigos mencionados:[87]

> Art. 19. Os procedimentos de qualificação referidos no art. 18 devem incluir a verificação da condição do cliente *como pessoa exposta politicamente*, nos termos do art. 27, bem *como a verificação da condição de representante, familiar ou estreito colaborador* dessas pessoas.

---

86. Inclusive presidentes e os tesoureiros nacionais, ou equivalentes, de partidos políticos (art. 27, parágrafo 1º, VI).
87. Texto com destaques nossos.

§ 1º Para os fins desta Circular, considera-se:

I – *familiar*, os parentes, na linha reta ou colateral, até o segundo grau, o cônjuge, o companheiro, a companheira, o enteado e a enteada; e

II – *estreito colaborador*:

a) *pessoa natural* conhecida por ter qualquer tipo de estreita relação com pessoa exposta politicamente, inclusive por:

1. *ter participação conjunta* em pessoa jurídica de direito privado;

2. figurar como *mandatária*, ainda que por instrumento particular da pessoa mencionada no item 1; ou

3. ter participação conjunta em *arranjos sem personalidade jurídica*; e

b) pessoa natural que tem o *controle de pessoas jurídicas ou de arranjos sem personalidade jurídica, conhecidos por terem sido criados para o benefício de pessoa exposta politicamente.*

§ 2º Para os clientes qualificados como pessoa exposta politicamente ou como representante, familiar ou estreito colaborador dessas pessoas, as instituições mencionadas no art. 1º devem:

I – *adotar procedimentos e controles internos compatíveis com essa qualificação;*

II – *considerar essa qualificação na classificação do cliente nas categorias de risco referidas no art. 20; e*

III – *avaliar o interesse no início ou na manutenção do relacionamento com o cliente.*

§ 3º A avaliação mencionada no § 2º, inciso III, deve ser realizada por *detentor de cargo ou função de nível hierárquico superior* ao do responsável pela autorização do relacionamento com o cliente.

(...)

Art. 27. As instituições mencionadas no art. 1º *devem implementar procedimentos que permitam qualificar* seus clientes como pessoa exposta politicamente.

§ 1º *Consideram-se pessoas expostas politicamente*:

I – os detentores de mandatos eletivos dos Poderes Executivo e Legislativo da União;

II – os ocupantes de cargo, no Poder Executivo da União, de:

a) Ministro de Estado *ou equiparado*;

b) Natureza Especial *ou equivalente*;

c) presidente, vice-presidente e diretor, ou equivalentes, de entidades da administração pública indireta; e

d) Grupo Direção e Assessoramento Superiores (DAS), nível 6, *ou equivalente*;

III – os membros do Conselho Nacional de Justiça, do Supremo Tribunal Federal, dos Tribunais Superiores, dos Tribunais Regionais Federais, dos Tribunais Regionais do Trabalho, dos Tribunais Regionais Eleitorais, do Conselho Superior da Justiça do Trabalho e do Conselho da Justiça Federal;

IV – os membros do Conselho Nacional do Ministério Público, o Procurador-Geral da República, o Vice-Procurador-Geral da República, o Procurador-Geral do Trabalho, o Procurador-Geral da Justiça Militar, os Subprocuradores-Gerais da República e os Procuradores-Gerais de Justiça dos Estados e do Distrito Federal;

V – os membros do Tribunal de Contas da União, o Procurador-Geral e os Subprocuradores-Gerais do Ministério Público junto ao Tribunal de Contas da União;

VI – os presidentes e os tesoureiros nacionais, *ou equivalentes*, de partidos políticos;

VII – os Governadores e os Secretários de Estado e do Distrito Federal, os Deputados Estaduais e Distritais, os presidentes, *ou equivalentes*, de entidades da administração pública indireta estadual e distrital e os presidentes de Tribunais de Justiça, Tribunais Militares, Tribunais de Contas ou equivalentes dos Estados e do Distrito Federal; e

VIII – os Prefeitos, os Vereadores, os Secretários Municipais, os presidentes, ou equivalentes, de entidades da administração pública indireta municipal e os Presidentes de Tribunais de Contas *ou equivalentes* dos Municípios. (...)

Um importante avanço da Circular 3.978 em relação à anterior é o fato de o BACEN permitir que sejam tratadas como PEPs as pessoas que tenham cargo "*equiparado*" ou "*equivalente*" aos elencados na norma – válvulas de abrangência trazidas no art. 27.[88]

Tal medida, que faz lembrar a chamada "*interpretação analógica*" do Direito Penal, se fazia mesmo necessária, permitindo que mais pessoas sejam tratadas como expostas politicamente.

Outras pessoas que não estejam elencadas no rol normativo em questão não necessitam ser tratadas, tecnicamente, pela instituição bancária, como PEPs.

Porém, e sem prejuízo dos conceitos da Circular em estudo, vale anotar que é sempre recomendável uma atitude proativa da instituição financeira, que pode e deve ir além das regras legais em havendo uma circunstância fática que gere a proeminência temporária de um funcionário público, cujo cargo não conste da lista de PEPs, pois não há óbice algum para que sobre ele se estabeleça um acompanhamento mais próximo enquanto as causas desse destaque assim permaneçam – em clara exteriorização da obrigatória política KYC.

Ademais, *cabe à instituição*[89] *avaliar o interesse no início ou na manutenção do relacionamento com o cliente PEP – nos termos do art. 19, § 2º, III, e § 3º –, tomadas as precauções advindas da sua qualificação como tal.*

---

88. Parágrafo 1º, II, "a", "b", "c" e "d", para ocupantes de cargo no Poder Executivo da União, e VI, VII e VIII para outros determinados casos.
89. *Observação importante*: em 14/06/2023, a Câmara dos Deputados aprovou o texto substitutivo ao *Projeto de Lei 2.720/2023, que pretende tornar crime o ato de se negar a abertura ou manutenção de conta e concessão de crédito a PEPs. Caso seja aprovado também no Senado Federal, onde o texto ainda pende de análise, bem como após a necessária sanção do Presidente da República, estaria então criado o crime de "discriminação" contra PEPs.* Como informa o *site* da Câmara dos Deputados: "O PL 2720/23 muda a lei sobre o processo administrativo sancionador das instituições financeiras (Lei 13.506/17) para *exigir a apresentação de documento escrito ao solicitante abrangido pelo projeto para quem tenha sido negada a abertura ou manutenção de conta ou a concessão de empréstimo*. O documento deve conter *motivação idônea para a negativa*. Quanto ao crédito, o documento deve conter motivação técnica idônea e objetiva para a recusa, *não podendo alegar recusa somente pela condição de pessoa politicamente*

Note-se que a condição de PEP deve ser aplicada pelos cinco anos seguintes à data em que a pessoa deixou de se enquadrar nas categorias previstas no art. 27.

Vale anotar, que, na órbita do COAF, o tema PEP é tratado na Resolução COAF 40/2021, em vigor desde 01/12/2021. Mas, para o caso específico das instituições financeiras, vale o regramento da Circular 3.978/2020 do BACEN, como se conclui da interpretação do parágrafo 1º do art. 14 da lei de lavagem (9.613/1998). Já para as outras pessoas elencadas no artigo 9º da Lei 9.613/1998, como joalherias, por exemplo, vale o regramento sobre PEP do COAF.

E o mesmo raciocínio acima – aplicação das normas do BACEN sobre PEP às instituições financeiras, dado o *princípio da especialidade* trazido no parágrafo 1º do art. 14 da lei de lavagem – vale para a aplicação das normas de prevenção à lavagem de dinheiro e ao financiamento do terrorismo (PLD/FT).

Como já visto acima, para as instituições autorizadas a funcionar pelo Banco Central, vigoram as regras de PLD/FT da Circular 3.978/2020.

Por outro lado, para as demais pessoas tratadas no art. 9º da lei de lavagem, para as quais não exista um órgão próprio fiscalizador ou regulador, valerão, então, as regras do COAF.

---

exposta do pleiteante ou ainda pelo fato de a pessoa figurar como ré de processo judicial em curso ou ter decisão de condenação sem trânsito em julgado proferida em seu desfavor. *Se o representante legal da instituição financeira se recusar a apresentar ao solicitante esses documentos, responderá por eventuais danos morais e patrimoniais causados, sem prejuízo de responsabilização penal.* Esses documentos deverão ser entregues em cinco dias úteis, sob pena de multa diária de R$ 10 mil. *O texto explicita que não é considerada motivação técnica idônea a negativa ocorrida somente em razão da condição de a pessoa ser politicamente exposta ou por ter contra ela decisão de condenação sem trânsito em julgado. As regras valem ainda para as empresas administradoras de quaisquer meios de pagamento, notadamente as administradoras de cartão de crédito."* Eis o teor do art. 1º: "Esta Lei tipifica crimes de discriminação contra pessoas politicamente expostas, pessoas que estejam respondendo a investigação preliminar, termo circunstanciado, inquérito ou a qualquer outro procedimento investigatório de infração penal, civil ou administrativa, ou pessoas que figuram na posição de parte ré de processo judicial em curso; bem como inclui novos dispositivos no art. 3º da Lei 13.506, de 13 de novembro de 2017, para fins de prescrever os procedimentos a serem adotados pelas instituições financeiras nos casos de negativa de abertura ou manutenção de conta ou de recusa na concessão de crédito, e dá outras providências." Fonte: Agência Câmara de Notícias. https://www.camara.leg.br/noticias/971621-camara-aprova--punicao-a-quem-se-recusar-a-abrir-conta-ou-conceder-credito-a-pessoa-politicamente-exposta/. Acesso em 19/06/2023. De toda sorte, conclui-se, portanto, que o referido texto busca, no tema tratado pelo art. 19, § 2º, III, e § 3º da Circular 3.978, obrigar os bancos a apresentar *"motivação idônea para a negativa"* do relacionamento comercial. *De plano, se de fato sancionado sem vetos o referido texto, o que deverá ser considerado por "idôneo"? Pontos da Lei de combate à lavagem e as orientações do GAFI/FATF devem, ainda, ser considerados nessa análise. Ademais, o Direito Penal, como sabido, deveria ser apenas a "Ultima ratio".* A acompanhar.

Pois bem. E tais regras estão na Resolução COAF 36/2021,[90] em vigor desde 1º.06.2021, a qual também trouxe temas semelhantes, como a avaliação baseada no risco (ABR/RBA) e os programas KYC e KYE.

Aqui uma observação. Enquanto o BACEN fez uso, em sua Circular 3.978/2020, da denominação "prevenção à lavagem de dinheiro e ao financiamento do terrorismo", cuja sigla é PLD/FT, o COAF, por sua vez, seguindo o GAFI/FATF,[91] utilizou, em sua Resolução 36/2021, a denominação "prevenção à lavagem de dinheiro, ao financiamento do terrorismo e ao financiamento da proliferação de armas de destruição em massa" – PLD/FTP.[92]

Mas em sua Carta Circular 4.001/2020, o BACEN, ao divulgar a "relação de operações e situações" que podem configurar indícios de ocorrência dos crimes de lavagem de dinheiro e de financiamento ao terrorismo, cuidou de elencar algumas hipóteses relacionadas, também, à proliferação de armas de destruição em massa.[93]

De qualquer forma, a Lei 13.260/2016, que disciplinou entre nós o *terrorismo*, diz expressamente, no parágrafo 1º, I, do seu artigo 2º, que são considerados atos de terrorismo: "usar ou ameaçar usar, transportar, guardar, portar ou trazer consigo explosivos, gases tóxicos, venenos, conteúdos biológicos, químicos, nucleares ou outros meios capazes de causar danos ou *promover destruição em massa*". (grifamos)

6.5 A OBRIGAÇÃO DE COMUNICAR OPERAÇÕES SUSPEITAS

Além da obrigação de conhecer os seus clientes e os seus funcionários, outra obrigação essencial na legislação de combate à lavagem de dinheiro é a obrigação de comunicação de operações suspeitas ao COAF.

O art. 11 da Lei 9.613/1998 determina essa obrigação – verdadeiro alicerce da política antilavagem de ativos – sem a qual todo o sistema de combate à lavagem de dinheiro restaria comprometido.[94] Pela importância, vamos novamente transcrever a lei:

---

90. "Disciplina a forma de adoção de políticas, procedimentos e controles internos de prevenção à lavagem de dinheiro, ao financiamento do terrorismo e ao financiamento da proliferação de armas de destruição em massa que permitam o atendimento ao disposto nos arts. 10 e 11 da Lei 9.613, de 3 de março de 1998, por aqueles que se sujeitem, nos termos do seu art. 14, § 1º, à supervisão do Conselho de Controle *de Atividades Financeiras – Coaf*."
91. "Recomendações do GAFI."
92. A Resolução CVM 50/2021 também se refere à prevenção ao financiamento da proliferação de armas de destruição em massa – PLD/FTP.
93. Por exemplo: "*movimentações com indícios de financiamento da proliferação de armas de destruição em massa;*"
94. As sanções pelo descumprimento das obrigações dos arts. 10 e 11 da Lei 9.613/98 estão elencadas no artigo 12 da mesma lei. Elas vão de simples advertência, passando por pesadas multas, até a inabilitação

Da Comunicação de Operações Financeiras

Art. 11. As pessoas referidas no art. 9º:

I – dispensarão especial atenção às operações que, nos termos de instruções emanadas das autoridades competentes, possam constituir-se em sérios indícios dos crimes previstos nesta Lei, ou com eles relacionar-se;

II – deverão comunicar ao Coaf, abstendo-se de dar ciência de tal ato a qualquer pessoa, inclusive àquela à qual se refira a informação, no prazo de 24 (vinte e quatro) horas, a proposta ou realização:

a) de todas as transações referidas no inciso II do art. 10, acompanhadas da identificação de que trata o inciso I do mencionado artigo; e

b) das operações referidas no inciso I;

III – deverão comunicar ao órgão regulador ou fiscalizador da sua atividade ou, na sua falta, ao Coaf, na periodicidade, forma e condições por eles estabelecidos, a não ocorrência de propostas, transações ou operações passíveis de serem comunicadas

nos termos do inciso II.

§ 1º As autoridades competentes, nas instruções referidas no inciso I deste artigo, elaborarão relação de operações que, por suas características, no que se refere às partes envolvidas, valores, forma de realização, instrumentos utilizados, ou pela falta de fundamento econômico ou legal, possam configurar a hipótese nele prevista.

§ 2º As comunicações de boa-fé, feitas na forma prevista neste artigo, não acarretarão responsabilidade civil ou administrativa.

§ 3º O Coaf disponibilizará as comunicações recebidas com base no inciso II do caput aos respectivos órgãos responsáveis pela regulação ou fiscalização das pessoas a que se refere o art. 9º.

Art. 11-A. As transferências internacionais e os saques em espécie deverão ser previamente comunicados à instituição financeira, nos termos, limites, prazos e condições fixados pelo Banco Central do Brasil.

Desde logo importante mencionar que, com a entrada em vigor da Circular 3.978/2020 do BACEN, o regramento infralegal dos procedimentos de comunicação de operações suspeitas ao COAF passou por alterações, uma vez que a antiga Circular que tratava do assunto – 3.461/2009 – foi expressamente revogada.

Apenas para fins históricos, até 30/09/2020, nos termos dos art. 9º, 12 e 13 da antiga Circular 3.461/2009 do BACEN, com a redação da também antiga Circular 3.839/2017, deveriam ser mantidos registros e sempre comunicadas automaticamente ao COAF as operações de saques e depósitos em espécie ou de TED/Cheque Administrativo acima de R$ 50.000,00.

---

ou a cassação de autorização para funcionamento. *No caso das instituições financeiras, o art. 12 da lei 9.613/98 foi posteriormente regulamentado com detalhes por meio da Resolução BCB 131/2021 (versa sobre o PAS – Processo Administrativo Sancionador no âmbito do BACEN).*

Mas também já deveriam ser comunicadas, – e isso é muito importante que se diga – as operações acima de R$ 10.000,00 em caso de haver *suspeitas* de lavagem ou de ilicitude da atividade do cliente, inclusive terrorismo, nos termos do art. 13, I da antiga Circular 3.461/2009 do BACEN.

O que não queria dizer que o banco não estivesse obrigado a comunicar ao COAF, por exemplo, operações de *smurfing*, ou seja, uma série de depósitos ou saques pouco abaixo do valor de R$10.000,00, com características de burla ao limite legal então vigente.

Cautela, prudência e perícia sempre foram, e continuarão sendo exigidas do responsável, mesmo porque se trata de uma das tipologias clássicas de lavagem e, portanto, uma operação suspeita.

Já com o advento da Circular 3.978/2020, as comunicações ao COAF passaram a ser feitas nos moldes abaixo comentados. Vejamos.

Primeiramente, vale destacar que, além de haver a obrigação por parte das instituições da manutenção de registros de todas as operações realizadas e da respectiva identificação dos envolvidos – cliente e beneficiário –, há também o dever da identificação da *origem*[95] e do *destino*[96] dos recursos no caso de operações relativas a pagamentos, recebimentos e transferências.

E no caso de operações *em espécie* em valor individual superior a R$ 2.000,00, as instituições devem, ainda, registrar o nome e o CPF da pessoa portadora de tais valores.[97] Tudo para que se possa seguir o rastro do dinheiro – *follow the money*.

Note-se que, nos termos da Resolução 4.648 do CMN, desde maio de 2018, ficou proibido o recebimento de boleto de pagamento de valor igual ou superior a R$10.000,00 com a utilização de recursos em espécie, devendo as instituições se atentar, ainda, para casos de *smurfing*, quando poderão, então, recusar o recebimento de boletos de pagamento de valor inferior ao referido patamar de R$ 10.000,00.[98] Trata-se, também, de salutar política de PLD/FT.

---

95. Art. 30, § 1º: "A origem mencionada no *caput* refere-se à instituição pagadora, sacada ou remetente e à pessoa sacada ou remetente dos recursos, bem como ao instrumento de transferência ou de pagamento utilizado na transação".
96. Art. 30, § 2º: "O destino mencionado no caput refere-se à instituição recebedora ou destinatária e à pessoa recebedora ou destinatária dos recursos, bem como ao instrumento de transferência ou de pagamento utilizado na transação".
97. Art. 33, *caput*, com a ressalva do parágrafo único, relativo às empresas de transporte de valores.
98. Art. 1º É vedado às instituições financeiras, a partir de 28 de maio de 2018, o recebimento de boleto de pagamento de valor igual ou superior a R$10.000,00 (dez mil reais) com a utilização de recursos em espécie. Parágrafo único. As instituições somente poderão recusar o recebimento de boletos de pagamento de valor inferior a R$10.000,00 (dez mil reais) com a utilização de recursos em espécie se houver indício de tentativa de burlar a vedação estabelecida no *caput*.

Feitas essas observações e sem prejuízo *do dever de diligência* dos bancos no combate à lavagem de dinheiro e ao financiamento do terrorismo, o COAF deve ser obrigatoriamente comunicado em determinadas situações, nos termos dos artigos 48/55 da Circular 3.978/2020.

No mesmo sentido da antiga Circular, e em sintonia com as regras do COAF, a Circular 3.978/2020 do BACEN estipula, em seu art. 48,[99] a obrigatoriedade de haver a *"Comunicação de Operações e Situações Suspeitas"* sempre que a instituição bancária se deparar com realidades fáticas que possam caracterizar lavagem de dinheiro ou financiamento do terrorismo, independentemente do valor envolvido e observadas as balizas tanto do art. 39[100] da Circular 3.978/2020 quanto da Carta Circular 4.001/2020,[101] ambas do BACEN. A comunicação deve ser precedida de cuidadosa análise, formalizada por meio da elaboração de um *dossiê* interno[102] e é fundamental para o combate aos ilícitos.

> Da Comunicação de *Operações e Situações* Suspeitas
>
> Art. 48. As instituições referidas no art. 1º *devem comunicar ao Coaf as operações ou situações suspeitas de lavagem de dinheiro e de financiamento do terrorismo.*
>
> § 1º A decisão de comunicação da operação ou situação ao Coaf deve: I – ser *fundamentada* com base nas informações contidas no dossiê mencionado no art. 43, § 2º;
>
> II – ser registrada de forma detalhada no dossiê mencionado no art. 43, § 2º; e
>
> III – ocorrer até o final do prazo de análise referido no art. 43, § 1º.
>
> § 2º A comunicação da operação ou situação suspeita ao Coaf deve ser realizada até o dia útil seguinte ao da decisão de comunicação.

Nestes termos, sempre que a instituição perceber elementos que levem à *fundada* suspeita de lavagem de dinheiro e de financiamento ao terrorismo, deve comunicar a ocorrência de tais operações e situações ao COAF.

De suma importância observar que o ato normativo traz, não por acaso, os termos "operações" e "situações" suspeitas, os quais não são sinônimos. Isto porque, mesmo que uma eventual operação não chegue a ser, de fato, efetivada, a mera *situação* observada/captada/monitorada pela instituição já é apta, sim, a

---

99. Texto com destaques nossos.
100. Procedimentos de monitoramento.
101. Nas lições de Sólon Linhares, "(...) a Carta Circular 4.001/2020 – BACEN é específica, já que elenca, de forma didática, as relações de operações e situações que podem configurar indícios de ocorrência dos crimes de lavagem de dinheiro". LINHARES, Sólon Cícero. *Manual de Prevenção à Lavagem de Dinheiro e Políticas de* Compliance. São Paulo: Tirant lo Blanch, 2021, p. 58.
102. Artigos 43 e 48. O prazo para os procedimentos de análise, por meio de dossiê, da operação ou da situação suspeita é de até quarenta e cinco dias, contados da data da seleção da referida operação ou situação, sendo que o dossiê deve ser formalizado independentemente da comunicação ao COAF, ao final. Em se decidindo por comunicar ao COAF, tal comunicação deve se dar até o primeiro dia útil seguinte ao da decisão.

ensejar a obrigação de comunicar ao COAF, exatamente pelo fato de a circunstância ser suspeita aos olhos da instituição financeira.

Busca-se, assim, preventivamente, que haja comunicações ao COAF mesmo em tentativas de operações suspeitas e/ou em casos nos quais o comportamento do próprio cliente, por si só, já desperte a atenção da instituição. E a instituição deve comunicar ao COAF sempre de modo *fundamentado* e de boa-fé.

Já no que se refere à *"Comunicação de Operações em Espécie"*,[103] a Circular 3.978/2020 fixou, no art. 49, o valor igual ou superior a R$ 50.000,00. Assim, devem ser obrigatoriamente comunicadas ao COAF:

> Da Comunicação de Operações em Espécie
>
> Art. 49. As instituições mencionadas no art. 1º devem comunicar ao Coaf:
>
> I – as operações de depósito ou aporte em espécie ou saque em espécie de valor igual ou superior a R$50.000,00 (cinquenta mil reais);
>
> II – as operações relativas a pagamentos, recebimentos e transferências de recursos, por meio de qualquer instrumento, contra pagamento em espécie, de valor igual ou superior a R$50.000,00 (cinquenta mil reais); e
>
> III – a solicitação de provisionamento de saques em espécie de valor igual ou superior a R$50.000,00 (cinquenta mil reais) de que trata o art. 36.
>
> Parágrafo único. A comunicação mencionada no caput deve ser realizada até o dia útil seguinte ao da ocorrência da operação ou do provisionamento.

Ambas as comunicações – artigos 48 e 49 – devem se dar sem a ciência dos envolvidos ou de terceiros[104] e devem especificar se o envolvido é PEP, representante, familiar ou estreito colaborador, ou se é pessoa reconhecidamente envolvida em atos de terrorismo.

Vale lembrar que, em relação à compra de artigos de "luxo ou de alto valor",[105] deverão ser comunicadas ao COAF as compras feitas em espécie a partir de R$ 30.000,00 no período de seis meses para o mesmo cliente, além de operações consideradas *suspeitas* que possam configurar sérios indícios de lavagem de dinheiro, nos termos da Resolução 25/2013 do COAF (artigos 4º e 5º).

Pertinente ainda sublinhar, conforme definição do próprio COAF,[106] haver distinção entre "Comunicação de Operações em Espécie" – COE – e "Comunicação de Operações Suspeitas" – COS:

---

103. Antiga "Comunicação de Operações Automáticas".
104. Art. 50.
105. Entende-se como de luxo ou alto valor o bem móvel cujo valor unitário seja igual ou superior a R$ 10.000,00 (dez mil reais) ou equivalente em outra moeda (Resolução 25/2013 do COAF).
106. Publicação "O que faz o COAF?" Versão de 01/2022. Disponível em: https://www.gov.br/coaf/pt-br/centrais-de-conteudo/publicacoes/publicacoes-do-coaf-1/o-que-faz-o-coaf-2022-01-24-publicado.pdf/view. Acesso em: 24 jun. 2023.

As informações encaminhadas ao Coaf são denominadas *comunicações*, que podem ser de dois tipos:

• *Comunicação de Operação Suspeita*: são encaminhadas ao Coaf quando os setores obrigados percebem indícios de lavagem de dinheiro, de financiamento do terrorismo ou de outros ilícitos em transações de seus clientes. Essas comunicações contêm a explicação das suspeitas identificadas sobre operações realizadas em determinado período.

• *Comunicação de Operação em Espécie*: são encaminhadas automaticamente ao Coaf pelos setores obrigados quando seus clientes realizam movimentações em espécie (*"dinheiro vivo"*) acima de determinado valor estabelecido em norma.

Ou seja, a Comunicação de Operações em Espécie – COE – refere-se à comunicação da instituição financeira que envolva movimentações em que, nos termos de instruções emanadas das autoridades competentes, são *presumidos* os indícios dos crimes previstos na referida lei. É, pois, o caso do art. 49 da Circular 3.978 do BACEN.

A instituição financeira baseia-se, portanto, em aspectos objetivos (valores previamente determinados pela autoridade administrativa – art. 10, II, da Lei 9.613/1998 – e/ou tipo de operação), sem qualquer análise de mérito.

Acontecido o fato, nasce a obrigação de comunicar ao COAF.[107]

Já em relação à Comunicação de Operações[108] Suspeitas – COS – há margem para a sensibilidade e atenção da instituição atuarem em obediência a um dever geral de diligência, prudência e cuidado. É, pois, o caso do art. 48 da Circular do BACEN.

Para que esse dever de cuidado seja satisfatoriamente atendido, são fundamentais os programas "conheça o seu cliente – KYC" e "conheça seu empregado – KYE".

Nos termos da Lei de Combate à Lavagem de Dinheiro, a instituição deverá comunicar sempre as operações as quais, por suas características – valores, forma de realização, instrumentos utilizados, falta de fundamento econômico ou legal –, possam configurar sérios indícios da ocorrência dos crimes previstos na Lei 9.613/1998 (art. 11, I).

Toda comunicação feita de boa-fé não acarretará responsabilidade civil ou administrativa, nos termos do parágrafo 2º do inciso III do artigo 11.

Portanto, aquela instituição imbuída de *boa-fé*, cumpridora da lei e preocupada com o que se passa em sua carteira de clientes, não tem o que temer ao encaminhar uma Comunicação de Operação Suspeita – COS.

---

107. Nos prazos estabelecidos no art. 48, parágrafo 2º (dia útil seguinte ao da decisão de comunicação), e no art. 49, parágrafo único (dia útil seguinte ao da ocorrência da operação ou do provisionamento), em respeito ao inciso II do art. 11 da lei 9.613/1998 (24 horas).
108. E "situações", nos dizeres da Circular 3.978/2020.

Muito pelo contrário, pois observará o que determina a lei e não responderá pelas sanções previstas no art. 12 da Lei de Lavagem de Dinheiro.

Desde que de boa-fé e seguidos os passos legais, havendo indícios/fumaça de ilicitude na atividade – operação ou situação – de seu cliente, deve, sim, a instituição reportar à autoridade competente, nos termos do parágrafo 1º do art. 11 da Lei de Lavagem de Dinheiro. Na dúvida, nesses casos, é melhor optar por agir, mesmo porque a comunicação refere-se a "operações" e "situações" *suspeitas*, não se exigindo a certeza da ocorrência do ilícito. Basta a suspeita.[109]

Uma vez comunicado, ao COAF caberá então fazer uma análise mais pormenorizada dos fatos e adotar procedimentos legais cabíveis, ou seja, a comunicação às autoridades competentes, nos termos do art. 15 da Lei de Combate à Lavagem de Dinheiro,[110] *se for o caso*.

Nos termos dos permissivos contidos no parágrafo 3º, IV do artigo 1º e no parágrafo 6º do art. 2º da Lei Complementar 105/2001, a comunicação do banco ao COAF não viola a regra constitucional do sigilo bancário, a qual está garantida em nossa Constituição Federal no art. 5º, inciso X.[111]

Note-se que esse direito ao sigilo, como tantos outros, não é absoluto e pode ser afastado judicialmente em casos previamente estipulados pelo legislador ou diretamente pela Receita Federal do Brasil,[112] nos termos da Lei Complementar 105/2001, diploma legal que rege a matéria:

---

109. Não parece acertada, com o devido respeito, a opinião de alguns profissionais da área no sentido de que estaria havendo, no Brasil e no exterior, a configuração do chamado "*overcompliance*", ou seja, do excesso de regras de *compliance*. Externa-se esta opinião neste tópico, exatamente porque ainda vemos, em diversas ocasiões, notícias envolvendo contas frias e/ou abertas por "laranjas", especialmente para recebimento de valores provenientes de crimes relacionados ao roubo/furto de *smartphones*, inclusive com o sequestro de seus proprietários. A conta de destino do PIX feito sob coação absoluta ou mediante fraude inclui, necessariamente, uma conta de destino de alguém ligado ao crime/organização criminosa. Assim, na realidade, ainda falta muita efetividade às regras de *compliance* no campo da PLD/FT hoje existentes e até hoje não aplicadas em sua totalidade e robustez. Da mesma forma, casos de assédios ainda são comuns, por exemplo. A tese do "*overcompliance*" parece, portanto, descolada da realidade brasileira.
110. "Art. 15. O COAF comunicará às autoridades competentes para a instauração dos procedimentos cabíveis, quando concluir pela existência de crimes previstos nesta Lei, de fundados indícios de sua prática, ou de qualquer outro ilícito."
111. Tema que diz respeito à intimidade e à vida privada do indivíduo.
112. Em 2016 o STF julgou constitucional a transferência de sigilo bancário diretamente para a RFB, conforme julgamento do Recurso Extraordinário (RE) 601.314 e das Adins 2390, 2386 e 2397. "O Plenário do Supremo Tribunal Federal (STF) concluiu na sessão desta quarta-feira (24) o julgamento conjunto de cinco processos que questionavam dispositivos da Lei Complementar (LC) 105/2001, que permitem à Receita Federal receber dados bancários de contribuintes fornecidos diretamente pelos bancos, sem prévia autorização judicial. Por maioria de votos – 9 a 2 –, *prevaleceu o entendimento de que a norma não resulta em quebra de sigilo bancário, mas sim em transferência de sigilo da órbita bancária para a fiscal, ambas protegidas contra o acesso de terceiros. A transferência de informações é feita dos bancos ao Fisco, que tem o dever de preservar o sigilo dos dados, portanto não há ofensa à Constituição Federal*".

Art. 1º As instituições financeiras conservarão sigilo em suas operações ativas e passivas e serviços prestados.

§ 1º São consideradas instituições financeiras, para os efeitos desta Lei Complementar:

I – os bancos de qualquer espécie;
II – distribuidoras de valores mobiliários;
III – corretoras de câmbio e de valores mobiliários;
IV – sociedades de crédito, financiamento e investimentos;
V – sociedades de crédito imobiliário;
VI – administradoras de cartões de crédito;
VII – sociedades de arrendamento mercantil;
VIII – administradoras de mercado de balcão organizado;
IX – cooperativas de crédito;
X – associações de poupança e empréstimo;
XI – bolsas de valores e de mercadorias e futuros;
XII – entidades de liquidação e compensação;
XIII – outras sociedades que, em razão da natureza de suas operações, assim venham a ser consideradas pelo Conselho Monetário Nacional. (...)

§ 3º *Não constitui violação do dever de sigilo: (...)*

IV – a comunicação, às autoridades competentes, da prática de ilícitos penais ou administrativos, abrangendo o fornecimento de informações sobre operações que envolvam recursos provenientes de qualquer prática criminosa;

V – a revelação de informações sigilosas com o consentimento expresso dos interessados;

VI – a prestação de informações nos termos e condições estabelecidos nos artigos 2º, 3º, 4º, 5º, 6º, 7º e 9 desta Lei Complementar. (...)

Art. 2º O dever de sigilo é extensivo ao Banco Central do Brasil, em relação às operações que realizar e às informações que obtiver no exercício de suas atribuições.

(...)

§ 6º *O Banco Central do Brasil, a Comissão de Valores Mobiliários e os demais órgãos de fiscalização, nas áreas de suas atribuições, fornecerão ao Conselho de Controle de Atividades Financeiras – COAF, de que trata o art. 14 da Lei 9.613, de 3 de março de 1998, as informações cadastrais e de movimento de valores relativos às operações previstas no inciso I do art. 11 da referida Lei.* (grifamos)

Ou seja, como já frisado logo acima, uma vez comunicado, caberá exclusivamente ao COAF fazer uma análise mais *detalhada* dos fatos e adotar as medidas legais em relação a eles.[113]

---

113. O conteúdo dos dados que podem ser repassados diretamente pelo COAF (que é a Unidade de Inteligência Financeira brasileira) ao Ministério Público, sem a interferência/autorização do Poder Judiciário, foi objeto do Recurso Extraordinário 1.055.941/SP, perante o STF, com repercussão geral. Restou vencedora em 04.12.2019 a seguinte tese: "1. É constitucional o compartilhamento dos

Em outras situações, a quebra ilegal do sigilo bancário é crime, nos termos do art. 10 da Lei Complementar 105/2001.

Espera-se que a tendência legislativa seja a de se alargarem os poderes acautelatórios e de auto execução das instituições financeiras e não o contrário.

Aqui uma ilustração. A Suíça, antes com fama de ser um "paraíso fiscal", alterou em 2017 sua legislação e aderiu ao sistema de troca automática de informações sobre contas bancárias de titulares estrangeiros com as autoridades fiscais dos países de origem – adesão à chamada "Convenção Internacional de Troca Automática de Informação Bancária". Foi abandonada, portanto, a posição de defesa absoluta do sigilo bancário praticada por décadas naquele país. Tudo isso se deveu principalmente à pressão exercida por entes internacionais, em especial pela OCDE e pelos Estados Unidos.

Feitas essas considerações, podemos sintetizar que, para efeito da Lei de Combate à Lavagem de Dinheiro brasileira, são encontradas as seguintes condutas exigidas dos bancos: (i) identificar plenamente seus gestores, (ii) ser diligente na aferição das informações que recebe, (iii) examinar com cuidado as operações financeiras que lhe são submetidas, (iv) conservar adequadamente os documentos e informações de que disponha, (v) comunicar à autoridade competente a ocorrência de operações ou situações suspeitas, (vi) manter segredo, inclusive para o cliente, da informação passada para as autoridades, (vii) se recusar a realizar operações que souber irregulares ou ilegais, (viii) e manter treinamento adequado de sua força de trabalho.

Vale ainda reforçar que, como já colocado acima, o art. 6º da Resolução 4.753/2019 do CMN prevê a obrigação de se proceder ao *encerramento* da conta em caso de irregularidades nas informações prestadas pelo cliente, consideradas de natureza grave.

Finalmente, uma observação importante: em relação aos produtos comercializados nas agências bancárias cuja regulação advenha da CVM – fundos de ações, por exemplo –, ou da SUSEP –seguros –, e não do BACEN, principal foco da presente obra, remete-se o leitor à Resolução CVM 50/2021 e à Circular SUSEP 612/2020.

---

relatórios de inteligência financeira da UIF e da íntegra do procedimento fiscalizatório da Receita Federal do Brasil, que define o lançamento do tributo, com os órgãos de persecução penal para fins criminais, sem a obrigatoriedade de prévia autorização judicial, devendo ser resguardado o sigilo das informações em procedimentos formalmente instaurados e sujeitos a posterior controle jurisdicional. 2. O compartilhamento pela UIF e pela RFB, referente ao item anterior, deve ser feito unicamente por meio de comunicações formais, com garantia de sigilo, certificação do destinatário e estabelecimento de instrumentos efetivos de apuração e correção de eventuais desvios".

6.6 A OBRIGAÇÃO DE CONHECER O SEU FUNCIONÁRIO – *"KNOW YOUR EMPLOYEE"* (KYE)

Dizer que a instituição financeira deve conhecer seu funcionário, empregado ou colaborador – *Know Your Employee* –, significa que ela deve ir além de ter apenas seus dados pessoais formalmente declinados por ele próprio.

Significa acompanhar de perto suas atividades na rotina da empresa, desde a sua admissão, pois, em grande parcela dos casos, infelizmente, há a participação de alguém de dentro da instituição no ilícito, especialmente nos casos de lavagem de dinheiro. Assim, além de se conhecer o cliente, há que se conhecer muito bem o perfil do funcionário, acompanhando-o também na sua evolução patrimonial.

Sinais exteriores de riqueza, evolução patrimonial incompatível com os rendimentos, negócios jurídicos que fujam ao padrão, são indicativos de problemas e devem determinar o acompanhamento mais próximo do setor de *compliance*, inclusive com entrevista do empregado a respeito dos fatos.

Além disso, situações de dificuldades financeiras costumam ser um dos principais motivos pelos quais um funcionário se envolve com crimes, sejam os do Sistema Financeiro Nacional, sejam os de lavagem de dinheiro. Assim, "*red flags*" – alertas – devem ser disparados quando um funcionário representar "um ponto fora da curva" no alto atingimento das metas comerciais, por exemplo, ou quando estiver tomando empréstimos em demasia.

Potenciais conflitos de interesses devem ser identificados logo na entrevista de contratação, assim como posteriormente durante as necessárias avaliações periódicas. Da mesma forma, suas reações e respostas aos cursos de *compliance* devem ser muito bem avaliadas para o conhecimento sobre o funcionário e o seu modo de pensar.

Não se trata da implantação de um clima de medo ou de desconfiança generalizada, mas sim de se saber os pontos sensíveis aos quais a instituição está exposta com esta ou aquela ação de seus próprios funcionários, por meio de monitoramentos eficazes e legalmente permitidos.

Não se pode confundir, é importante repisar, o programa conheça seu funcionário com eventual atmosfera de constante tensão e apreensão entre os funcionários, fato que até poderia caracterizar eventual assédio moral (conforme o caso).

Fato é, contudo, que alguns dos deveres impostos pela legislação às instituições auxiliam tanto no combate à lavagem de dinheiro quanto no combate à corrupção. Dentre eles, está exatamente a obrigação de conhecer o seu funcionário – KYE –, assunto também tratado na Circular 3.978/2020 do BACEN.[114]

Afinal, a porta de entrada em uma instituição financeira é o seu funcionário. Ele será a pessoa que tanto participará do crime de corrupção, ao oferecer, prometer ou pagar propina a funcionário público, quanto será aquele que aceita valores/vantagens indevidas de seus fornecedores e prestadores de serviço, em *corrupção privada*.

O crime de corrupção privada no Brasil[115] veio à luz, *no âmbito esportivo*, por meio do art. 165 da Lei 14.597/2023,[116] publicada em 15/06/2023, que instituiu a "Lei Geral do Esporte". Por ora, é a única previsão em nosso sistema jurídico.

Por seu turno, em países como a Suíça,[117] França, Alemanha, por exemplo, o crime de corrupção privada já é, há anos, uma realidade dentro das empresas,[118] e por envolver um ato *desonesto* também deve ser combatido pelo *compliance*. O objetivo da tipificação do crime de corrupção privada busca ainda proteger a *lealdade* da (i) *concorrência* e (ii) das relações de *trabalho*.

---

114. Art. 56 e ss.
115. Tramitou no Senado Federal o Projeto de Lei 455/2016, *arquivado em 22.12.2022*, que pretendia tornar crime do Código Penal a corrupção privada: "Corrupção privada. Art. 196-A: Exigir, solicitar, aceitar ou receber vantagem indevida, o diretor, o administrador, o membro de conselho ou de órgão técnico, o auditor, o gerente, o preposto, o representante ou o empregado da empresa ou instituição privada, para favorecer a si ou a terceiros, direta ou indiretamente, ou aceitar promessa de vantagem indevida, a fim de realizar ou omitir ato inerente às suas atribuições: Pena – reclusão, de um a quatro anos, e multa. Parágrafo único. Nas mesmas penas incorre quem oferece, promete, entrega ou paga, direta ou indiretamente, a vantagem indevida".
116. *Do Crime de Corrupção Privada no Esporte*. Art. 165. Exigir, solicitar, aceitar ou receber vantagem indevida, como representante de organização esportiva privada, para favorecer a si ou a terceiros, direta ou indiretamente, ou aceitar promessa de vantagem indevida, a fim de realizar ou de omitir ato inerente às suas atribuições: Pena – reclusão, de 2 (dois) a 4 (quatro) anos, e multa. Parágrafo único. Nas mesmas penas incorre quem oferece, promete, entrega ou paga, direta ou indiretamente, ao representante da organização esportiva privada, vantagem indevida.
117. Art. 322 do Código Penal suíço (ação penal pública incondicionada). Anotamos que os suíços fazem distinção terminológica entre "bribery" e "corruption". Com base nos ensinamentos do Professor Mark Livschitz, na Université de Fribourg, podemos dizer que "Bribery is about purchased abuse of entrusted power for one´s private benefit. It always has a triangle perspective: principal (government), agent (public servant) and the enterpriser/client. There is always a trust relationship between the principal and the agent (position of confidence). The advantage may be not monetary: may be a connection, a donation or even an award. Bribery is a return service and it is discretionary for the public servant doing it or not. One is payed to do something he/she could or not do. There is always an individual person acting in terms of bribery. When it comes to corruption, on the other hand, the agent (public servant) would have to do his/her job anyway. It's not discretionary. It is also called "facilitation payment" or "speed payment". One is payed to do something he/she was already supposed to do anyway".
118. E, ao contrário daqui, não se limita ao universo esportivo.

Além disso, muitas vezes o funcionário que é designado para pagar propinas, também as recebe daquele que foi pago – o que é chamado *kickback* – como uma forma de azeitar, de manter a porta da corrupção sempre aberta.

A corrupção destrói a ética da empresa, tornando-a vítima do mal que ela mesma pratica. É como uma doença que se espraia pela repetição dos atos corruptos. Tanto o GAFI quanto a ENCCLA se preocupam com o problema.

Assim, o dever de conhecer o seu empregado – KYE –, especialmente nos seus aspectos financeiros, é medida necessária para se perceber indicativos de enriquecimento ilícito, que pode se dar tanto por crimes contra os próprios clientes, quanto pelo recebimento de valores para facilitar a atividade de lavagem de dinheiro ou permitir a fraude em uma concorrência interna – área de compras/ *procurement*.

6.7 CONHEÇA O SEU FORNECEDOR – *KNOW YOUR SUPPLIER* (KYS)

Sem a pretensão de esgotar todas as obrigações do *compliance* bancário, temos, ainda, a obrigação da empresa, especialmente do setor de *compliance*, de conhecer o seu fornecedor de bens e, especialmente, de serviços.[119]

Isto porque uma das formas mais comuns de se pagar propina está na utilização de um fornecedor para esse pagamento. Isto é, simula-se uma aquisição, ou compra-se algo a preço maior que o devido, ou são pagos serviços inexistentes ou superfaturados para fazer caixa para esse fornecedor que, depois, repassa os valores para o corrompido ou o achacador.

Age esse fornecedor como "laranja", como interposta pessoa, a quem se incumbe de realizar os pagamentos. E muitos fornecedores se submetem a isso diante do risco de perderem um comprador importante.

Mas há também empresas que são somente "fachada" – *shell companies* – para esse tipo de negócio, sendo conhecidas como "noteiras", isto é, fabricantes de notas fiscais – simuladas – somente.

Além disso, como é muito difícil produzir dinheiro em espécie à margem da contabilidade, muitos desses fornecedores também são encarregados de produzir esses valores para a empresa.

---

119. Com base nas lições do Professor suíço Mark Livschitz, na *Université de Fribourg*: "Third party due diligence is a key element of anti-corruption compliance. Assessing the risks of doing business with a company's business partners is fundamental under many anti-corruption laws and prevents businesses from commercially detrimental or even damaging business conduct involving third parties (sales intermediaries, suppliers, services providers etc.)".

O mecanismo é o mesmo, só que agora em vez de pagar para um terceiro, o fornecedor abastece a empresa de dinheiro à margem da contabilidade, o conhecido "caixa dois".

De qualquer maneira, seja o esquema público ou privado, cabe ao *compliance officer* verificar com cuidado todas as operações realizadas que tenham indicativo de irregularidades. Pode-se verificar preços abusivos, serviços não prestados ou com comprovação falha da sua prestação etc.

O importante é evitar que o legítimo canal de compras seja usado para burlar os controles.

6.8 ATIVOS VIRTUAIS/CRIPTOATIVOS

A Lei 14.478/2022,[120] também conhecida como "marco regulatório de ativos virtuais no Brasil", em vigor desde junho de 2023, trouxe um novo panorama no mercado brasileiro em relação aos ativos virtuais – ou criptoativos. Trataremos, abaixo, das principais alterações que a referida lei, regulamentada pelo Decreto 11.563/2023, provocou em nosso ordenamento jurídico.

Antes, contudo, vale a pena fazermos uma rápida digressão sobre as diretrizes seguidas no país antes da entrada em vigor da referida Lei 14.478, em 2023. Vejamos.

Como sabido, existem no mercado mundial milhares de criptoativos, sendo, talvez, o *Bitcoin*, o mais conhecido.

Tais ativos virtuais, por serem representação de valores econômicos, e dada sua volatilidade e rápida transferência de propriedade, podem acabar sendo utilizados, muitas vezes, como instrumento para lavagem de dinheiro.

Há anos atento a esse novo cenário mundial, de constante *transformação digital*, o BACEN expediu, salutarmente, ainda em 2017, o Comunicado 31.379,[121] com um firme e claro propósito: alertar as pessoas "sobre os riscos decorrentes de operações de guarda e negociação das denominadas moedas virtuais".

À época, 2017, era patente que, no Brasil, os ativos virtuais – conhecidos popularmente como "moedas virtuais" – não possuíam garantia de conversão

---

120. Dispõe sobre diretrizes a serem observadas na prestação de serviços de ativos virtuais e na regulamentação das prestadoras de serviços de ativos virtuais (...).
121. Considerando o crescente interesse dos agentes econômicos (sociedade e instituições) nas denominadas moedas virtuais, o Banco Central do Brasil alerta que estas não são emitidas nem garantidas por qualquer autoridade monetária, por isso não têm garantia de conversão para moedas soberanas, e tampouco são lastreadas em ativo real de qualquer espécie, ficando todo o risco com os detentores. Seu valor decorre exclusivamente da confiança conferida pelos indivíduos ao seu emissor (...).

em moeda soberana (Real). Tampouco possuíam lastro em quaisquer ativos. O *risco*, já alertava o BACEN, seria todo do detentor de tais "moedas".

Prevendo a possibilidade de o ativo virtual ser utilizado para lavagem de dinheiro, o BACEN, no mesmo Comunicado acima referido, ponderou: "Destaca-se que as moedas virtuais, se utilizadas em atividades ilícitas, podem expor seus detentores a investigações conduzidas pelas autoridades públicas visando a apurar as responsabilidades penais e administrativas".

Em 2021, na visão do BIS:[122] "By now, it is clear that cryptocurrencies are speculative assets rather than money, and in many cases are used to facilitate money laundering, ransomware attacks and other financial crimes. Bitcoin in particular has few redeeming public interest attributes when also considering its wasteful energy footprint".[123]

E em sintonia com o BACEN, o Superior Tribunal de Justiça – STJ –, em dezembro de 2018, havia afirmado que as "criptomoedas" não apresentavam natureza jurídica de moeda ou de valor mobiliário.[124]

Porém, apesar das ressalvas acima, e como o ativo virtual/criptoativo sempre representou um valor econômico que compunha o patrimônio do contribuinte, desde agosto de 2019, a titularidade de ativos virtuais deve ser declarada à Receita Federal do Brasil, nos termos da Instrução Normativa 1.888/2019,[125] a qual instituiu e disciplinou a obrigatoriedade de prestação de informações relativas às operações realizadas com criptoativos. A medida mostrou-se bastante prudente, especialmente para fins de PLD/FT.

Podemos citar outro exemplo de criptoativo/ativo virtual:[126] o NFT – *Non Fungible Token* – que, por também poder apresentar valor econômico expressivo,

---

122. BIS Annual Economic Report, 23/June/2021. Disponível em: https://www.bis.org/publ/arpdf/ar2021e3.htm. Acesso em: 29 jun. 2023.
123. Entrará em vigor na União Europeia, em meados de 2024, o *"MiCA – Markets in Crypto-Assets" Regulation*, regulação comum do mercado de criptoativos do bloco.
124. Ministro Sebastião Reis Junior, relator do processo Conflito de Competência 161.123/SP.
125. Na referida IN, e à mingua de legislação específica até então, a RFB assim havia definido o conceito de criptoativo: "a representação digital de valor denominada em sua própria unidade de conta, cujo preço pode ser expresso em moeda soberana local ou estrangeira, transacionado eletronicamente com a utilização de criptografia e de tecnologias de registros distribuídos, que pode ser utilizado como forma de investimento, instrumento de transferência de valores ou acesso a serviços, e que não constitui moeda de curso legal".
126. Termo utilizado pelo GAFI/FATF. Ademais, o GAFI/FATF possui o importante *Guidance for VAs and VASPs*: "The Guidance defines what are 'virtual assets' (VA) and explains what activities are falling in the definition of Virtual Asset Service Providers (VASPs); Clarifies how FATF Recommendations should be applied in the context of VAs and VASPs; Explains the application of risk-based approach (RBA) principles in VAs". Disponível em: https://www.coinfirm.com/blog/fatf-updated-guidance-va-vasp/. Acesso em: 23 jan. 2022.

deve compor o patrimônio declarável do contribuinte, observados os termos da já referida Instrução Normativa da RFB.[127]

Note-se que desde a Declaração de Ajuste do IRPF do exercício de 2021, deve ser declarado o "conjunto de criptoativos, criptomoedas ou outro ativo digital de mesma espécie, cujo valor de aquisição seja igual ou superior a R$ 5.000,00".[128]

No campo tributário (IRPF), é isento do imposto sobre a renda o ganho de capital auferido na alienação de criptoativos cujo valor total das alienações em um mês, de todas as espécies de criptoativos ou moedas virtuais, independentemente de seu nome, seja igual ou inferior a R$ 35.000,00.[129]

Na falta de legislação específica, a "Associação Brasileira de Criptoeconomia" – ABCripto – já havia elaborado, em agosto de 2020, um Código de Autorregulação[130] para o setor, com o objetivo de combater a lavagem de dinheiro e o financiamento do terrorismo.

Sem prejuízo da tramitação e do advento da Lei 14.478/2022, Bancos Centrais de alguns países,[131] inclusive o do Brasil,[132] já faziam e continuam a fazer testes para a implantação de suas próprias *Central Bank Digital Currency* – CBDC – ou seja, moedas digitais de Bancos Centrais.

De acordo com o BIS, as CBDCs oferecem "in digital form the unique advantages of central bank money: settlement finality, liquidity and integrity. They are an advanced representation of money for the digital economy".

---

127. "O que pode virar um NFT? Quadros físicos e digitais, músicas, itens de jogos, memes, fotos de momentos do esporte, domínios de sites, vídeos e até posts em redes sociais podem virar tokens não fungíveis. No início de 2021, o presidente do Twitter, Jack Dorsey, vendeu seu primeiro tuíte por pouco mais de US$ 2,9 milhões como NFT. A mensagem, publicada em 21 de março de 2006, diz "just setting up my twttr" (apenas configurando meu Twr, na tradução para o português)". Disponível em: https://www.infomoney.com.br/guias/nft-token-nao-fungivel/. Acesso em: 29 jun. 2023.
128. "Instruções de Preenchimento", p. 165.
129. Solução de Consulta COSIT 214, de 20.12.2021.
130. "Manual de Boas Práticas em Prevenção à Lavagem de Dinheiro e ao Financiamento do Terrorismo para *Exchanges* brasileiras."
131. Disponível em: https://www.bis.org/press/p220113.htm. Acesso em: 29 jun. 2023.
132. "O tema moeda digital de banco central (da sigla em inglês CBDC, Central Bank Digital Currency) tem chamado a atenção de diversos bancos centrais. Uma parte significativa deles, representando quase a totalidade do PIB mundial, está estudando, explorando ou testando projetos, aspectos operacionais e tecnológicos de um sistema de CBDC. As CBDCs podem melhorar a eficiência do mercado de pagamentos de varejo e promover a competição e a inclusão financeira para a população com pouco ou nenhum acesso a serviços bancários. A crise da pandemia mostrou a importância de meios digitais de pagamentos chegarem à população mais vulnerável. No Brasil, o BC vem acompanhando o tema há alguns anos e, em agosto de 2020, organizou um grupo de trabalho para estudar a emissão de uma moeda digital brasileira. A partir de resultados preliminares, foi criado um fórum regular para a discussão do tema com o corpo técnico do BC". Disponível em: https://www.bcb.gov.br/estabilidadefinanceira/real_digital. Acesso em: 29 jun. 2023.

Desta forma, teremos, em breve, o chamado DREX, que será o nosso real em formato digital, moeda corrente digital oficialmente reconhecida pelo BACEN, dotada de lastro e vinculada ao valor do Real, o que não se confunde com a "criptomoeda", que é apenas um ativo virtual/criptoativo, de cunho especulativo.

Feita essa rápida digressão histórica, vamos *aos principais avanços* trazidos em junho de 2023 pela Lei 14.478/2022, que dispõe sobre *as diretrizes a serem observadas na prestação de serviços de ativos virtuais e na regulamentação das prestadoras de serviços de ativos virtuais*, a qual já foi regulamentada pelo Decreto 11.563, em vigor desde 20.06.2023.

Em síntese, Lei 14.478/2022:

a. não se aplica aos valores mobiliários sujeitos à lei 6.385/1976,[133] nem altera a competência da CVM;[134]

b. prevê a necessidade de autorização prévia de órgão ou entidade da Administração Pública Federal para funcionar no país.

Importante anotar que o Decreto 11.563/2023 atribuiu ao BACEN a competência para conceder tal autorização prévia de funcionamento. Ademais, caberá ao BACEN outras importantes atribuições regulatórias e de supervisão;[135]

c. Utiliza o termo *ativo virtual* e assim o define: "a representação digital de valor que pode ser negociada ou transferida por meios eletrônicos e utilizada para realização de pagamentos ou com propósito de investimento (...)";[136]

---

133. Dispõe sobre o mercado de valores mobiliários e cria a Comissão de Valores Mobiliários.
134. A respeito, vide Parecer de Orientação 40/2022 da CVM e Resolução CVM 175/2022.
135. Art. 1º Este Decreto regulamenta a Lei 14.478, de 21 de dezembro de 2022, para estabelecer ao Banco Central do Brasil competência para: I – regular a prestação de serviços de ativos virtuais, observadas as diretrizes da referida Lei; II – regular, autorizar e supervisionar as prestadoras de serviços de ativos virtuais; e III – deliberar sobre as demais hipóteses estabelecidas na Lei 14.478, de 2022, ressalvado o disposto no art. 12, na parte que inclui o art. 12-A na Lei 9.613, de 3 de março de 1998.
Art. 2º Para fins do disposto no art. 6º da Lei 14.478, de 2022, *o Banco Central do Brasil disciplinará o funcionamento das prestadoras de serviços de ativos virtuais e será responsável pela supervisão das referidas prestadoras*. (Grifamos)
136. *Não incluídos*: I – moeda nacional e moedas estrangeiras; II – moeda eletrônica, nos termos da Lei 12.865, de 9 de outubro de 2013; III – instrumentos que provejam ao seu titular acesso a produtos ou serviços especificados ou a benefício proveniente desses produtos ou serviços, a exemplo de pontos e recompensas de programas de fidelidade; e IV – representações de ativos cuja emissão, escrituração, negociação ou liquidação esteja prevista em lei ou regulamento, a exemplo de valores mobiliários e de ativos financeiros. Parágrafo único. Competirá a órgão ou entidade da Administração Pública federal definido em ato do Poder Executivo estabelecer quais serão os ativos financeiros regulados, para fins desta Lei.

d. As prestadoras de serviço de ativos virtuais[137] devem observar e respeitar determinadas diretrizes: I – livre-iniciativa e livre concorrência; II – boas práticas de governança, transparência nas operações e abordagem baseada em riscos; III – segurança da informação e proteção de dados pessoais; IV – proteção e defesa de consumidores e usuários; V – proteção à poupança popular; VI – solidez e eficiência das operações; e VII – prevenção à lavagem de dinheiro e ao financiamento do terrorismo e da proliferação de armas de destruição em massa, em alinhamento com os padrões internacionais.

Em outras palavras, dentro de parâmetros a serem definidos pelo BACEN, as prestadoras desse serviço[138] deverão possuir programas de PLD/FTP, de RBA/ABR, de proteção dos consumidores e usuários e de proteção de dados.

e. Introduziu no Código Penal, no capítulo sobre "Estelionato e outras Fraudes" o crime de "Fraude com a utilização de ativos virtuais, valores mobiliários ou ativos financeiros".

A redação do novo art. Art. 171-A do CP é: *Organizar, gerir, ofertar ou distribuir carteiras ou intermediar operações que envolvam ativos virtuais, valores mobiliários ou quaisquer ativos financeiros com o fim de obter vantagem ilícita, em prejuízo alheio, induzindo ou mantendo alguém em erro, mediante artifício, ardil ou qualquer outro meio fraudulento. Pena – reclusão, de 4 (quatro) a 8 (oito) anos, e multa*;

f. Incluiu a utilização de ativo virtual no art. 1º da lei 9.613/98[139] como sendo causa de aumento de pena do crime de lavagem de dinheiro;

g. Incluiu as prestadoras de serviços de ativos virtuais no rol das pessoas obrigadas do art. 9º da Lei 9.613/98 – novo inciso XIX;[140]

h. Incluiu os ativos virtuais nas obrigações dos arts. 10 e 11 da lei 9.613/1998, os quais versam, respectivamente, (i) sobre as obrigações do programa KYC – "Da Identificação dos Clientes e Manutenção de Registros" – e

---

137. Virtual Asset Service Providers – VASPs.
138. Art. 8º As instituições autorizadas a funcionar pelo Banco Central do Brasil poderão prestar exclusivamente o serviço de ativos virtuais ou cumulá-lo com outras atividades, na forma da regulamentação a ser editada por órgão ou entidade da Administração Pública federal indicada em ato do Poder Executivo federal.
139. Parágrafo 4º.
140. Art. 9º Sujeitam-se às obrigações referidas nos arts. 10 e 11 as pessoas físicas e jurídicas que tenham, em caráter permanente ou eventual, como atividade principal ou acessória, cumulativamente ou não: (...) XIX – as prestadoras de serviços de ativos virtuais.

(ii) sobre a obrigação "Da Comunicação de Operações Financeiras" ao COAF;

Sob o manto do BACEN, por consequência, as prestadoras de serviços de ativos virtuais deverão cumprir a Circular 3.978/2020, sobre a qual já comentamos anteriormente (ou outra norma semelhante à 3.978/2020 que venha a ser oportunamente editada, observados os mesmos princípios e obrigações).

i. Criou o CNPEP – "Cadastro Nacional de Pessoas Expostas Politicamente" com a introdução do art. 12-A na lei 9.613/1998.[141]

Iniciativa que visa facilitar o acesso e a consulta das instituições financeiras – e das demais obrigadas da Lei de combate à lavagem – a um banco de dados único contento a lista das PEPs. O Cadastro Nacional deverá ser disponibilizado pelo "Portal da Transparência" do Governo Federal na *internet*, nos termos de ato do Poder Executivo federal que irá regulamentar e disciplinar o funcionamento do novo instrumento.

Vários, portanto, os avanços trazidos pela Lei 14.478/2022 e pelo Decreto 11.563/2023, pois vieram jogar luz a um mercado que, até então, carecia de regulação legislativa em nosso país.

Especialmente em relação à PLD/FTP e aos programas KYC e RBA/ABR, espera-se que o setor busque mais qualidade das informações sobre quem realmente são as pessoas que detêm ativos virtuais.

O BACEN deverá publicar ato(s) normativo(s) mais específico(s)[142] sobre a regulação, autorização e supervisão das prestadoras de serviços de ativos virtuais, nos termos do Decreto 11.563/2023, sempre em harmonia, porém, com os demais princípios e regras já existentes (da sua própria lavra e/ou do CMN).

---

141. Art. 12-A. Ato do Poder Executivo federal regulamentará a disciplina e o funcionamento do Cadastro Nacional de Pessoas Expostas Politicamente (CNPEP), disponibilizado pelo Portal da Transparência.
§ 1º Os órgãos e as entidades de quaisquer Poderes da União, dos Estados, do Distrito Federal e dos Municípios deverão encaminhar ao gestor CNPEP, na forma e na periodicidade definidas no regulamento de que trata o caput deste artigo, informações atualizadas sobre seus integrantes ou ex-integrantes classificados como pessoas expostas politicamente (PEPs) na legislação e regulação vigentes.
§ 2º As pessoas referidas no art. 9º desta Lei incluirão consulta ao CNPEP entre seus procedimentos para cumprimento das obrigações previstas nos arts. 10 e 11 desta Lei, sem prejuízo de outras diligências exigidas na forma da legislação.
§ 3º O órgão gestor do CNPEP indicará em transparência ativa, pela internet, órgãos e entidades que deixem de cumprir a obrigação prevista no § 1º deste artigo.
142. Ato(s) não publicado(s) até o fechamento desta edição.

7
ATRIBUTOS DO
COMPLIANCE OFFICER BANCÁRIO

A atuação da empresa no mercado, com a supervisão do *compliance officer*, tem que ser sempre *lícita*, ou seja, que atenda aos mandamentos legais, e *honesta*, no significado de decente, honrada, íntegra. E tal postura deve ocorrer não somente perante a Administração Pública, mas também perante outros particulares. Da mesma forma, em relação aos seus funcionários.

Neste cenário, a missão do profissional de *compliance* não é nada fácil ou tranquila, pois, não raras vezes, encontrará barreiras/dificuldades para desempenhar essa nobre função. Mas saber encontrar os caminhos certos para que sua missão seja exitosa é ônus que cabe ao referido profissional, sempre com o imprescindível respaldo da alta administração.

Aqui temos um Capítulo dedicado aos atributos necessários ao *compliance officer* bancário, ou seja, dedicado às características que são esperadas daquele que pretende exercer esse importante papel na empresa.

Sem qualquer pretensão/rigor científico neste campo, pode-se dizer que, como todo ser humano, o *compliance officer* carrega consigo qualidades e defeitos, os quais são trabalhados e desenvolvidos durante toda a sua vida, mas principalmente durante a infância e a juventude (formação da personalidade).

Com o passar dos anos, aprende/adquire novas habilidade por meio da educação formal. É o conjunto de características formadoras daquela pessoa, em sentido amplo, que fará surgir um bom *compliance officer* ou não.

Passemos, pois, a tratar de alguns dos principais e indispensáveis atributos do ocupante da carreira.

7.1 HONESTIDADE E CORAGEM

Falaremos de duas virtudes indispensáveis ao *compliance officer*, em relação às quais não se pode nunca transigir: a honestidade e a coragem. De nada valerá o titular do cargo ter a melhor formação técnica do mercado se ele não for, acima de tudo, honesto e corajoso.

Falar sobre sua *honestidade* pode soar até redundante, se pensarmos que o titular da função será o responsável por zelar exatamente pelo cumprimento de todas as leis e normas dentro da empresa.

Ele será o fiscal para que se observem e se cumpram (i) as leis, (ii) os atos normativos emanados dos órgãos reguladores competentes, bem como (iii) as normas internas da própria instituição financeira, especialmente o Código de Ética e de Conduta.

Neste livro já o designamos anteriormente como verdadeiro fiscal da lei, ou, em analogia a um termo caro aos juristas, "*custos legis* privado".[1] Mas, principalmente, ele será o fiscal do comportamento *ético* da instituição e de todos os *stakeholders*.

Se esse cidadão não fosse absolutamente confiável e honesto, todo o sistema de *compliance* da empresa ruiria, ou melhor, sequer existiria de verdade. Aliás, para a instituição, ter um *compliance officer* desonesto, desleal e não confiável seria certamente mais vexatório do que se ela não possuísse área qualquer destinada ao controle ético de suas atividades.

Ademais, o *compliance officer* necessita de *coragem*.

Coragem para se manter fiel às suas convicções e à legalidade. Coragem para, quando e se for preciso, desagradar a quem quer que seja. Afinal, sua função não é a de "fazer amigos" – nem tampouco, necessariamente, desafetos – na empresa. Ocorre que, infelizmente, em sua rotina, por vezes, encontrará o *compliance officer* funcionários que não estarão com a boa vontade e/ou com a boa-fé esperada pela cultura da empresa. Em relação a esses maus funcionários, deverá se reportar à alta administração, obrigatoriamente.

Isto não significa, em absoluto, que o *compliance officer* seja um inimigo dos demais funcionários ou até mesmo da empresa como um todo, como ainda pensam, equivocadamente, alguns. Ao contrário, guardada a necessária distância, até para evitar possíveis conflitos de interesses, o *compliance officer* é, sim, na realidade, um facilitador, um aliado, da empresa e de todos seus funcionários na busca dos objetivos da sociedade (dentre eles, o lícito lucro).

Constantemente poderá se ver pressionado pelo Conselho de Administração, pelas Diretorias, pelo *Marketing* e/ou pela Área Comercial. Todos tentando obter uma resposta mais favorável – não necessariamente ilegal – a seus interesses comerciais.

Era de se esperar que eventual descompasso/divergência severa entre a área de *Compliance* e a alta administração nunca ocorresse. Contudo, pelo que se pode

---

1. Fiscal da Lei Privado, em analogia às funções do Ministério Público (art. 127/130 da Constituição Federal).

constatar, muitas vezes, na prática, o *tone at the top* e o *walk the talk* parecem ser esquecidos nos livros ou presos apenas aos discursos dos membros da alta administração.

E é exatamente neste momento que o *compliance officer* não pode ter medo de perder seu emprego; ou seja, não pode temer ser demitido por divergir daqueles outros setores da empresa e/ou da alta administração.

Se ele se curvar ou ceder às ilegítimas ou ilegais pressões comerciais ou econômicas da empresa, certamente mais cedo ou mais tarde deverá ser demitido e até responsabilizado, se for o caso, com toda razão.

Somente terá o respeito da alta administração o *compliance officer* que souber se posicionar com firmeza e de modo fundamentado ao opinar acerca de determinado assunto estratégico.

Mas também o *compliance officer* deve ter em mente que precisa saber e querer escutar as razões dos demais interlocutores na instituição financeira e fora dela.

Somente pela capacidade de ouvir, sem impor barreiras preconcebidas, é que se pode chegar à melhor solução, por vezes intermediária, entre as diversas proposições.

Há que se evoluir para que se possa conferir alguma estabilidade ao ocupante do cargo, por via legislativa, a exemplo do que já ocorre com outras categorias de trabalhadores enquanto no desempenho daquela determinada delicada função. Isto porque um mínimo de estabilidade deve ser conferida ao mandato do *compliance officer*.

Enquanto uma regulamentação sobre o tema não acontece, porém, o ocupante desse cargo deverá continuar exercendo sua atividade com coragem e independência, ciente de que injustas retaliações podem eventualmente advir de suas iniciativas.

Obviamente que a decisão final cabe ao administrador, mas o *compliance officer* deve dar a ele um cenário claro e preciso de quais as consequências jurídicas e de mercado – especialmente relativas à reputação – de cada opção existente.

E tudo deve ser devidamente *documentado*, até mesmo para os fins do art. 5º, I, "a" e "b", da Resolução 4.968/2021, que assim preconiza:

> Os sistemas de controles internos devem prever: I – quanto aos aspectos relacionados à cultura de controle: a) definição das responsabilidades dos funcionários nos sistemas de controles internos e dos respectivos meios para o seu eficaz cumprimento; *b) obrigatoriedade de comunicação tempestiva ao adequado nível gerencial, por parte dos funcionários*, de: 1. problemas nas operações; 2. situações de não conformidade com os padrões de conduta

definidos pela instituição; e 3. violações das políticas da instituição ou de disposições legais e regulamentares; (...) (destacamos)

Muitas das vezes o *compliance officer* deverá opinar, *sem medo*, expressamente contra uma determinada operação, em razão do risco envolvido. Se mesmo assim o administrador resolver assumi-lo, ao menos foi devidamente alertado – documentalmente – por quem de direito.

Em outras palavras, o *compliance* não tem que advogar todas as causas da empresa. Seu compromisso é com a legalidade e com a honestidade nos negócios, mesmo que isso às vezes signifique ir contra a opinião de toda a alta direção da instituição.

Coragem aqui significa, pois, independência para proferir suas opiniões, considerando cuidadosamente todas as implicações e contrariedades que lhe foram expostas, mas sem receio de sofrer em relação ao seu entendimento qualquer interferência da própria empresa.

Sua preocupação primeira não será o lucro financeiro; ao contrário, muitas das vezes sua posição poderá ser contrária às aspirações negociais e comerciais da instituição em discussão num dado momento.

Em compensação, ao dar respaldo ao *compliance officer*, a empresa terá muito mais ganhos com sua imagem e reputação no mercado: fator que também pode ser mensurado em dinheiro – como o valor das ações nas sociedades anônimas na B3.[2]

Anotamos que, se porventura, em uma determinada instituição, as opiniões do *compliance officer* forem *sistematicamente* ignoradas pela alta administração, especialmente se dessas decisões houver a admissão de um comportamento desonesto ou ilegal, ele deverá ter, então, da mesma forma, coragem e honestidade para pedir *demissão* e salvar sua própria reputação.

E esta seria a única solução honrosa e digna, por piores que estejam os níveis de emprego no País, sendo este um dos custos de ser honesto e corajoso. Mas para esta pessoa, certamente, empregos não faltarão no mercado.

O *compliance officer* que aceitasse trabalhar nessas condições adversas sob o ponto de vista da licitude/honestidade, não passaria de um simulacro, de um fantoche. Infelizmente isso é mais comum do que se pensa, haja vista alguns escândalos que ainda ocorrem com as empresas ao redor do mundo (em temas como PLD/FT e assédios, por exemplo).

---

2. Exceção feita às cooperativas de crédito, instituições financeiras que não são SA, nos termos da Lei 5.710/1971.

Apenas como ilustração, cabe anotar que para os *compliance officers* que também sejam advogados, os quais se submetem ao Código de Ética e Disciplina do Conselho Federal da Ordem dos Advogados do Brasil (OAB),[3] Resolução 02/2015, vale a seguinte disposição:

> Art. 4º O advogado, ainda que vinculado ao cliente ou constituinte, *mediante relação empregatícia* ou por contrato de prestação permanente de serviços, *ou como integrante de departamento jurídico, ou de órgão de assessoria jurídica*, público ou privado, *deve zelar pela sua liberdade e independência*. (destacamos)

E na relação entre advogado e cliente:

> Art. 10. As relações entre advogado e cliente baseiam-se na confiança recíproca. *Sentindo o advogado que essa confiança lhe falta, é recomendável que externe ao cliente sua impressão e, não se dissipando as dúvidas existentes, promova, em seguida, o substabelecimento do mandato ou a ele renuncie.* (destacamos)

Ou seja, como decorrência das virtudes da coragem e da honestidade que citamos, podemos apontar outros três requisitos trazidos pelo Código de Ética e Disciplina da OAB que também são essenciais à atividade do *compliance officer* (e não apenas à atividade do advogado): *liberdade, independência e confiança recíproca*.

Por fim, ilustraremos este capítulo com a "História de Régulo".

Trata-se da lenda que se criou em torno da forma como um general romano, morto por volta do ano de 250 antes de Cristo, preso pelos cartagineses durante batalha na Primeira Guerra Púnica, manteve sua palavra mesmo perante seu inimigo. Tal fato o imortalizou na história romana. A narração é de James Baldwin,[4] a qual, guardadas as devidas proporções, serve-nos como inspiração de coragem e de honestidade:

> Partindo-se de Roma e cruzando o mar, chegava-se antigamente a uma grande cidade chamada Cartago. Os romanos nunca foram muito simpáticos aos cartagineses e os dois povos acabaram entrando em guerra. Durante algum tempo, não se podia dizer qual dos dois sairia vitorioso. Ora os romanos ganhavam uma batalha, ora os cartagineses; e assim prosseguiram por muitos anos. Dentre os romanos, havia um corajoso general chamado Régulo, tido por todos como homem que jamais deixava de cumprir a palavra. Numa ocasião, foi derrotado e levado para Cartago. Na prisão, solitário e abatido, sonhava com a mulher e os filhos pequenos do outro lado do mar; e tinha poucas esperanças de tornar a vê-los. Amava

---

3. Em 03/07/2023 foi sancionado a Lei 14.612/2023, que "altera a Lei 8.906, de 4 de julho de 1994 (Estatuto da Advocacia), para incluir o assédio moral, o assédio sexual e a discriminação entre as infrações ético-disciplinares no âmbito da Ordem dos Advogados do Brasil".
4. BENNETT, William J.. *O Livro das Virtudes*. Capítulo "Honestidade" – "A História de Régulo", por James Baldwin. 3. impr. Rio de Janeiro: Nova Fronteira, 1995, p. 399-400.

muito a família mas tinha a obrigação para com seu país em primeiro lugar; por isso os havia deixado e partido para a guerra cruel. Perdera uma batalha, de fato, e tornou-se prisioneiro. Sabia, porém, que os romanos estavam ganhando terreno; e o povo de Cartago temia a derrota final. Os exércitos inimigos haviam pedido reforços a países vizinhos; mesmo assim, não seriam capazes de continuar lutando contra Roma por muito tempo. Um dia, algumas autoridades de Cartago foram ter com Régulo na prisão.

– Nós gostaríamos de propor paz aos romanos. Temos certeza de que, se soubessem do andamento da guerra, seus dirigentes ficariam satisfeitos em fazer as pazes conosco. Iremos libertá-lo a fim de que retorne para casa, se você concordar em seguir nossas instruções.

– E quais são elas? – perguntou Régulo.

– Em primeiro lugar, conte aos romanos sobre as batalhas que perdeu; e deixe claro, para todos, que nada ganharam com a guerra. Em segundo lugar, prometa que, se eles não aceitarem a paz, você retornará para a prisão.

– Pois bem! Prometo que, se eles não aceitarem a paz, eu retornarei à prisão.

Os cartagineses, então, deixaram-no partir, pois sabiam que um grande romano manteria a palavra. Ao chegar em Roma, foi recebido por todos com alegria. A mulher e os filhos ficaram muito felizes, pois achavam que não mais tornariam a se separar. Os velhos membros do conselho municipal vieram vê-lo, e indagaram sobre a guerra.

– Fui enviado de Cartago para pedir-lhes a paz – disse ele. – Mas não será uma decisão sábia, se assim resolverem. É verdade que perdemos algumas batalhas, mas nossos exércitos estão ganhando terreno a cada dia. Os cartagineses estão temerosos, e com razão. Mantenham a guerra um pouco mais, e Cartago logo será sua. Quanto a mim, vim me despedir de minha mulher, de meus filhos e de Roma. Amanhã retorno para a prisão em Cartago, pois foi o que prometi. Os conselheiros tentaram persuadi-lo a ficar.

– Vamos enviar uma outra pessoa em seu lugar.

– Como pode um romano deixar de cumprir com a palavra? Retrucou Régulo – Estou enfermo e certamente não viverei muito tempo mais. Volto, conforme o prometido. Sua família chorou muito e os filhos pediram que não os deixasse.

– Empenhei minha palavra. O resto se resolverá.

Despediu-se de todos e retornou corajosamente para a prisão, ao encontro da morte cruel que o esperava. Esse tipo de bravura foi o que fez de Roma a maior cidade do mundo.

Vale a reflexão.

Mas além de honestidade e coragem, é necessário também que o *compliance officer* tenha a chamada inteligência emocional.

7.2 INTELIGÊNCIA EMOCIONAL

Pode-se definir inteligência como a capacidade humana de analisar e resolver problemas. Entretanto, problemas podem se apresentar das mais diferentes formas. Para alguns, os problemas aparecem como dúvidas sobre o surgimento do universo, outros podem se interessar em como ganhar uma partida de pôquer ou de futebol.

Essencialmente, não temos uma única "inteligência". Somos o resultado de diversas inteligências, umas mais desenvolvidas que outras, mas todas necessárias para nossa sobrevivência.

Assim, um habilidoso jogador de futebol possui a inteligência corporal muito desenvolvida, enquanto Einstein certamente possuía uma das maiores inteligências lógico-matemáticas da História.

Não se deve falar, portanto, em pessoas mais ou menos inteligentes que outras, mas em pessoas com inteligências específicas que se traduzem em maiores habilidades para a solução de determinados problemas.

A inteligência emocional evolui com o passar dos anos e das experiências pessoais. É o que se chama maturidade.

A inteligência emocional do indivíduo se relaciona com a compreensão que ele tem de si mesmo, de suas emoções e da maneira com que lida com elas. A atividade de *compliance officer* exige a capacidade de autocontrole e de serenidade. Saber sobre si mesmo torna a pessoa menos preocupada com críticas e menos propensa a desejar agradar aos demais.

Além disso, conhecer a si mesmo torna a pessoa menos propensa a distorcer os fatos baseados em visões preconcebidas. Saber de si significa ter consciência inclusive dessas predisposições e tentar compensá-las com uma análise racional dos fatos e do comportamento das pessoas.

Ademais, a pessoa inteligente emocionalmente sabe captar e compreender os desejos, necessidades e objetivos dos outros, sem que isso signifique, necessariamente, concordância, mas sim, muitas vezes, acolhimento e orientação, quando possível.

A habilidade de explicar e de convencer também é essencial para a atividade do *compliance officer*, que deve exercer uma liderança ética dentro da empresa. Assim, a liderança exigida do *compliance officer* deve se dar pela persuasão dos *stakeholders* de que as soluções baseadas no compromisso da ética com os negócios são o melhor caminho para a empresa.

Note-se que *compliance* é tema que engloba todos os funcionários da empresa, sendo todos eles responsáveis por sua aplicação rotineira. Todos os envolvidos na atividade da empresa devem estar cientes de que as violações de conduta devem ter consequências disciplinares. Mas isso deve ser secundário, pois educar e convencer as pessoas sobre a cultura de *compliance* é o foco primeiro.

Também é importante ressaltar que a pessoa que conhece e entende suas próprias emoções – surpresa, frustação, alegria, raiva, medo, ansiedade, entre outras –, bem como os efeitos que elas geram em seu corpo, saberá lidar melhor com as situações de conflito e de estresse pelas quais passa diariamente quem trabalha na área de *compliance*.

Saber administrar bem as emoções é essencial, por exemplo, durante uma reunião tensa ou durante a redação de um *e-mail* ou memorando em resposta a uma demanda mal-educada.

Nada pior que reuniões com pessoas que não conseguem segurar a ansiedade e que falam na hora errada ou que não deixam os outros falarem.

Isso vale também para aqueles que, diante da divergência de opiniões, passam a usar tons agressivos, estúpidos, ríspidos ou de má educação. Vale ressaltar que atuar com urbanidade e espeito é obrigação de qualquer profissional, e não um favor, sob pena de se caracterizar assédio moral, conforme o caso.

Se o assunto da reunião, por si só, já é estressante, cabe a seus participantes atenuar o ambiente, na medida do possível.[5]

Isso é agir com inteligência emocional. E quem a detiver saberá enfrentar muito melhor esse tipo de situação, sem dúvida.

Como enfatiza Daniel Goleman, em seu artigo *"What Makes a Leader?"*:[6]

> I have found however, that the most effective leaders are alike in one crucial way: They all have a high degree of what has come to be known as emotional intelligence. It´s not that IQ and technical skills are irrelevant. They do matter, but mainly as "threshold capabilities"; that is, they are the entry-level requirements for executive positions. But my research, along with other recent studies, clearly shows that emotional intelligence is the sine qua non of leadership. *Without it, a person can have the best training in the world, an incisive, analytical mind, and an endless supply of smart ideas, but he still won´t make a great leader.* (destacamos)

Dito de outra forma, de nada adianta a pessoa ser muito capacitada intelectualmente, com alto quociente de inteligência – QI –, tendo cursado MBA, LL.M., mestrado, doutorado ou ostentar certificações importantes, se ela não souber lidar com suas próprias emoções. Será um desperdício de talento.

---

5. Como escreve Richard Templar, as reuniões não precisam ser necessariamente entediantes. Ele inclusive sugere que elas sejam divertidas. Mas esclarece: "Fun means not being stuffy, allowing people to be themselves and to bring their own contribution. Fun means allowing people to share things that have made them laugh without being frowned on. Fun is about letting people tell stories or anecdotes that lighten the mood (just know when to say, "Right, back to business")". TEMPLAR, Richard. *The rules of management*. Harlow, Inglaterra: Pearson, 2015, p. 15.
6. GOLEMAN, Daniel. *What Makes a Leader?* Harvard Business School' – HBR'S 10 Must Reads On Emotional Intelligence. Boston, Massachusetts, EUA: Harvard Business Review Press, 2015, p. 1.

O seu alto QI apenas servirá como uma chave para lhe abrir várias portas, mas não será o suficiente para mantê-la dentro do posto de comando. Essa pessoa não dará conta de tanta pressão ou de tantas situações nas quais tenha que saber dialogar com respeito e sem cansar. Ou, se der conta, será com um custo elevadíssimo para si mesma, para sua equipe e até para sua família.

A empresa se beneficia muito mais com o *compliance officer* que sabe se relacionar e *negociar* – esta sim a palavra-chave para a profissão – de maneira mais amistosa e com mais bom senso possível, sempre controlando suas emoções nas horas necessárias, que com aquele muito capacitado, mas centrado apenas em si mesmo e/ou inábil.[7]

Como recomenda Jeffrey L. Seglin[8] ao comentar sobre conflitos no ambiente de trabalho:

- Deal with conflicts calmly and directly;
- Take a deep breath before attaching the issue head on. Letting things cool off rather than escalate often proves more fruitful;
- Don't ever become the person you swore you´d never become. Show integrity rather than fighting dirty by spreading gossip or trapping a coworker to win a dispute;
- *Be patient. Don't escalate. Don't be a jerk. Be the better person.* (destacamos)

7.3 FORMAÇÃO ACADÊMICA

O *compliance officer* bancário deve ter sólida formação e a primeira e mais comum indagação é aquela relativa à formação acadêmica do profissional. Necessita ele, obrigatoriamente, ser graduado em *Direito*?

Não, em absoluto. Tanto assim que grande parte dos excelentes *compliance officers* brasileiros e estrangeiros não ostenta esta formação. Mas esta resposta merece alguns complementos importantes.

Como sabido, quem ingressa na Faculdade de Direito desde cedo demonstrou inclinação para as áreas humanas. Além disso, tem tendência a ser mais comunicativo que a média, já que a língua portuguesa é sua ferramenta principal.

---

7. Para Roger Fischer, William Ury e Bruce Patton, "*O desafio não é eliminar conflitos, mas transformá-los. É mudar o modo como lidamos com nossas diferenças – em vez de conflitos antagônicos e destrutivos, solução de problemas de forma conjunta e pragmática. Não devemos subestimar a dificuldade dessa tarefa, que, no entanto, é o que há de mais urgente no mundo de hoje*". Op. cit., p. 13. (grifamos)
8. SEGLIN, Jeffrey L. *The Simple Art of Business Etiquette*. Berkeley, California, EUA: 2015, Tycho Press, p. 143.

Essas duas características – gostar das áreas humanas e ser comunicativo –, por si só, já favorecem o indivíduo que irá lidar diariamente com um emaranhado de normas, especialmente no Brasil, e com milhares de pessoas, como encontramos em uma grande instituição financeira.

Desde cedo, no ambiente acadêmico, teve então contato com disciplinas que são importantíssimas na formação do *compliance officer*, quais sejam: Filosofia do Direito, Sociologia, Ética, Direito Empresarial, Direito Penal, Direito do Trabalho, Direito Bancário, Direito Público/Administrativo, Direito Civil, Direito do Consumidor, e, em algumas Faculdades, até as fascinantes disciplinas de Técnicas de Negociação e Arbitragem e de Psiquiatria Forense.

Pensar que todas essas matérias não seriam de enorme valia para o profissional do *compliance* seria negar o óbvio, com todo o respeito aos que pensam o contrário.

Isto porque as tarefas por ele enfrentadas diuturnamente envolvem exatamente lidar com pessoas (áreas de humanas),[9] na maioria das vezes em situações de alto nível de estresse (aspecto emocional), motivadas por condutas cuja ética está sendo questionada (filosofia e ética) internamente ou por órgãos regulatórios (Direito Trabalhista, Consumerista e Público/Administrativo), de cujas conclusões poderá haver sanções no seio da empresa (Direito Empresarial e Trabalhista) ou até mesmo na esfera judicial (Direito Empresarial, Penal, Civil, Consumerista e Público/Administrativo).

Ademais, desde o primeiro ano de faculdade de Direito, o aluno aprende (i) a interpretação das normas jurídicas – a chamada "hermenêutica"[10] –, bem como (ii) as regras de integração de leis – situações nas quais a lei é omissa –, (iii) de solução de conflito de normas no tempo e (iv) de eficácia territorial.

Qual o alcance daquela determinada norma? O que o legislador quis dizer neste parágrafo? Qual das duas regras que disciplinam a mesma matéria está valendo? Como devo cumprir esta lei se aquela outra diz exatamente o contrário,

---

9. Isso não significa não lidar com números. Mas essa outra tarefe é, a nosso ver, muito secundária frente à interação com pessoas e normas.
10. Como nos ensina Montoro, todas as normas devem ser interpretadas, mesmo as aparentemente mais simples: "A interpretação é sempre necessária, sejam obscuras ou claras as palavras da lei ou de qualquer outra norma. É sempre preciso determinar seu sentido e alcance. Naturalmente, quando o texto é claro, a interpretação é mais fácil e surge espontaneamente. Mas quando o texto é obscuro a interpretação é mais difícil e por isso sua necessidade se evidencia. Por outro lado, como adverte Coviello, a clareza de um texto é algo muito relativo e subjetivo: o que parece claro a alguém pode ser obscuro para outrem. Ou ainda, uma palavra pode ser clara segundo a linguagem comum e ter, entretanto, um significado próprio e técnico, diferente do sentido vulgar. Daí a necessidade de interpretação de todas as normas jurídicas". MONTORO, André Franco. *Introdução à Ciência do Direito*. 26. ed. São Paulo: Ed. RT, 2005, p. 432.

mas é menos específica? O CMN ou o BACEN tinham competência para regulamentar aquela Lei desta ou daquela determinada maneira?[11]

Todas essas questões são respondidas por meio de critérios obrigatoriamente aprendidos no curso de Direito.

Como bem destacam André de Carvalho Ramos e Erik Frederico Gramstrup:[12] "É vital que o operador do Direito saiba que argumento invocar, como também que o membro de uma comunidade humana saiba a que norma deve prestar obediência ou não. É ainda relevante apurar quando há critério de decidibilidade evidente ou não. Por isso, jamais se deixará de discutir, principalmente no âmbito profissional, quais são as fontes pelas quais o Direito é produzido e revelado".

Destaque-se também o papel *político/diplomático* desenvolvido pelo *compliance officer* em um cenário de grande dinâmica negocial. Nessa função, ele tem que saber conciliar os vários interesses em conflito. Tem que demonstrar habilidade de comunicação e de negociação.

De todas essas etapas participa o *compliance officer* diligente e atento. A leitura de todos os relatórios produzidos por sua equipe ou pela auditoria (interna ou externa) é seu dever.

E nessa atividade, muitas vezes maçante, ter os conhecimentos jurídicos o ajudará a compreender melhor qual o caminho a seguir, pois compreenderá bem todos os riscos operacionais envolvidos e o possível passivo que cada atitude sua poderá gerar. Outrossim, referida formação acadêmica será de enorme valia para os diálogos com o departamento jurídico, com o Conselho de Administração e autoridades externas.

Por todo o aprendizado acima, que o acompanhará por toda a carreira, é que a graduação em Direito é um diferencial importantíssimo a favor do *compliance officer*.

---

11. Como afirma Philippe Montigny, "It is not easy for a CEO to understand that it is one thing to believe that respect for the law is fundamental, but another to ensure that all laws are respected. In other words, when the law states what it is necessary to do, it is easy to follow instructions. *But when the law states what must not be done, things become more complicated. Let's look at corruption: it is forbidden to confer, directly or indirectly, anything of value to obtain an undue advantage. What is "anything of value"? What is "indirectly"? What is "an undue advantage"? It is the Compliance Officer's role to clarify these questions and to implement procedures which will ensure that everyone understands the stakes and respects the ban on corrupt activity"*. Artigo "How can the CCO and the CEO build a profit-making relationship?" Disponível em: https://medium.com/@Philippe_Montigny/how-can-the-cco-and-the-ceo-build-a--profit-making-relationship-69f775b06ef3. Acesso em: 28 jun. 2023. (grifamos)
12. RAMOS, André de Carvalho e GRAMSTRUP, Erik Frederico. *Comentários à Lei de Introdução às Normas do Direito Brasileiro* – LINDB. São Paulo: Saraiva, 2016, p. 43.

Mas isso não significa que os não formados em Direito não possam adquirir esses conhecimentos. Muito pelo contrário.

O primeiro passo e o mais recomendado é (i) complementar a formação de origem com a faculdade de Direito. Na impossibilidade, haverá ainda duas outras soluções absolutamente viáveis: (ii) cursos de pós-graduação ou mesmo cursos específicos – sem prejuízo de palestras, encontros, congressos etc. – focados em determinados ramos do Direito e/ou (iii) cercar-se então de assessores jurídicos capacitados para esse necessário suporte técnico.

Mas a adoção de pelo menos uma dessas três soluções apontadas parece ser altamente recomendável.

7.4 CONHECIMENTO DA ATIVIDADE BANCÁRIA

Além dos apontamentos feitos acima em relação ao Direito, o profissional da área de *compliance* bancário tem que se manter sempre atualizado em várias áreas do conhecimento.

Não basta ter a graduação, mesmo que em Direito. Ele tem que buscar se especializar, frequentar palestras, congressos e encontros, ler livros sobre o tema, e assim por diante. É o mínimo que a instituição espera dele.

E mais: tem obrigatoriamente que buscar absorver os conhecimentos e experiências que os engenheiros – especialmente os de produção –, os economistas e os administradores de empresas têm e que ele não possui.

Isso porque a rotina bancária envolve transações e operações diárias as quais dizem respeito não somente à área jurídica e ao *compliance*. Afinal, a "locomotiva" de um banco é a sua área comercial e não a jurídica, certamente.

As instituições financeiras estão a todo instante planejando alterações em seus modelos de negócios, em sua tecnologia, em sua rede de agências, em seu quadro de funcionários, na forma como se relacionam com os clientes etc.

E muitas dessas operações de cunho político-administrativo irão passar pelas mãos do *compliance officer*. Seja na fase anterior à implementação, seja na fase posterior.

O *compliance officer* bancário, durante todo esse processo, vê-se à mesa com engenheiros de produção, economistas e com administradores, tendo que debater com eles sobre toda sorte de problemas. Tem que fazer com que eles o entendam, usando linguajar amigável e compreensível – diferentemente do que infelizmente ocorre com alguns departamentos jurídicos – além de também entender o que eles desejam.

Ou seja, tem que aprender e entender o vocabulário, os conceitos, a *cultura* e, ainda, as prioridades de todas as áreas da empresa.

Em relação à cultura de um grupo, Edgard Schein e Peter Schein[13] nos dão uma interessante definição:

> The culture of a group can be defined as the accumulated shared learning of that group as it solves its problems of external adaptation and internal integration; which has worked well enough to be considered valid and, therefore, to be taught to new members as the correct way to perceive, think, feel, and behave in relation to those problems. *This accumulated learning is a pattern or system of beliefs, values, and behavioral norms that come to be taken for granted as basic assumptions and eventually drop out of awareness. (...) Culture is ultimately a characteristic of a group, just as personality and character are ultimately characteristics of an individual.* (grifamos)

Entender a cultura e as necessidades da empresa não significa, contudo, curvar-se ou ceder a pressões em detrimento da legalidade e/ou da ética dos negócios. Jamais. Significa, sim, o estabelecimento da dialética, da comunicação sadia.

Nesse aspecto é importante frisar que todo *compliance officer* deve ser curioso. Sim, a curiosidade é essencial para quem está ou almeja trabalhar na área. É ela que leva o responsável por essa área tão sensível da empresa a questionar como e por que os procedimentos internos se dão. Só assim haverá a percepção dos erros e as necessárias melhorias.

Somente uma mente curiosa irá perceber que uma série de condutas até então tomadas na inércia dentro da instituição, às vezes há anos, estão em choque com a legislação e/ou com a normatização da própria instituição. A curiosidade leva ao estudo e à compreensão. Só assim haverá evolução nas rotinas internas.

Mas ser curioso não quer dizer ser intruso ou desagradável. Há que se respeitar a hierarquia e as competências de cada área. Toda informação julgada importante e não disponível deve ser solicitada formalmente, de forma documentada, a quem a deter.

Tudo deve ficar muito bem *documentado*,[14] para memória e segurança de todos os envolvidos, especialmente do próprio *compliance officer*, que tem o dever

---

13. SCHEIN, Edgard H. and SCHEIN, Peter, *Organizational Culture and Leadership*. New Jersey, EUA: Wiley, 2017, p. 6, 127.
14. Inclusive para os fins do art. 5º, I, "a" e "b", da Resolução 4.968/2021, em vigor desde 1º.01.2021, que assim determina: "Os sistemas de controles internos devem prever: I – quanto aos aspectos relacionados à cultura de controle: a) definição das responsabilidades dos funcionários nos sistemas de controles internos e dos respectivos meios para o seu eficaz cumprimento; b) obrigatoriedade de comunicação tempestiva ao adequado nível gerencial, por parte dos funcionários, de: 1. problemas nas operações; 2. situações de não conformidade com os padrões de conduta definidos pela instituição; e 3. violações das políticas da instituição ou de disposições legais e regulamentares (...)."

de comunicar ao Conselho de Administração sobre todos os assuntos sensíveis e importantes para a instituição.

Em resumo, o ideal – sempre há exceções – é que o *compliance officer* tenha, sim, formação jurídica e que busque sempre complementar seus conhecimentos nas áreas de engenharia de produção, produtos financeiros/bancários – por meio das *certificações da Anbima*, por exemplo –, economia, tecnologia da informação, inteligência artificial, transformação digital e administração de empresas.

7.5 DOMÍNIO DA LÍNGUA INGLESA

Além do todo exposto, independentemente da formação acadêmica, é necessário o domínio, no mínimo, da língua inglesa.

Algumas gerações passadas ainda podiam "se dar ao luxo" de alegar que não tiveram acesso às escolas de inglês, em virtude de preço ou localização, ou que não tiveram essa orientação no tempo correto.

Mas todos aqueles nascidos após a década de 1980, por exemplo, não podem usar essas desculpas. As escolas de inglês se multiplicaram pelo país, com preços muito mais atrativos. Até pela *internet* (EAD – ensino a distância) a pessoa interessada consegue aprender. Há também aplicativos específicos para *smartphones*.

Não se pode mais alegar que o inglês é algo difícil. Difícil é obter e manter um emprego de alta responsabilidade no mercado mundial atual sem o conhecimento – pelo menos – do inglês.

Como o leitor já notou, neste livro são encontradas citações em inglês, sem tradução, até para que não se percam os conteúdos pretendidos pelos respectivos autores. Outras citações foram traduzidas livremente.

Finalmente, as melhores certificações internacionais em *compliance* e/ou em PLD/FT têm suas aulas preparatórias e provas aplicadas em inglês. Excelentes cursos disponíveis no exterior também são, em sua imensa maioria, ministrados na língua inglesa. E os cursos já disponíveis no Brasil indicam bibliografia estrangeira, quase sempre em inglês.

Neste cenário, investir tempo e dinheiro no conhecimento da língua é fundamental.

8
AS RELAÇÕES INTERNAS DO *COMPLIANCE OFFICER* BANCÁRIO E SUAS ESPECIFICIDADES

O *compliance officer* deve conhecer muito bem todas as áreas da própria instituição financeira na qual trabalha, porque com elas manterá contatos diários.

Ele não pode ser visto apenas como um "grande resolvedor de problemas", pois sua função vai muito além disso. Cabe a ele zelar pela ética e pela legalidade dentro de toda a empresa, como já dito anteriormente.

Nessa missão, ele deverá ter, obrigatoriamente, bom trâmite perante todas as áreas da instituição. E na relação com as mais diversas áreas da empresa deverá considerar a especificidades de cada uma delas. Cada área tem um escopo, uma forma de ver a atividade bancária e até um vocabulário próprio. Caso contrário seu cotidiano será um verdadeiro martírio e a cultura de integridade não encontrará eco na empresa.

Não se quer com isso dizer que ele tenha que ser amigo ou inimigo, das pessoas com as quais interage. Ele tem que exercer a sua função – diplomaticamente – com muita seriedade, mas sem nunca perder a gentileza, a urbanidade, o respeito e a empatia.

Ser gentil, urbano e respeitoso não é favor a ninguém. É obrigação de todos. E ter/desenvolver empatia é necessário para que ele consiga se colocar na posição daquele determinado funcionário objeto de eventual controvérsia, buscando entender sempre as circunstâncias nas quais o trabalho da pessoa foi – bem ou mal – desenvolvido.

Muitas vezes o *compliance officer* perceberá que, embora o funcionário estivesse realmente, errado em sua conduta,[1] assim agiu em nome da equivocada cultura da própria empresa e/ou pressionado por um eventual assédio moral, por exemplo. As soluções em ambos os casos deverão ser estruturais e não apenas pontuais.

---
1. Sendo então necessária a devida reação, nos termos da legislação trabalhista.

Se não pode contar *a priori* com o mesmo grau de comprometimento (com a conformidade) de todos os funcionários da empresa – até por isso sua existência foi idealizada – pelo menos ele tem que obter deles a boa vontade para um debate objetivo, franco e honesto.

Da mesma forma, somente conhecendo as demais áreas da instituição é que saberá quais as dificuldades, vulnerabilidades, riscos e necessidades de cada uma delas. Poderá, assim, de fato, também, entender a verdadeira cultura da empresa. Além disso, aprenderá os vocabulários específicos.[2]

Também terá facilitado o diálogo com os demais *compliance officer*s de outras áreas do banco, além do varejo, tais como mercado de capitais, seguradora e tecnologia da informação, por exemplo – tudo dependendo sempre do organograma de cada instituição, obviamente.

Em suma, o *compliance officer* tem que conhecer muito bem a empresa, até mesmo antes de se aprofundar e de cobrar das outras pessoas os programas "conheça seu cliente", "conheça seu funcionário", "conheça seu fornecedor" e "conheça seu parceiro", previstos e bem definidos no Normativo 11/2013 SARB – Sistema de Autorregulação Bancária – da Febraban, que foi atualizado em 2018.[3]

Conhecer a própria instituição e a cultura nela vigente, ademais, é essencial na luta do *compliance* contra assédios, violências e preconceitos no ambiente corporativo.

Importante aqui mencionar e comentar sobre as principais áreas com as quais o *compliance officer* bancário do segmento varejo interage diariamente, e enfatizar qual a importância de cada um desses laços.

Fundamental que tão logo seja promovido ou tome posse no cargo, ele tenha o cuidado e a gentileza de visitar todas as áreas envolvidas tanto para (i) se

---

2. Por meio das certificações da Anbima, por exemplo.
3. "Deliberação 16/2018. *Seção* II – Conheça seu Funcionário – (KYE – "Know Your Employee") Art. 31 As "Signatárias" devem adotar regras, procedimentos e controles internos de seleção, acompanhamento da situação econômico-financeira e monitoramento das transações realizadas por seus colaboradores, quando aplicável, visando à prevenção à lavagem de dinheiro e ao financiamento do terrorismo. Seção III – Conheça seu Fornecedor (KYS – "Know Your Supplier") Art. 32 As "Signatárias" devem adotar regras, procedimentos e controles internos para identificação e aceitação de fornecedores e prestadores de serviços, de acordo com o perfil e o propósito de relacionamento, prevenindo a contratação de empresas inidôneas ou suspeitas de envolvimento em atividades ilícitas. Seção IV – Conheça seu Parceiro (KYP – "Know Your Partner") Art. 33 As "Signatárias" devem adotar regras, procedimentos e controles internos para identificação e aceitação de parceiros comerciais, de acordo com o perfil e o propósito de relacionamento, visando prevenir a realização de negócios com contrapartes inidôneas ou suspeitas de envolvimento em atividades ilícitas, bem como assegurar que eles possuam procedimentos adequados de prevenção à lavagem de dinheiro e ao financiamento do terrorismo, quando aplicável".

apresentar quanto (ii) para solicitar informações sobre a missão, as necessidades e a rotina daquele determinado braço da instituição.

Se já não as conhecia antes da contratação ou da promoção, deverá se submeter a um *"tour"* por todas as demais áreas/diretorias para obter um contato direto com elas – passando um dia de trabalho em cada uma delas, por exemplo. Partimos da premissa de que a alta administração apoia essa ideia – exteriorização do *"tone at the top"* e do *"walk the talk"*.

Os resultados são surpreendentemente produtivos, já que a apresentação pessoal é sempre mais benéfica e menos fria que a mera troca de e-mails formais. Após um primeiro contato pessoal, a relação entre as pessoas tende ser mais amistosa e aberta, com os laços de confiança facilitados.

Abaixo, as principais áreas de interação do *compliance officer* dentro de um banco múltiplo, as quais devem ser aliadas do *compliance*.

8.1 CONSELHO DE ADMINISTRAÇÃO, DIRETORIA E CONSELHO FISCAL

O relacionamento com a chamada alta administração deve ser, primeiramente, o mais cordato, urbano e respeitoso possível. Seja pessoalmente, seja por meio de memorandos ou *e-mails*, aqueles órgãos internos merecem todo o respeito do *compliance officer*.

Aliás, a observação acima serve para toda a empresa. Não se trata de temor reverencial, em absoluto, mas sim de regra de educação corporativa a ser levada diariamente a sério.

Ao mesmo tempo, o *compliance officer* tem o direito e o dever de exigir daqueles órgãos da alta administração o mesmo tratamento. Se não concordarem com sua posição técnica, e isso poderá ocorrer diversas vezes,[4] não terão nunca o direito de tratá-lo, em virtude disso, de maneira deselegante (regra que vale, aliás, para todas as profissões e cargos, como sabido).

O Conselho de Administração é órgão de deliberação e orientação geral colegiada da empresa, responsável por (i) garantir que os controles internos sejam efetivos, nos termos da Resolução CMN 4.968/2021.[5]

---

4. Mas nunca sistematicamente. Se isso ocorrer, o *compliance* será apenas *pro forma*, como já dito.
5. "Art. 8º O conselho de administração é responsável por garantir que: I – a diretoria da instituição tome as medidas necessárias para identificar, medir, monitorar e controlar os riscos de acordo com os níveis de riscos definidos; II – as falhas identificadas sejam tempestivamente corrigidas; III – a diretoria da instituição monitore a adequação e a eficácia dos sistemas de controles internos; e IV – os sistemas de controles internos sejam implementados e mantidos de acordo com o disposto nesta Resolução."

É também o órgão colegiado responsável por (ii) aprovar a "política de conformidade" da instituição, conforme previsão da Resolução 4.595/2017 do CMN,[6] cuja disciplina vem elencada na Lei das Sociedades Anônimas, no art. 138 e seguintes.[7]

Merece destaque na LSA, o artigo 142, III, o qual prevê competir ao Conselho de Administração, "*fiscalizar a gestão dos diretores*, examinar, a qualquer tempo, os livros e papéis da companhia, solicitar informações sobre contratos celebrados ou em via de celebração, e quaisquer outros atos (...)".

Importante que se interpretem os atos do CMN sempre tendo em mente as obrigações e respectivos limites estipulados pela LSA aos administradores, especialmente para fins de eventual Processo Administrativo Sancionador – PAS, de cunho administrativo e não penal.[8]

---

6. Previsão do art. 4º. E são também atribuições do Conselho de Administração de acordo com a mesma Resolução 4.595/2017: "Art. 9º O conselho de administração deve, além do previsto no art. 4º desta Resolução: I – assegurar: a) a adequada gestão da política de conformidade na instituição; b) a efetividade e a continuidade da aplicação da política de conformidade; c) a comunicação da política de conformidade a todos os empregados e prestadores de serviços terceirizados relevantes; e d) a disseminação de padrões de integridade e conduta ética como parte da cultura da instituição; II – garantir que medidas corretivas sejam tomadas quando falhas de conformidade forem identificadas; e III – prover os meios necessários para que as atividades relacionadas à função de conformidade sejam exercidos adequadamente, nos termos desta Resolução".
7. "*Conselho de Administração e Diretoria. Administração da Companhia. Art. 138. A administração da companhia competirá, conforme dispuser o estatuto, ao conselho de administração e à diretoria, ou somente à diretoria. § 1º O conselho de administração é órgão de deliberação colegiada, sendo a representação da companhia privativa dos diretores. § 2º As companhias abertas e as de capital autorizado terão, obrigatoriamente, conselho de administração. § 3º É vedada, nas companhias abertas, a acumulação do cargo de presidente do conselho de administração e do cargo de diretor-presidente ou de principal executivo da companhia.* (Incluído pela Lei 14.195, de 2021)
(...)
Art. 143. A Diretoria será composta por 1 (um) ou mais membros eleitos e destituíveis a qualquer tempo pelo conselho de administração ou, se inexistente, pela assembleia geral, e o estatuto estabelecerá (*Redação dada pela Lei Complementar 182, de 2021*): I – o número de diretores, ou o máximo e o mínimo permitidos; II – o modo de sua substituição; III – o prazo de gestão, que não será superior a 3 (três) anos, permitida a reeleição; IV – as atribuições e poderes de cada diretor. *§ 1º Os membros do conselho de administração, até o máximo de 1/3 (um terço), poderão ser eleitos para cargos de diretores.* § 2º O estatuto pode estabelecer que determinadas decisões, de competência dos diretores, sejam tomadas em reunião da diretoria." (grifamos)
8. Em profunda obra sobre a responsabilidade penal de dirigentes de empresas por omissão, tema que não é objeto deste livro, mas que possui grande relevância jurídica, Heloísa Estellita, ao discorrer sobre o Conselho de Administração, leciona que "(...) E se há praticamente consenso quanto à posição de garantidor de vigilância dos membros da diretoria com relação a seus subordinados, esse consenso termina quando se discute acerca da posição de garantidor dos membros do conselho de administração. As dificuldades aqui parecem decorrer de uma característica intrínseca de sistemas duais de estruturação do poder social nas sociedades por ações que é a divisão de atribuições e poderes entre dois órgãos, segregando atividades de gestão e representação perante terceiros (administração da companhia em sentido estrito), atribuídas à diretoria, das atividades de supervisão e tomada de decisões estratégicas,

Vale também mencionar a regra introduzida pela Lei 14.195/2021 no art. 140 da LSA, segundo a qual, "na composição do conselho de administração das companhias abertas, é obrigatória a participação de conselheiros independentes, nos termos e nos prazos definidos pela Comissão de Valores Mobiliários". Trata-se de salutar regra de Governança Corporativa.

Reuniões do *Chief Compliance Officer* com o Conselho de Administração podem ser mais raras, diferente do que ocorre em relação à Presidência (CEO) e a outros Diretores, que são órgãos de representação e de execução dos atos da companhia.

Apesar de menos frequentes, importante ressaltar que, na medida do possível, o Conselho de Administração deve, sim, chamar o *CCO* para ser ouvido em reuniões, pois não pode haver distanciamento entre eles, como reflexo do "*tone at the top*".

Já a troca de memorandos e documentos entre a área de *compliance* e o Conselho de Administração é muito comum e deve ser sempre fomentada, inclusive para fins de *documentação* de toda a atividade do *compliance officer* na empresa.

Vale observar que em casos de gestão de crises na instituição, reuniões entre todos os órgãos são frequentes. Exemplo desse tipo de crise é a greve promovida pelo sindicato dos bancários, geralmente na época do dissídio coletivo, quando é posto em ação um plano de contingência.

Quanto aos deveres do Conselho de Administração, que tem competência para, além de determinar os rumos da empresa, eleger e destituir diretores (e cuja composição deve seguir as melhores regras de Governança Corporativa), importante ilustrar que a Lei das Sociedades Anônimas – 6.404/1976, com suas alterações posteriores – dispõe expressamente sobre os *deveres de diligência, de lealdade, de informar e de sigilo* dos administradores da companhia, conforme artigo 153 e seguintes da Lei.

Significa dizer, em resumo, que o administrador deve, ao gerir a empresa, adotar todas as cautelas possíveis, como faria em sua vida privada com seus próprios bens. Deve ainda ser leal aos interesses da companhia e seus acionistas, guardando sigilo sobre informações que possam gerar impactos no mercado, alterando, assim, o valor das ações. Finalmente, deve sempre informar quaisquer atos ou fatos relevantes nas atividades da companhia.

Em relação à responsabilidade dos administradores, vale a regra geral de que somente respondem perante a sociedade e perante os acionistas pelos prejuízos

---

atribuídas ao conselho de administração". ESTELLITA, Heloísa. *Responsabilidade penal de dirigentes de empresas por omissão*. São Paulo: Marcial Pons, 2017, p. 180.

que causarem no caso de agirem com culpa ou dolo ou em violação à lei ou ao estatuto da própria companhia.

Não respondem, pois, pelos atos regulares de gestão. Mas responderão se forem coniventes ou negligentes em relação aos atos de outros administradores ou se, deles tendo conhecimento, deixarem de agir para impedir a sua prática. Exime-se de responsabilidade o administrador dissidente que faça consignar sua divergência em ata de reunião do órgão de administração ou, não sendo possível, que dela dê ciência imediata e por escrito ao órgão da administração, no conselho fiscal, se em funcionamento, ou à assembleia geral (art. 158 da Lei das Sociedades Anônimas).

No campo penal, a Lei 6.385/1976, com suas alterações, que dispõe sobre o mercado de valores mobiliários e cria a Comissão de Valores Mobiliários, disciplinou os crimes contra o mercado de capitais. São eles, os crimes de "manipulação de mercado" (art. 27-C), "uso indevido de informação privilegiada" (art. 27-D – chamado *insider trading*) e de "exercício irregular de cargo, profissão, atividade ou função" (art. 27-E).

Finalmente, não podemos deixar de citar aqui o Conselho Fiscal, órgão colegiado de supervisão e controle das atividades da instituição, sendo, portanto, de extrema valia tanto para as funções de *compliance* como para as atividades de governança.

A Lei das Sociedades Anônimas, 6.404/1976, em seu art. 163, IV,[9] com suas alterações, traz detalhadamente quais as competências do órgão, destacando-se, dentre elas, o *poder-dever* de fiscalizar as contas da empresa e, ainda, de *denunciar fraudes e crimes nela cometidos*.

Assim, o *compliance officer* tem o dever de manter estreita relação com o Conselho Fiscal, pois ações conjuntas poderão vir a ser adotadas. Uma área complementa a outra.

Neste cenário, o *compliance officer* deve agir sempre demonstrando conhecimento técnico, mas sem ser prolixo ou rebuscado, lembrando que as pessoas que ocupam aquelas importantes cadeiras – na sua grande maioria engenheiros, administradores ou economistas, como já dito – estão sempre com a agenda tomada por diversos outros assuntos e compromissos.

Além disso, esses profissionais são extremamente pragmáticos. Não gostam de rodeios.

---

9. "Art. 163. Compete ao conselho fiscal: (...) IV – denunciar aos órgãos de administração, e se estes não tomarem as providências necessárias para a proteção dos interesses da companhia, à assembleia geral, os erros, fraudes ou crimes que descobrirem, e sugerir providências úteis a companhia; (...)."

A habilidade de ser bastante claro e objetivo, apesar de difícil, tem que ser aprendida e praticada diariamente, principalmente pelos advogados. Dependendo do organograma da instituição[10] e do cargo ocupado dentro da área de *compliance* (superintendente, por exemplo), o contato com a Diretoria por meio de reuniões é praticamente diário, além das centenas de memorandos mensais.

Portanto, quem ocupar um posto na área de *compliance* deve estar preparado, inclusive psicologicamente – inteligência emocional –, para ajudar a Diretoria da instituição a negociar, a solucionar problemas e a conciliar interesses – geralmente de ordem comercial – em choque muitas vezes com as posturas regulatórias. O reporte último é sempre, contudo, ao Conselho de Administração.

Deve-se estar comprometido em primeiro lugar com a legalidade e com o respeito às diversas normas existentes sobre os ramos do Direito Administrativo, Penal, Bancário e do Consumidor, principalmente.

Porém, isso não deve fazer do *compliance officer* uma máquina automática de respostas "Não, não pode".[11] Ele deve entender que os problemas vividos pela empresa também são seus e que, se houver uma única alternativa ética e legal que seja para um "sim", essa alternativa deve ser buscada por ele.

Como bem colocado por Nitish Singh e Thomas J. Bussen:[12]

> As any compliance manager knows, the compliance department is infamous for its reputation for saying no. Compliance is seen as the group of people who doesn´t know to have

---

10. "Basel Committee on Banking Supervision – Compliance and the compliance function in Banks – Head of Compliance. Each bank should have an executive or senior staff member with overall responsibility for co-ordinating the identification and management of the bank's compliance risk and for supervising the activities of other compliance function staff. This paper uses the title "head of compliance" to describe this position. In some banks, the head of compliance has the title "compliance officer", while in others the title "compliance officer" denotes a staff member carrying out specific compliance responsibilities. The nature of the reporting line or other functional relationship between staff exercising compliance responsibilities and the head of compliance will depend on how the bank has chosen to organize its compliance function. Compliance function staff who reside in operating business units or in local subsidiaries may have a reporting line to operating business unit management or local management. This is not objectionable, provided such staff also have a reporting line through to the head of compliance as regards their compliance responsibilities. In cases where compliance function staff reside in independent support units (e.g. legal, financial control, risk management), a separate reporting line from staff in these units to the head of compliance may not be necessary. However, these units should co-operate closely with the head of compliance to ensure that the head of compliance can perform his or her responsibilities effectively". Disponível em: https://www.bis.org/publ/bcbs113.pdf. Acesso em: 20 jun. 2023.
11. Como ensina Richard Templar, "*Be ready to say yes*. The good manager – that's you – tries to stay completely fresh. Not to get stuck in the same old ways of doing things. *That means not having a default mechanism of "No, we don´t do it like that"*. *Instead replace it with "That's an interesting idea. How do you think that would work?"*. TEMPLAR, Richard. *The rules of management*. Harlow, Inglaterra: Pearson, 2015, p. 74-75. (destacamos)
12. SINGH, Nitish and Thomas J. BUSSEN. Op. cit., p. 82.

fun. They inundate business with needless rules; they handcuff salespeople. They hurt the business, or at least that´s the perception. Part of the problem is that, if it may be said, there may be some truth to this.

Sempre que se puder atender à necessidade comercial da empresa, sem prejuízo ético, moral ou legal, a área de *compliance* não tem por que opor empecilhos ao crescimento da organização, fato que também é de seu interesse.

E o "não pode" ocorre muitas vezes, infelizmente, porque essa resposta é a mais fácil, mais simples e a mais rápida para se dar no calor de uma reunião onde os níveis de adrenalina geralmente estão alterados.

Aliás, as reuniões com o Conselho de Administração ou com a Diretoria de uma instituição financeira não são exatamente um lugar tranquilo em qualquer banco, mas o *compliance officer* deve estar preparado para esse ambiente de estresse.

Assim, a não ser que o assunto posto à mesa seja claramente antiético, afronte o código de condutas ou seja ilegal, é dever do *compliance officer* pedir um prazo para estudar as eventuais alternativas possíveis, sempre no intuito de que a empresa consiga prosseguir ou até expandir seus negócios.

Mas não a qualquer preço, pois os fins não devem justificar os meios.

Depois de estudar o caso controvertido com calma, a opinião deve vir com firmeza, sem nunca se esquecer do binômio honestidade e coragem: "sim" ou "não", mas de maneira clara, objetiva, técnica e fundamentada.

8.2 ÁREA COMERCIAL

Com a área comercial a relação costumava ser, no início dos anos 2000, por vezes, tormentosa, em virtude da errada crença de que o *compliance* teria sido criado para "atrapalhar" os negócios. Mas nada que os esclarecimentos prestados pelo *compliance officer* não resolvessem.

Hoje, porém, o cenário melhorou, *pelo menos em tese*. A cultura de *compliance* já está mais difundida entre todos os funcionários das instituições financeiras, estando a tarefa do *compliance officer* muito mais bem recebida hoje que há mais de vinte anos, quando foi publicada a Resolução 2.554/1998 do CMN.[13]

Atualmente, como regra geral, a área comercial já se convenceu da importância do *compliance*, até mesmo para sua própria segurança jurídica e existência.

---

13. "Art. 5º O sistema de controles internos deverá estar implementado até 31.12.1999, com a observância do seguinte cronograma: I – definição das estruturas internas que tornarão efetivos a implantação e o acompanhamento correspondentes – até 31.01.1999".

Mas ainda há muitas exceções: áreas comerciais que infelizmente encaram o *compliance officer* como um entrave aos negócios. É a visão deturpada da cultura de *compliance* que ainda precisa ser lapidada, mesmo após passadas mais de duas décadas desde a entrada em vigor da referida Resolução do CMN.[14]

Como sabido, a área comercial de um banco é um espaço muito dinâmico, sempre pressionado por metas altíssimas – muitas vezes inalcançáveis –, sendo que o cenário econômico do país tem sempre influência direta na captação e no empréstimo de recursos.

Retirar funcionários das agências para reuniões sobre regularização de documentos e recadastramento, por exemplo, não é uma tarefa das mais desejadas por quem foi contratado para vender produtos bancários e para cumprir metas comerciais.

Ocorre que não há, nem nunca houve, distinção entre funções dentro de um banco que precisam observar a lei e outras que não precisam.

Por óbvio, absolutamente todos têm que obedecer à legislação em vigor – leis e normas dos órgãos reguladores, além das normas internas da própria instituição –, "gostem" ou não da tarefa.

Diante disso, a área comercial é que tem que se adaptar ao *compliance*. Nunca o contrário.

Nem que para isso as metas e os lucros tenham eventualmente que sofrer alterações – para baixo – durante períodos de acomodação do mercado a todos esses atos normativos, como ocorreu em relação à Lei de Lavagem, à Resolução 2.554/1998 e à Lei Anticorrupção.

Assim, o *compliance officer* deve estabelecer esse diálogo franco com a área comercial a fim de (i) esclarecer a sua própria função e importância dentro da instituição, (ii) dar treinamentos sobre todos os atos normativos que tenham impacto no cotidiano comercial, bem como, ainda, (iii) verificar e cobrar o cumprimento de todo aquele conteúdo transmitido.

E nos casos de desrespeito às normas, cabe a ele a tarefa de tentar corrigir e ensinar, de acionar a Auditoria e/ou o Conselho Fiscal, de sugerir a demissão à alta administração ou até mesmo de denunciar os fatos às autoridades competentes, conforme o caso.

Assim, devem ambas as áreas – comercial e *compliance* – atuar em harmonia na busca da preservação da marca e da imagem da instituição financeira, mesmo que à custa de alguns supostos "bons" clientes sob a ótica meramente comercial.

---

14. Resolução 2.554/1998 revogada pela Resolução CMN 4.968/2021, desde 1º.01.2022.

Como exemplo de descompasso entre as áreas comercial e de *compliance*, podemos citar as multas aplicadas aos bancos BNP Paribas, Rabobank e Wells Fargo no exterior.

O primeiro deles, que tem sede na França, recebeu nos Estados Unidos multa recorde para a época – 2015 – de quase US$ 9 bilhões por ter permitido transações feitas pelos governos do Sudão, do Irã e de Cuba, países aos quais os EUA haviam imposto sanções econômicas.[15]

Já em relação ao banco com sede na Holanda – Rabobank – houve a aplicação de multas que totalizaram US$ 1 bilhão. Tudo em virtude da manipulação de taxa de juros (Libor) pela instituição.[16] Além disso, foi decretada a prisão de dois de seus funcionários.[17]

Finalmente, outro banco que teve sua imagem seriamente comprometida em virtude de ilegalidades cometidas durante sua conduta comercial foi o banco norte-americano Wells Fargo.

O escândalo envolvendo o referido banco deu-se em função da abertura de mais de 2 milhões de contas e cartões de crédito sem o conhecimento dos clientes, fatos ocorridos durante anos. Senhas eram criadas e cartões ativados, tudo sem o conhecimento dos clientes.

A fraude levou à demissão de mais de 5 mil funcionários do banco e implicou a renúncia de seu CEO.[18] Além disso, em fevereiro de 2020, o banco concordou em pagar multa de US$ 3 bilhões fixada pelas autoridades norte-americanas DOJ e SEC.

Infelizmente, essa conduta do banco Wells Fargo já foi vista muitas vezes entre nós, brasileiros. Na busca pelo alcance de *metas* e de bônus de desempenho, gerentes de contas acabam por vezes simulando – "turbinando", podemos por assim dizer – a contratação de produtos. Ou então abrem contas "frias" sem qualquer preocupação ou cuidado.

Há, também, a chamada "venda casada", prática abusiva vedada pelo Código de Defesa do Consumidor, e que, infelizmente, ainda é comum entre nós. Ela ocorre ao se condicionar a contratação de um produto a outro. Por exemplo,

---

15. Disponível em: https://www.justice.gov/opa/pr/bnp-paribas-sentenced-conspiring-violate-international-emergency-economic-powers-act-and. Acesso em: 25 jun. 2023.
16. Disponível em: https://www.reuters.com/article/us-rabobank-libor-idUSBRE99S0L520131029. Acesso em: 24 nov. 2021.
17. Disponível em: http://www.fcpablog.com/blog/2016/3/14/us-jails-two-former-rabobank-traders-for-rigging-libor.html. Acesso em: 24 nov. 2021.
18. Disponível em: http://g1.globo.com/economia/negocios/noticia/2016/10/wells-fargo-anuncia-renuncia-de-ceo-apos-escandalo-de-fraude-bancaria.html. Acesso em: 25 jun. 2023.

abertura de conta corrente condicionada à contratação de um outro produto bancário atrelado àquela conta.

Num ciclo vicioso, após o fechamento das campanhas comerciais, os gerentes que simularam contratações procedem, então, ao cancelamento do contrato simulado: tudo com o único fim de maquiar seus resultados perante a administração.

E na grande maioria das vezes, o cliente sequer toma ciência daquela "contratação" supostamente feita por ele, pois o cancelamento pelo funcionário da instituição se dá de forma bastante rápida, exatamente com o objetivo de o fato não chegar ao conhecimento do correntista.

Tal conduta já representava verdadeira afronta à Resolução 4.283 do CMN que já versava sobre "*suitability*" desde 2013. O termo significa que o banco tem a obrigação de aferir se o produto ou serviço ofertado é realmente adequado ao perfil e às expectativas do cliente.

A Resolução CMN 4.949/2021, que revogou a Resolução 4.283/2013, em vigor desde 01/03/2022, é a norma que trata do tema. Em seus artigos 4º, I e 7º, parágrafo 1º, a *adequação* do produto/serviço às necessidades do cliente é expressamente prevista.[19] "Suitability" é, pois, questão que está diretamente ligada ao programa KYC.

Sem falar da grave infração que isso representa ao consumidor e ao sistema financeiro como um todo, temos que refletir sobre o peso que as metas comerciais têm sobre a geração dessas distorções.

Por mais agressivo e competitivo que o mercado bancário seja, não é possível que se conviva com metas muitas vezes já criadas para não serem atingidas e apenas com o propósito de impor ao funcionário uma tarefa impossível de ser cumprida.

Felizmente a Resolução CMN 4.949/2021 enfrentou – entre outros temas ligados ao relacionamento com clientes e usuários de produtos e serviços – a questão das metas dissociadas da realidade.

O artigo 8º andou bem ao prever que:

> As instituições de que trata o art. 1º devem: I – promover o *equilíbrio das metas de resultados e de incentivos associadas ao desempenho* de funcionários e de correspondentes no País com as diretrizes e os valores organizacionais previstos na política institucional de que trata o art. 6º; e II – *tratar adequadamente eventuais desvios* relacionados ao contido no inciso I. (destacamos)

---

19. Na órbita da CVM, vigora a Resolução CVM 30/2021.

Ou seja, as metas devem ser equilibradas exatamente para que o fenômeno acima comentado – existência, na prática, de metas não factíveis – não continue a ocorrer no país. Com o adequado ajuste das metas, os bônus de desempenho devem seguir o mesmo rumo.

Importante interpretar sistematicamente o referido artigo 8º à luz, também, do artigo 5º, I, "c", da Resolução 4.968/2021 do mesmo CMN, que expressamente proibiu o estabelecimento de metas que incentivem a *tomada de riscos* em descompasso com os níveis determinados pela alta administração.[20]

Neste cenário normativo vemos o merecido e necessário prestígio de regras e princípios (i) de Direito do Consumidor, (ii) de Direito do Trabalho, de (iii) PLD/FT e de (iv) ABR/RBA.

Isto porque, ao mesmo tempo em que se protegeu o consumidor com a chamada *suitability*, também os funcionários das instituições financeiras tiveram sua *dignidade e saúde mental* preservadas, coibindo-se o estabelecimento de metas irreais ou dissociadas da realidade local.

Ademais, as políticas de PLD/FT e de ABR/RBA são valorizadas ao se evitar que os funcionários assumam riscos desproporcionais, especialmente se considerarmos o programa KYC, o qual não pode ser deixado de lado em nome do atingimento de uma meta comercial, desequilibrada ou não.

O cenário desenhado pela Resolução 4.949 é aquele em que sejam respeitados os princípios de "*ética, responsabilidade, transparência e diligência*, propiciando a convergência de interesses e a consolidação de imagem institucional de credibilidade, segurança e competência".[21]

Isso reforça a obrigação que o *compliance officer* tem de entender, não só o mercado financeiro, mas também especialmente o negócio e a forma de atuação da sua empresa no mercado.

Assim procedendo, além de controlador de riscos, ele será um verdadeiro *facilitador de negócios*, sempre na exata medida em que a legislação permitir.

Ou, nas palavras de Saloni P. Ramakrishna:[22]

> The gradual chance that is coming about for people who perform the compliance function is the realization that their acceptance within the organization is directly proportional to

---

20. Art. 5º Os sistemas de controles internos devem prever: I – quanto aos aspectos relacionados à cultura de controle: (...) c) *proibições de estabelecimento de metas de desempenho que incentivem a tomada de riscos em desacordo com os níveis determinados pela alta administração.* (destacamos)
21. Art. 2º da Resolução 4.949/2021. (destacamos)
22. RAMAKRISHNA, Saloni P. *Enterprise Compliance Risk Management*. Singapore: John Wiley & Sons Singapore Pte. Ltd, 2015, p. 151.

the demonstrable value they bring to business through both business propagation as well as risk mitigation.

Por fim, outro escândalo comercial merece ser citado. Em setembro de 2018 foi descoberto que o Danske Bank, maior banco da Dinamarca, com sede em Copenhagen, foi usado para transações de lavagem de dinheiro que movimentaram 200 bilhões de euros, durante oito anos, na sua filial da Estônia. É mais um importante exemplo de descompasso entre *compliance* e área comercial.

Devido a tais fatos, em 2022 a instituição recebeu multa no valor de US$ 2,1 bilhões e teve todo seu programa de *compliance* revisto.

8.2.1 Proteção da saúde mental dos funcionários[23]

Compliance vai muito além de PLD/FTP.

PLD/FTP pode até representar o maior número de ocorrências de não conformidade/fraudes numa instituição financeira, devido ao imenso volume de transações que ocorrerem ao longo de um único dia. A probabilidade, assim, é que haja um número alto de operações suspeitas a serem verificadas.

Por isso, que, certamente, a equipe da área de *compliance* dedicada exclusivamente ao tema PLD/FTP é/deve ser a mais numerosa. Mas não é a única.

Outro tema igualmente importante sob o "guarda-chuva" do *compliance* é a proteção da saúde mental dos funcionários. Mesmo que haja eventualmente uma diretoria dedicada exclusivamente ao assunto, ainda assim o *compliance officer* deverá atuar, então, neste caso, em conjunto, até como forma de garantir a eficiência dos planos educativos – e de repressão aos ofensores – traçados pela alta direção.

Em relação à proteção da *saúde mental* dos funcionários, o papel a ser desenvolvido pela área de *compliance* é fundamental, pois o *compliance officer* possui independência, liberdade de pensamento e acesso direto ao CEO e ao Conselho de Administração. Assim ele tem o poder-dever de influenciar e até de alterar a cultura eventualmente tóxica existente numa dada empresa.

Saúde mental no meio ambiente do trabalho, escopo também do Ministério Público do Trabalho, é pauta que vem ganhando força a cada dia nas agendas dos executivos no mundo todo.

---

23. Optou-se por escrever sobre saúde mental na parte dedicada à área comercial das instituições pelo fato de lá se encontrar a maioria dos funcionários da empresa, os quais estão expostos às metas. Mas, obviamente, *o conteúdo aqui colocado se aplica a todos os funcionários/áreas da instituição.*

Aqui de forma panorâmica, até por ausência de formação acadêmica na área da saúde por parte do autor, serão expostos alguns dos problemas vivenciados pelos empregados, na esperança de que a situação no meio ambiente de trabalho evolua no setor bancário para um ambiente menos hostil.

Não existe regra, mas em muitas instituições o ambiente é, sim, hostil e tóxico, quase sempre "graças" à absoluta falta de preparo dos diretores, superintendentes, gestores, líderes, chefes, gerentes ou coordenadores – o "rótulo" do cargo de comando muda, mas a falta de preparo se mantém – para lidar com um elemento essencial: o *ser humano*.

Muitas vezes alçados a cargos de comando exclusivamente em função de seus resultados mensuráveis em lucro, muitos dos que dão ordens a outros são excelentes profissionais técnicos, que sabem como poucos apresentar retorno financeiro à instituição. Porém, ao lidarem com pessoas, o problema da falta de preparo e/ou de vocação vem à tona, mais cedo ou mais tarde.

Neste momento, os subordinados se veem submetidos a toda sorte de tensões completamente desnecessárias e que podem configurar assédio moral,[24] tais como gritos, xingamentos, ostracismos, ameaças e/ou demissões sem qualquer critério racional/profissional.

Claro que aquele indivíduo que demonstra ter excelente desempenho técnico e/ou de resultados merece conquistar novos cargos, de maior salário e responsabilidade. Contudo, este fato, por si só, não o credencia a ser um líder, chefe, coordenador, gerente, diretor, superintendente etc.

Ocorre que para exercer uma posição de comando, a pessoa deve ter mais qualidades e habilidades que as meramente técnicas, as quais *são necessárias, mas não suficientes*.

Alguns chamam essas habilidades de *soft skills*, em contraponto ao conhecimento puramente técnico. São elas, por exemplo, a empatia, a cordialidade, o carisma, a gentileza, a boa educação, a calma, a tolerância e a paciência. Tais

---

24. "*A Justiça Trabalhista recebe, em média, 6,4 mil ações relacionadas a assédio moral no trabalho por mês*. O cálculo considera o volume de processos iniciados em 2022, quando foram ajuizadas 77,5 mil ações trabalhistas com essa temática *em todo o país*. No âmbito do 1º e do 2º graus, o Tribunal Regional do Trabalho da 2ª Região (SP) concentrou a maior demanda, com 23. 673 processos. Em fase recursal, chegaram ao Tribunal Superior do Trabalho 1.993 casos. Já os casos de assédio sexual representaram aproximadamente 4,5 mil processos no ano. Na média, foram 378 ações trabalhistas por mês. Em ambos os casos, o volume de ocorrências em que trabalhadoras e trabalhadores são vítimas pode ser maior, já *que* muitas pessoas têm receio ou não sabem como denunciar as práticas abusivas que sofrem no ambiente de trabalho" (grifamos). Disponível em: https://www.tst.jus.br/web/guest/-/justi%C3%A7a-do-trabalho-recebe-mensalmente-cerca-de-seis-mil-a%C3%A7%C3%B5es-por--ass%C3%A9dio-moral%C2%A0. Acesso em: 07 jul. 2023.

características denotam que a pessoa tem alta inteligência emocional, assunto já mencionado no capítulo sobre os atributos do *compliance officer*.

Habilidades estas que fazem com que aquela pessoa, além de excelente tecnicamente, saiba exercer o comando sem ter que se impor pela cultura do medo, com constantes ameaças de demissão jogadas sobre os ombros dos subordinados.

Essas habilidades, porém, não se confundem com "fazer vistas grossas" ou ignorar erros e/ou insuficiências de qualidade do trabalho dos subordinados/liderados. Tampouco se espera que todo chefe seja um monge. O que se busca aqui transmitir é a ideia de que a pessoa escolhida para um cargo de comando tem que possuir vocação e habilidade para lidar com *gente*.

Como tais características são raras nas pessoas, cabe à área de *compliance* zelar pelo bom relacionamento entre as pessoas no ambiente empresarial.

Assédios sexual[25] e moral[26] não podem ser minimamente tolerados, sob pena de incentivo velado.[27] Sem falar no aspecto penal do assédio sexual, ambos assédios levam à depressão, à angústia, ao mal-estar, ao constrangimento, à vergonha e à raiva, e devem ser combatidos por todos, especialmente pelo *compliance officer*, com o respaldo da alta administração.[28]

Nesta difícil missão de proteger a saúde mental dos funcionários,[29] a área de *compliance* deve se valer do conhecimento de psicólogos e de psiquiatras, pois eles

---

25. Crime previsto no art. 216-A do Código Penal.
26. Projeto de Lei 4.742/2001 para tornar crime o assédio moral no ambiente de trabalho tramita no Congresso Nacional.
27. O TST – Tribunal Superior do Trabalho possui a didática *Cartilha de Prevenção ao Assédio Moral e Sexual*. "Embora seja um assunto amplamente comentado, muitas pessoas desconhecem ou têm uma compreensão parcial ou equivocada sobre o que é assédio moral e sexual. Esta publicação se propõe a conscientizar o leitor sobre o tema, a partir de diferentes perspectivas. Com exemplos práticos, são indicadas situações que configuram assédio moral e assédio sexual, com a indição [SIC] de possíveis causas e consequências desses dois tipos de condutas. Também são apresentadas medidas para prevenir e combater o assédio moral e o assédio sexual, de forma a tornar o ambiente de trabalho mais positivo".
28. Caso contrário, poderá haver *assédio moral organizacional*, que acontece "quando a instituição, pública ou privada, é conivente com condutas abusivas reiteradas, amparadas por estratégias organizacionais ou métodos gerenciais desumanos, com o objetivo de obter engajamento intensivo dos colaboradores". Disponível em: https://www.tst.jus.br/web/guest/-/justi%C3%A7a-do-trabalho-recebe-mensalmente-cerca-de-seis-mil-a%C3%A7%C3%B5es-por-ass%C3%A9dio-moral%C2%A0. Acesso em: 07 jul. 2023.
29. Importante julgamento: "O Banco do Brasil foi condenado pela 69ª Vara do Trabalho de São Paulo-SP a pagar R$ 7,8 milhões em multa por não ter cumprido integralmente com obrigações determinadas pela mesma vara em 2019. Além disso, deve R$ 272,4 mil por danos morais, após atualização de indenização prevista na primeira condenação. *Segundo o Ministério Público do Trabalho (MPT), autor da primeira ação, a empresa agia de forma contrária à lei ao praticar discriminação, fiscalização ostensiva e metas abusivas no ambiente de trabalho*. Após observar que a instituição não estava seguindo as ordens judiciais relativas ao processo, o órgão ingressou com uma segunda ação. O banco alegou, em defesa, que os fatos foram isolados e que adotou uma série de treinamentos e procedi-

é que saberão identificar quais pessoas em posição de comando não poderiam lá estar. Auxiliarão, ainda, no trato e encaminhamento de funcionários que, apesar de não possuírem voz de comando, estejam passando por dificuldades de ordem mental. Igualmente, transtornos e distúrbios devem merecer a atenção da alta administração, por meio do *compliance officer* e de sua equipe *multidisciplinar* especializada.

Um dos desafios, aliás, é fazer com que as questões "invisíveis" da saúde mental deixem de ser *tabu* para muitas pessoas, as quais não conseguem, por vergonha ou por outro fator qualquer, expor suas fragilidades emocionais, ansiedades, angústias, depressão etc.

Como visto, trata-se de uma questão muito delicada e que, se não cuidada, levará à deterioração do ambiente de trabalho, voluntariamente ou não.

Finalmente, como já colocado acima, e em que pese a existência de normas do CMN/BACEN para mitigar o problema, fato é que a pressão exercida pela chefia para o atingimento de metas comerciais *abusivas* guarda relação direta com a saúde mental dos que tentam, em vão, atingir algo já pensado e elaborado para servir apenas como uma "isca" inalcançável.

Se não for em nome da dignidade da pessoa humana, por empatia ou por altruísmo, que se combatam, então, os assédios, o ambiente tóxico e a cultura do medo pelo fator econômico envolvido, pois custa caro para a reputação da empresa ter o nome envolvido num escândalo com quaisquer das situações acima.

Ademais, sem falar na perda de produtividade da pessoa afastada, o que, claro, é maléfico também para o bom andamento dos negócios da instituição, o afastamento de funcionários por depressão ou por *burnout*,[30] doenças cada vez mais comuns, implica, também, custo coletivo para a Seguridade Social.

---

mentos para evitar o assédio moral. No entanto, segundo a juíza Patrícia Almeida Ramos, não houve comprovação do combate efetivo. A magistrada se baseou, entre outros elementos, em relatórios levados aos autos pelo Sindicato dos Bancários de São Paulo, nos quais constatou que as situações quanto ao assédio de trabalhadores persistem. Cabe recurso. Processo 1000021-08.2022.5.02.0001" (grifamos). Disponível em: https://ww2.trt2.jus.br/noticias/noticias/noticia/banco-e-multado-em--quase-r-8-milhoes-por-nao-agir-efetivamente-para-barrar-pratica-de-assedio-moral. Acesso em: 14 mar. 2023.

30. Esgotamento severo físico e mental em virtude do trabalho. Importante anotar que a "síndrome do burnout" passou a integrar o *CID-11* apenas em 2022, como "problema associado ao emprego ou desemprego – *código QD85*. "Para Mario Louzã, psiquiatra e professor na Faculdade de Medicina da Universidade de São Paulo, o *burnout é formado por um tripé*: 'É um casamento entre características da personalidade, situação de vida das pessoas e condições de trabalho, sendo este último o principal fator', diz." BURNOUT. Exame, edição 1203, 19.02.2020, ano 54, n. 3, São Paulo: Valongo, 2020, p. 22.

De acordo com reportagem publicada na Revista Exame no ano de 2020, ao citar pesquisa realizada pela ISMA-BR – *International Stress Management Association* – Brasil e pelo Instituto Americano de Estresse, os custos anuais para os empregadores, apenas com *burnout*, no *Brasil* e nos EUA seriam de, respectivamente, *US$ 80 bilhões* e US$ 300 bilhões.[31] A pesquisa levou em conta "custos médicos, baixa produtividade, absentismo, turnover, passivos trabalhistas e orçamentos para treinamentos de novos profissionais".[32]

Importante reparar que a referida pesquisa ocorreu antes da declaração pela OMS da pandemia de Covid-19, de 11/03/2020, fenômeno que certamente teve impacto nesses números por diversos fatores, tais como mortes, *lockdown*, isolamento, teletrabalho, medo, angústia, divórcios etc.

Em resumo, *todos perdem* se não houver a devida atenção à saúde mental das pessoas. Aliás, há trabalhos científicos escritos especificamente sobre a (falta de) saúde mental no setor bancário.[33]-[34]-[35]

É tema que o *compliance officer* deve, obrigatoriamente, aprender, até mesmo porque, *ele próprio*, em função da sua alta carga de responsabilidade e atribuições, não raras vezes, poderá se ver com problemas de saúde mental, especialmente *burnout*. A alta administração deve estar ciente do problema em relação a todos os funcionários da instituição.

Por fim, uma importante jurisprudência sobre a divulgação de metas e resultados entre os funcionários: a 1ª Turma do Tribunal Superior do Trabalho (TST), já decidiu que a divulgação de ranking contento os melhores e piores funcionários em relação às metas (ou o uso de meios de pressão e ameaça no atingimento das metas), é *vexatória*.[36]

---

31. "O bem-estar também evita gastos. No Brasil, o burnout custa para os empregadores cerca de 80 bilhões de dólares ao ano. Nos Estados Unidos, o montante é de 300 bilhões de dólares." BURNOUT. *Exame*, edição 1203, 19.02.2020, ano 54, n. 3, São Paulo: Valongo, 2020, p. 25.
32. P. 29.
33. VALENTE, Maria do Socorro da Silva. *Depressão e esgotamento profissional em bancários*. Tese (Doutorado em Medicina Preventiva) – Faculdade de Medicina, Universidade de São Paulo, São Paulo, 2014. doi:10.11606/T.5.2014.tde-26112014-123022. Acesso em: 07 jul. 2023.
34. MORONTE, Elver Andrade e ALBUQUERQUE, Guilherme Souza Cavalcanti. *Organização do trabalho e adoecimento dos bancários*: uma revisão de literatura. doi: 10.1590/0103-1104202112817, Saúde Debate, Rio de Janeiro, v. 45, n. 128, p. 216-233, jan./mar. 2021. Disponível em: https://www.scielo.br/j/sdeb/a/gXDj3BGrZPbMsB45QHQByZs/?format=pdf&lang=pt. Acesso em: 07 jul. 2023.
35. COELHO, Frédéric Salvador Oliveira. *Saúde mental dos bancários em Portugal*: um estudo sobre burnout e depressão no trabalho. Faculdade de Psicologia e de Ciências da Educação da Universidade do Porto, Portugal, 2022. Disponível em: https://repositorio-aberto.up.pt/bitstream/10216/141617/2/566902.pdf. Acesso em: 07 jul. 2023.
36. TST-Ag-ED-RR-871-71.2013.5.03.0129, 06.10.2021.

8.2.2 Promoção da diversidade/inclusão e combate às diversas formas de discriminação

Também sob o amplo espectro de atuação do *compliance*, encontram-se a promoção da diversidade e o combate às diversas formas de discriminação no ambiente de trabalho.

Aqui algumas breves considerações, especialmente sobre a necessidade de combate às práticas discriminatórias.

A pauta da diversidade tem, felizmente, se consolidado no ambiente empresarial, tanto em razão da demanda dos investidores e dos consumidores, quanto da conscientização dos direitos por parte dos próprios funcionários. O eventual desrespeito aos direitos fundamentais das pessoas certamente irá impactar negativamente a reputação da empresa, e, em última instância, em seu valor de mercado – valor da ação na B3.

Sem esquecer dos fatores ESG,[37] em especial o fator Social envolvido, a "diversidade", que passou a representar um valor, tem se destacado cada vez mais, cabendo às empresas transformar o discurso em ações concretas e práticas – *walk the talk*.

Nesse contexto, o *compliance* tem a missão e o dever de dar treinamentos a todos os funcionários da instituição, a exemplo do que ocorre, por exemplo, com PLD/FT. Mas nos referimos a treinamentos que, de fato, visem conscientizar as pessoas e que não se transformem apenas em uma atividade formal e burocrática.

Mas além de diversidade deve haver inclusão. E a área de *compliance* pode/deve se dividir em subequipes temáticas, de modo que aqueles que atuem em cada área específica possam se aprofundar cada vez mais nos problemas/soluções a eles afetos. Em muitos casos a cultura vigente na empresa deverá sofrer mudanças, de modo que a diversidade e a inclusão se tornem concretas.

Por mais este motivo, e como dito acima em relação à saúde mental, a diretoria de *compliance* deve se valer de profissionais de diferentes disciplinas, pois cada assunto – PLD/FT, saúde mental, diversidade e inclusão, bem como os conhecimentos ligados aos riscos operacionais já anteriormente mencionados – pressupõe, necessariamente, conhecimentos e habilidades distintas e específicas.

Assim, a inclusão e a integração, no corpo da empresa, de pessoas pertencentes aos grupos historicamente vulneráveis – como, por exemplo, mulheres, pessoas negras, população LGBTQIA+, pessoas com deficiência[38] –, devem ser

---

37. *Environmental, Social and Governance*.
38. Em análise histórica sobre os direitos das pessoas com deficiência, Flávia Piovesan, Beatriz Pereira e Heloisa Borges P. Campoli concluem que o assunto que maior atenção mereceu por parte dos legisladores brasileiros foi a inserção laboral da pessoa com deficiência, em conformidade com os comandos constitucionais pertinentes aos valores do trabalho e da dignidade humana. (...) Neste cenário, cabe

necessariamente acompanhadas pela área de *compliance*, mesmo nas instituições nas quais já exista, eventualmente, uma diretoria específica para a promoção desses direitos humanos.[39]

Além da promoção da diversidade, o *compliance* tem papel fundamental no combate às *práticas discriminatórias*.

Vivemos num país que, apesar da grande multiplicidade étnica e cultural existente, sendo que a população preta ou parda representa 56% dos brasileiros,[40] ainda convive, infelizmente, com comportamentos e práticas discriminatórias ou preconceituosas, decorrentes do chamado "racismo estrutural".[41]

A Lei 7.716/1989[42] define que serão punidos os crimes resultantes de discriminação ou preconceito de raça, cor, etnia, religião ou procedência nacional.

Da mesma forma, práticas discriminatórias e preconceituosas, diretas e indiretas, sutis ou francamente agressivas, também atingem a população LGBTQIA+.[43] Essas práticas, desde 2019, são tipificadas no ordenamento jurídico brasileiro,[44] caracterizando crimes de *homofobia* e *transfobia*.

---

destaque às relevantes inovações introduzidas pela Lei 13.146/2015 [Estatuto da Pessoa com Deficiência] (...) que tem por base a Convenção da ONU para a Proteção das Pessoas com Deficiência, ratificada pelo Estado brasileiro, com status constitucional. PIOVESAN, Flávia., PEREIRA, Beatriz, CAMPOLI, Heloisa B.P. A proteção dos direitos das pessoas com deficiência no Brasil. In: PIOVESAN, Flávia. *Temas de Direitos Humanos*. 12. ed. São Paulo: SaraivaJur, 2023. p.486.

39. Caso em que o *compliance* deverá acompanhar de perto as atividades da referida diretoria, sempre com sua equipe igualmente especializada (multidisciplinar).

40. O IBGE pesquisa a cor ou raça da população brasileira com base na autodeclaração. De acordo com dados da Pesquisa Nacional por Amostra de Domicílios (PNAD Contínua) 2021, 43,0% dos brasileiros se declararam como brancos, 47,0% como pardos e 9,1% como pretos. Disponível em: https://educa.ibge.gov.br/jovens/conheca-o-brasil/populacao/18319-cor-ou-raca.html#:~:text=De%20acordo%20com%20dados%20da,9%2C1%25%20como%20pretos. Acesso em: 05 jul. 2023.

41. Nas lições de Silvio Luiz de Almeida: "Em resumo: o racismo é uma decorrência da própria estrutura social, ou seja, do modo "normal" com que se constituem as relações políticas, econômicas, jurídicas e até familiares, não sendo uma patologia social e nem um desarranjo institucional. O racismo é estrutural. Comportamentos individuais e processos institucionais são derivados de uma sociedade cujo racismo é regra e não exceção". ALMEIDA, Silvio Luiz de. *Racismo Estrutural*. São Paulo: Sueli Carneiro; Pólen. 2019, p. 33.

42. Foi promulgada no Brasil a "Convenção Interamericana contra o Racismo, a Discriminação Racial e Formas Correlatas de Intolerância", por meio do Decreto 10.932/2022.

43. O Brasil é considerado, a partir de pesquisas elaboradas por ONGs e outros órgãos da sociedade civil, um dos países mais violentos do mundo em relação à população LGBTQIA+. Disponível em: https://agenciabrasil.ebc.com.br/direitos-humanos/noticia/2023-05/dossie-contabiliza-273-mortes-violentas-de-pessoas-lgbti-em-2022. Acesso em: 06 jul. 2023. O Conselho Nacional de Justiça (CNJ) também aponta o significativo crescimento da violência contra essa população, em 2022. Cf. Conselho Nacional de Justiça. *Discriminação e violência contra a população LGBTQIA+*: Relatório da pesquisa / Conselho Nacional de Justiça; Programa das Nações Unidas para o Desenvolvimento. Brasília: CNJ, 2022, p. 14. Disponível em: https://www.cnj.jus.br/wp-content/uploads/2022/08/relatorio-pesquisa-discriminacao-e-violencia-contra-lgbtqia.pdf. Acesso em: 06 jul. 2023.

44. *Desde 2019 o STF considera que a discriminação por condutas homofóbicas e transfóbicas deve ser também considerada crime de racismo, até que o Legislativo edite lei específica sobre o tema, nos termos*

Conceitualmente, como se pode extrair dos ensinamentos de Beatriz Pereira e de Anna Normaton,[45] homofobia, lesbofobia e bifobia são a aversão, medo, receio, desconfiança e ódio destinados às pessoas homossexuais e bissexuais, por conta de sua orientação sexual. Transfobia, por sua vez, pode ser definida como aversão, repugnância, ódio e preconceito contra pessoas transgênero (transexuais e travestis, especialmente) por conta da sua identidade de gênero.

Em relação às *mulheres*, além da necessidade de combate à desigualdade[46] salarial,[47] importante destacar outras formas de violência de gênero no ambiente de trabalho. O crime de assédio sexual, já mencionado, tem sido bastante debatido, dentro e fora do ambiente corporativo e merece, por óbvio, intensa coibição.

Contudo, há práticas de violência psicológica que muitas vezes não são tão facilmente identificáveis, tais como o *mansplaining, manterrupting, bropriating* e *gaslighting*,[48] que causam danos severos às funcionárias e que devem ser igualmente combatidas na instituição pela área de *compliance*, principalmente de forma preventiva e educativa.

Racismo, injúria racial,[49] homofobia, transfobia e assédio sexual ocorridos no ambiente de trabalho ou não, por óbvio, afetam diretamente a saúde mental

---

da Ação Direta de Inconstitucionalidade por Omissão (ADO) 26, de relatoria do Ministro Celso de Mello e Mandado de Injunção (MI) 4733, relatado pelo Ministro Edson Fachin.

45. PEREIRA, Beatriz e NORMATON, Anna. "Aprender a ser mulher"? O estupro "corretivo" e a barbárie contra mulheres lésbicas, bissexuais e homens transexuais. In: PIMENTEL, Silvia (Coord.); PEREIRA, Beatriz; MELO, Mônica de (Org.). *Estupro*: perspectivas de gênero, interseccionalidade e interdisciplinaridade. Rio de Janeiro: Lumen Juris, 2018, p. 213.
46. No âmbito federal foi publicado, em março de 2023, o Decreto 11.430, o qual "Regulamenta a Lei 14.133, de 1º de abril de 2021, para dispor sobre a exigência, em contratações públicas, de percentual mínimo de mão de obra constituída por mulheres vítimas de violência doméstica e sobre a utilização do desenvolvimento, pelo licitante, de ações de equidade entre mulheres e homens no ambiente de trabalho como critério de desempate em licitações, no âmbito da administração pública federal direta, autárquica e fundacional".
47. A diferença de remuneração entre homens e mulheres atingiu 22% no fim de 2022, segundo dados do Instituto Brasileiro de Geografia e Estatística – IBGE. Disponível em: https://www.cnnbrasil.com.br/economia/diferenca-salarial-entre-homens-e-mulheres-vai-a-22-diz-ibge/. Acesso em: 06 jul. 2023.
48. De acordo com "*O ABC Da Violência Contra a Mulher no Trabalho*", cartilha produzida pelo Ministério Público do Trabalho (MPT): *Mansplaining* é o hábito de o homem "explicar" a uma mulher algo óbvio e que não precisava ser explicado, porque ele supõe que ela não é capaz de entender por si mesma ou porque pretende desmerecer essa mulher, minando a confiança dela diante dos demais. *Manterrupting* é o comportamento machista por meio do qual um ou mais homens interrompem a fala de uma mulher, sem necessidade, não permitindo que ela conclua um raciocínio, uma frase, uma observação. *Bropriating*: apropriação: o homem reproduz a ideia de uma mulher e leva o crédito no lugar dela. *Gaslighting* é uma modalidade de abuso psicológico, em que o homem manipula a mulher para que ela deixe de confiar em si mesma, acreditando que não está totalmente sã. Disponível em: https://agenciapatriciagalvao.org.br/mulheres-de-olho/trabalho/mpt-divulga-cartilha-sobre-violencia-contra-a-mulher-no-mercado-de-trabalho/. Acesso em: 06 jul. 2023.
49. Nos termos da Lei 14.532/2023, o crime de injúria racial foi equiparado ao crime de racismo.

da vítima, sem falar nos aspectos penais envolvidos. É, portanto, escopo da área de *compliance* no que tange ao ambiente da instituição.[50]

No mesmo sentido, é dever do *compliance*, especialmente em relação a terceiros (KYP) certificar-se de que não há o uso de *trabalho análogo à escravidão* em qualquer parte da cadeia produtiva da instituição.[51]

No ambiente corporativo a Lei exige, portanto, grande atenção por parte do *compliance officer*, que deve atuar não só de forma preventiva/educativa, mas também comunicando eventuais fatos ao Conselho de Administração, à Auditoria e até às autoridades públicas, conforme o caso.

8.3 JURÍDICO

Jurídico e *compliance* têm pontos de contato, mas não se misturam. As instituições não devem aglutinar as duas funções sob a mesma diretoria, pois jurídico e *compliance* têm características e funções distintas. Misturar suas missões certamente traria, em algum momento, *conflito de interesses*.

Por experiência própria,[52] compartilha-se que a atuação do *compliance* é bem mais dilatada que a do jurídico – contencioso ou consultivo –, o que não tira nem diminui a óbvia importância dos advogados deste último setor. Ambas as áreas são igualmente essenciais à instituição, cada uma com sua nobre missão.

Enquanto o departamento jurídico – contencioso ou consultivo – tem como foco principal a defesa, em juízo ou internamente, da *licitude* das operações da instituição, o *compliance* tem como alvo, além da licitude, a honestidade e a ética dos negócios, com reflexos diretos na cultura da empresa.

Por vezes o jurídico pode atuar em juízo e/ou elaborar parecer favorável a uma determinada operação/postura negocial, o que não significa, necessariamente, que o *compliance officer* deva concordar com aquele caminho chancelado pelo jurídico.

Isto porque a área de *compliance* se preocupa também, e muito, com a imagem e a reputação da empresa no mercado e com eventuais fissuras que nelas

---

50. No âmbito do Poder Executivo Federal, foi publicado o "Guia Lilás – Orientações para prevenção e tratamento ao assédio moral e sexual e à discriminação no Governo Federal/2023".
51. Conforme amplamente divulgado pela imprensa em fevereiro de 2023: "Operação combate suposto trabalho análogo à escravidão na colheita da uva em Bento Gonçalves. Ação foi deflagrada na noite desta quarta-feira pela PRF, PF e Ministério do Trabalho e Emprego". Disponível em: https://gauchazh.clicrbs.com.br/pioneiro/geral/noticia/2023/02/operacao-combate-suposto-trabalho-analogo-a-escravidao-na-colheita-da-uva-em-bento-goncalves-clegbbp6v00dk017lxhlpj6p6.html. Acesso em: 28 fev. 2023.
52. Atuação como advogado sênior no Jurídico do Banco Itaú S/A.

podem ocorrer, ainda que advindas de uma atuação "correta" da empresa sob o ponto de vista estritamente legal, mas desaconselhável sob o ponto de vista *ético*.

Além disso, o *compliance officer* tem a obrigação de comunicar a alta administração sobre eventuais condutas não proibidas por lei – Princípio da Legalidade no setor privado – mas que estejam em conflito com o código de ética e de conduta da empresa.

O *compliance officer* tem, pois, forte compromisso com a *cultura* da empresa e com sua eventual necessidade de adequação ou mudança, quando for o caso. Ademais, deve implementar, dar treinamento e faz cumprir todos os mandamentos específicos do CMN e do BACEN, especialmente os tratados neste livro.

Neste cenário, a relação do *compliance officer* com o departamento jurídico também merece um cuidado especial.

Se ele for advogado, a relação poderá ser um pouco facilitada em virtude do vocabulário e da formação jurídica comum.

E quando a linguagem e a formação acadêmica são compartilhadas, a tendência é que as pontes entre as áreas sejam mais facilmente construídas e as distâncias encurtadas.

Mas isso pode ser enganoso, pois muitas vezes o que se observa, na prática, é o departamento jurídico – diretoria, superintendência ou gerência – querer manter o seu monopólio sobre absolutamente todo o saber jurídico.

É claro que ao departamento jurídico interno cabe, sim, proferir pareceres finais interpretando questões de Direito dentro da empresa. Também a ele cabe a representação judicial do banco em toda a sorte de processos judiciais.

O que não se pode concordar é com um entendimento pela manutenção do monopólio do saber jurídico, ainda mais quando a área de *compliance* deve, em muitos momentos, emitir opinião que *abarca* questão jurídica, ainda que de caráter obviamente não vinculante ao departamento jurídico.

Assim como a área de *compliance* deve estar ciente de sua missão e de suas limitações, o jurídico deve ouvir e levar em conta, quando cabível, a opinião de quem enxerga o problema de outro ângulo.

A alta administração, quando se vir diante de um problema de grande complexidade e/ou repercussão, deve ouvir mais de uma instância de assessoramento antes de tomar sua decisão política de execução. Mas, evidentemente, a decisão última compete à alta administração.

Exemplo disso é exatamente o que ocorre com a área de *compliance* – que *preferencialmente*, pelos motivos já expostos, deve possuir um titular com formação jurídica –, mas que muitas vezes não é chamada a dar sua opinião, que pode ter, inclusive, conteúdo jurídico sobre determinada questão que a envolva diretamente.

Quando isto ocorre, fatalmente a área de *compliance* acabará sendo utilizada como mero órgão executor do jurídico, quando, na realidade, deveria participar tanto do debate quanto da deliberação.

Patrocinando o debate amplo entre as referidas áreas, a alta administração tornará a sua decisão muito mais rica e fácil de ser posta em prática, pois a decisão já trará em seus fundamentos o *know-how* da área que vai cobrar a aplicação dos referidos atos normativos ou contratuais: a área de *compliance*.

Mas assim como ocorre na relação com a área comercial, os vínculos do *compliance* com o jurídico também têm se fortalecido nos últimos anos. Os advogados internos têm se interessado mais sobre o tema, fato que leva à valorização da outra área.

Todos dentro da corporação têm que perceber que a cultura da empresa de seguir padrões éticos é una. Para isso, todos os órgãos do mesmo corpo devem trabalhar juntos, em nome do seguimento da empresa no mercado.

Cabe ao *compliance officer*, seja ele advogado ou não, entender que sua função é diferente da do jurídico. O *compliance* existe para fazer cumprir os atos normativos e as leis, o que não afasta seu poder-dever de opinar quando for melhor para o entendimento e solução de um dado problema.

Sempre que surgirem dúvidas quanto à aplicação e/ou legalidade de um ato normativo, deve, sim, o *compliance officer* submeter a questão imediatamente ao jurídico, de forma documentada, o qual deve ser instado a dar uma rápida resposta. Cada setor tem suas responsabilidades previamente definidas no organograma. Assim, o *compliance* não pode desempenhar o papel do jurídico.

Contudo, o fato de ter solicitado a interpretação *legalista/de licitude*, não pode impedir que o *compliance* tenha voz nas discussões dos trabalhos do jurídico na qualidade de interessado direto, sempre que a decisão a ser proferida puder causar impactos na imagem, na marca e/ou na reputação da instituição. Vale o ditado: "nem tudo que é lícito é honesto".

Na prática, o recomendado é que as reuniões de maior envergadura e complexidade sejam sempre organizadas pelo Diretor Presidente (CEO), por algum Comitê temático ou pelo próprio Conselho de Administração com a convocação – leia-se "de presença obrigatória" – do jurídico *e* do *compliance*. Assim, todos têm a oportunidade de externar seus pontos de vista.

8.4 *OMBUDSMAN* E AUDITORIAS INTERNA E EXTERNA

Em linhas gerais, o *Ombudsman* é o profissional interno responsável por receber críticas, reclamações e sugestões dos clientes externos. Deve atuar de maneira imparcial na defesa dos interesses dos consumidores, pois, na origem conceitual, é um representante destes.

Sua presença denota o maior ou menor grau de comprometimento da empresa com a satisfação do consumidor.

De origem sueca – sendo que o termo significa o "representante do cidadão" –, surgiu pela primeira vez no Brasil com o jornal Folha de S. Paulo em 1989.[53]

Tem a função de ser o canal de comunicação entre o cidadão que é cliente – especialmente, mas não necessariamente – e a empresa. Sua preocupação também é a de buscar, sempre que possível, atender às necessidades do solicitante, com os olhos postos na preservação da qualidade da marca e dos serviços prestados.

Na busca da qualidade, pode por vezes até tecer críticas públicas "contra" a própria empresa, mas sempre com o objetivo de ver a correção do problema.

Contudo, sua atuação, apesar de importantíssima, não tem o condão de, sozinha, alterar a cultura da empresa. Para ser efetivo, o *ombudsman* tem que levar os problemas mais graves até o conhecimento das áreas de *compliance* e/ou auditoria.

Já a *auditoria interna* visa aferir e proteger a integridade patrimonial da empresa, por meio de controles internos tendentes a prevenir e a afastar os riscos inerentes às atividades bancárias, especialmente por meio de controles contábeis.

Ela tem suas matrizes normativas definidas na Resolução 2.554/1998 do Conselho Monetário Nacional, com as alterações da Resolução 3.056/2002, ambas já expressamente revogadas pela Resolução CMN 4.968/2021, bem como na Norma Brasileira de Contabilidade NBC TI 01, aprovada por Resolução do Conselho Federal de Contabilidade, a qual estabelece a atuação da auditoria interna nos casos de "*fraude*" e "*erro*", nos seguintes termos:

> Fraude e Erro. 12.1.3.1 – A Auditoria Interna deve assessorar a administração da entidade no trabalho de prevenção de fraudes e erros, obrigando-se a informá-la, sempre por escrito, de maneira reservada, sobre quaisquer indícios ou confirmações de irregularidades detectadas no decorrer de seu trabalho. 12.1.3.2 – O termo "fraude" aplica-se a ato intencional de omissão e/ou manipulação de transações e operações, adulteração de documentos, regis-

---

53. Disponível em: http://www1.folha.uol.com.br/ombudsman/2014/09/1520973-o-que-e-o-cargo-de-ombudsman.shtml. Acesso em: 26 jun. 2023.

tros, relatórios, informações e demonstrações contábeis, tanto em termos físicos quanto monetários. 12.1.3.3 – O termo "erro" aplica-se a ato não intencional de omissão, desatenção, desconhecimento ou má interpretação de fatos na elaboração de registros, informações e demonstrações contábeis, bem como de transações e operações da entidade, tanto em termos físicos quanto monetários.

Já a Resolução CMN 4.879/2020, versa sobre a atividade de auditoria interna.[54] A Resolução CMN 4.968/2021, por sua vez, prevê que a auditoria interna deve proceder a avaliações periódicas acerca da eficácia dos sistemas de controles internos e dos principais riscos associados às atividades da instituição.

Trata-se de uma atividade bastante técnica e apurada na busca do controle da qualidade e da precisão das operações – sobretudo contábeis – dentro da instituição.

A auditoria vale-se, inclusive, dos serviços do *compliance* para cumprir sua missão institucional, podendo auditar até mesmo sua – *compliance* – atividade e efetividade, por exemplo. Não há, contudo, hierarquia entre tais áreas. Ambas respondem diretamente à alta administração.

O *compliance*, por seu turno, é órgão permanente de controle e de execução diária da administração da empresa, que também zela pela legalidade e pela ética das operações.

Temos, assim, que as três atividades – *Compliance, Ombudsman* e Auditoria – *formam um sistema* aliado único, cada uma com suas peculiaridades e formas de proteção à marca, ao cliente, à imagem e à integridade, inclusive contábil e patrimonial da empresa. São, portanto, áreas complementares.

Todas visam à completa obediência da legislação e ao pleno atendimento das necessidades bancárias dos clientes, desde que lícitas e éticas.

Em casos mais complexos, que envolvam ou comprometam a alta administração ou mesmo membros da própria auditoria interna, é altamente recomendável a contratação de uma ou mais auditorias externas, sem prejuízo no disposto na Lei das Sociedades Anônimas e nas boas práticas de Governança Corporativa. Por não participarem diretamente do ambiente interno da empresa, elas terão, nesses casos de maior relevo, o necessário afastamento das tensões e/ou pressões e/ou vícios encontrados na empresa sob estudo.

---

54. Art. 1º Esta Resolução regulamenta a atividade de auditoria interna nas instituições autorizadas a funcionar pelo Banco Central do Brasil. Parágrafo único. O disposto nesta Resolução não se aplica: I – às administradoras de consórcio e às instituições de pagamento, que devem observar a regulamentação emanada do Banco Central do Brasil, no exercício de suas atribuições legais; e II – às cooperativas de crédito enquadradas no Segmento 5 (S5), conforme definido na regulamentação em vigor, integrantes de sistemas de dois ou de três níveis.

8.5 SERVIÇO DE ATENDIMENTO AO CONSUMIDOR – SAC

Em relação aos canais de atendimento ao consumidor, presenciais, por telefone, carta, *e-mail*, ou aplicativos de *smartphones*, que servem para receber reclamações, elogios ou sugestões, também conhecidos como SAC – Serviço de Atendimento ao Consumidor –, temos que o *compliance* deve se alimentar das valiosíssimas informações prestadas pela referida área, geralmente vinculada ao *Ombudsman,* onde houver.

O ideal é que o *compliance* faça uso de resumos – os chamados *clippings* – quinzenais, no máximo, com as principais ocorrências, para que tome ciência e para que adote providências efetivas.

Ocorrências semelhantes costumam se repetir ao longo do tempo e em todo o território nacional, no que poderíamos chamar de uma "jurisprudência" administrativa bancária.

Apenas com o estudo e o mapeamento desses casos, o *compliance officer* já conseguirá identificar por que determinado problema ocorre mais em tal região ou agência. Verá que não se trata de mera coincidência.

Será muito mais fácil acionar o superintendente comercial ou o gerente daquela região e com ele definir uma estratégia de atuação específica para aqueles casos.

No caso de contas 100% digitais, poderá mapear melhor os problemas principais e solicitar ajustes às áreas competentes.

Perceberá ainda por meio do estudo desses *clippings* que há casos de fraudes se formando em lugares diversos, mas com o mesmo modo de atuação dos criminosos. Da mesma forma, verá quais funcionários estão sendo objeto de reclamações sistemáticas e por quais razões.

Depois de identificados os problemas e os gargalos, a ele incumbe acionar as áreas responsáveis e delas cobrar resultados, sempre dando ciência ao Conselho de Administração sobre os problemas mais sensíveis. É necessário também acompanhar até a completa baixa da pendência[55] de modo definitivo perante a instituição (salvo se se tornar litigioso), a exemplo do que faz o SAC.

Assim agindo, estudando rotineiramente as estatísticas fornecidas pela área de atendimento ao consumidor, é que o *compliance officer* cumprirá com zelo e eficiência sua missão.

Portanto, os relatórios produzidos pelo SAC são essenciais como ferramenta de melhoria na prestação dos serviços. Basta querer e saber interpretá-los ("*walk the talk*").

---

55. Obviamente apenas para os casos mais importantes e de destaque assim eleitos pelo *compliance officer.*

8.6 TECNOLOGIA DA INFORMAÇÃO – TI

Com a área da Tecnologia da Informação – TI – a troca de experiências é diária. Ter um ótimo relacionamento com ela é primordial.

Primeiro, porque a evolução tecnológica e a *transformação digital* impulsionam o mercado e fazem uma espécie de seleção natural entre os bancos. Aquele banco que não se atualizar com o melhor e mais amigável *site*, aplicativo para celular ou *tablet*, simplesmente perderá seu cliente em um digitar de teclas.

A portabilidade de contas, financiamentos e investimentos veio para facilitar ainda mais as operações interbancárias.

E essas pontes que se estabelecem entre as Diretorias de *Marketing*, Comercial e de TI na implementação das inovações tecnológicas são todas amarradas por atos normativos – leis e atos regulatórios do CMN, do BACEN e da CVM, por exemplo.

Aí atuam juntos o jurídico e o *compliance*. Mas ao *compliance* é que cabe a aplicação última e a verificação do correto funcionamento – sob o aspecto regulatório – do sistema. Como todas as etapas anteriores, não é tarefa simples.

O segundo motivo pelo qual o *compliance* deve ter uma estreita relação com a área de TI é o fato de atualmente as fraudes ocorrerem quase que em sua totalidade por meios eletrônicos, os chamados *malware, spyware, trojan, vírus, phishing*, entre outros.

Muitas vezes é o próprio cliente quem, sem saber ou querer, entrega seus dados aos fraudadores. Outras vezes, os fraudadores obtêm os dados pretendidos invadindo o sistema das instituições. Essas fraudes são denominadas nos EUA de *wire fraud*.

E para conter o avanço dos *hackers*, o *compliance officer* necessita do amplo apoio da área de TI, alimentando-a com as informações/problemas vindas das agências e/ou do SAC diariamente.

Para se ter noção dos custos que essas fraudes – chamadas de *cybercrimes* ou crimes cibernéticos – representaram às empresas ao redor do mundo, apenas no ano de 2016, por exemplo, foram consumidos mais de US$ 280 bilhões.

Este foi o resultado de pesquisa então realizada pela consultoria Grant Thorton, que envolveu 2.500 empresas em 36 países.[56] E a maior perda citada pelas

---

56. Disponível em: http://www.consultancy.uk/news/12917/costs-of-cybercrime-have-soared-to--280-billion-this-year. Acesso em: 26 jun. 2023.

entrevistadas foi a perda reputacional. Ou seja, a imagem da empresa envolvida fica severamente comprometida.[57]

É evidente, portanto, a necessidade de atuação conjunta da TI com o *compliance* – além da auditoria – para impedir, ou ao menos dirimir, os impactos dos *hackers* e fraudadores sobre as instituições e clientes.

Por fim, em relação aos avanços da tecnologia, sobretudo com o uso de recursos de inteligência artificial – IA/AI –, o *compliance* bancário poderá dela se beneficiar em sua atividade, a exemplo de toda a instituição.

Procedimentos e rotinas das áreas de controles internos ganharão cada vez mais efetividade, velocidade e escala.

8.7 A LGPD E A FIGURA DO "ENCARREGADO"

Em agosto de 2018 foi publicada a Lei 13.709, conhecida como a "Lei Geral de Proteção de Dados Pessoais" – LGPD.

A Lei dispõe sobre o tratamento de dados pessoais, inclusive nos meios digitais, por pessoa natural ou por pessoa jurídica de direito público ou privado, com o objetivo de proteger os direitos fundamentais de liberdade e de privacidade e o livre desenvolvimento da personalidade da pessoa natural. Suas regras também são aplicáveis ao Poder Público, conforme dispõe o art. 1º.

A disciplina da proteção de dados pessoais tem como fundamentos, nos termos do art. 2º: o respeito à privacidade; a autodeterminação informativa; a liberdade de expressão, de informação, de comunicação e de opinião; a inviolabilidade da intimidade, da honra e da imagem; o desenvolvimento econômico e tecnológico e a inovação; a livre iniciativa, a livre concorrência e a defesa do consumidor, bem como, ainda, os direitos humanos, o livre desenvolvimento da personalidade, a dignidade e o exercício da cidadania pelas pessoas naturais.

---

57. "Cybercrime is increasingly affecting global businesses, a new report finds. Total costs to businesses have soared to around $280 billion, with damage to reputation, management time and customer loss / churn the primary impacts of cyber attacks. Extortion too is on the rise, with 95% of companies still falling prey to poor training and practices of staff. (…) 'Loss of reputation' was the primary cited impact of a cyber-attack by 29% of respondents.' Management time' takes the second spot, cited by 26% of respondents, while 16.4% of respondents say that it results in 'customer loss or churn'. Clean-up costs are cited by 12% as the primary impact, while 'direct loss of turnover' takes the number five spot. A loss of 'competitiveness' and 'changing behaviour change' are the least cited, at 3.6% and 3.1% respectively". Disponível em: https://www.consultancy.uk/news/12917/costs-of-cybercrime-have--soared-to-280-billion-this-year. Acesso em: 26 jun. 2023.

Importante deixar claro que na União Europeia já vigora desde maio de 2018 a lei "*General Data Protection Regulation*" – GDPR.[58] Foi nela que o legislador brasileiro encontrou sua inspiração para a elaboração da LGPD. Aliás, muitas das suas previsões são praticamente cópias da legislação da União Europeia.

Os vazamentos de dados ocorridos com as empresas Yahoo, Facebook, Wyndham Hotel, Target, Home Depot, Coca-Cola e Equifax, para citar alguns exemplos noticiados na imprensa internacional, deixaram claro que a legislação mundial sobre tratamento de dados pessoais deveria mesmo ser aperfeiçoada.

A LGPD, que deve ser lida em cotejo com o Código de Defesa do Consumidor, busca dar mais segurança aos usuários das plataformas digitais, além de assegurar mais transparência no uso de seus dados pessoais pelas empresas ou pelo Poder Público.

Assim como a GDPR, traz em seu cerne, como regra geral,[59] a necessidade de haver a *anuência* e o *consentimento* expressos do usuário quando do uso dos seus dados pessoais. Assim, a privacidade e a segurança dos dados são protegidas e homenageadas pela Lei.

Ademais, deve haver o esclarecimento e o consentimento sobre como os dados pessoais serão utilizados e para qual finalidade, bem como esclarecimentos sobre o compartilhamento de dados entre empresas, quando for o caso. O desrespeito às regras da LGPD pode significar multas administrativas de até R$ 50 milhões *por infração* (art. 52).

A LGPD criou também a Autoridade Nacional de Proteção de Dados (ANPD),[60] que tem a missão de fiscalizar a aplicação da lei e aplicar as sanções nela previstas.[61]

Desde a entrada em vigor da nova lei brasileira, o *compliance officer* das instituições financeiras deve manter contato próximo com a criada figura do "*encarregado*",[62] equivalente ao chamado "*Data Protection Officer*" – DPO – da lei europeia.

O encarregado deve atuar como canal de comunicação entre (i) o controlador dos dados – pessoa natural ou jurídica, de direito público ou privado, a

---

58. Cuja origem foi a Diretiva 95/46/EC.
59. Há algumas exceções no art. 4º, por exemplo.
60. Equivalente à "*supervisory authority*" da GDPR.
61. Art. 55-A. Fica criada a Autoridade Nacional de Proteção de Dados (ANPD), autarquia de natureza especial, dotada de autonomia técnica e decisória, com patrimônio próprio e com sede e foro no Distrito Federal. (Redação dada pela Lei 14.460, de 2022).
62. Art. 5º, VIII – encarregado: pessoa indicada pelo controlador e operador para atuar como canal de comunicação entre o controlador, os titulares dos dados e a Autoridade Nacional de Proteção de Dados (ANPD).

quem competem as decisões referentes ao tratamento de dados pessoais –, (ii) os titulares dos dados e (iii) a Autoridade Nacional de Proteção de Dados (ANPD).

O parágrafo 2º do art. 41 da Lei traz as funções do encarregado. São elas:

> Art. 41. (...)
>
> § 2º As atividades do encarregado consistem em: I – aceitar reclamações e comunicações dos titulares, prestar esclarecimentos e adotar providências; II – receber comunicações da autoridade nacional e adotar providências; III – orientar os funcionários e os contratados da entidade a respeito das práticas a serem tomadas em relação à proteção de dados pessoais; e IV – executar as demais atribuições determinadas pelo controlador ou estabelecidas em normas complementares.

Especial interesse nos despertam os incisos III e IV acima transcritos. Isto porque o encarregado é o responsável pelo treinamento dos funcionários e contratados das empresas acerca dos procedimentos a serem adotados para que os ditames da LGPD sejam obedecidos. Da mesma forma, ele é o executor das demais atribuições determinadas pelo controlador ou estabelecidas em normas complementares.

Hipóteses de dispensa da necessidade de indicação do encarregado, conforme a natureza e o porte da entidade ou o volume de operações de tratamento de dados, poderão ser editadas pela autoridade nacional, conforme previsto no parágrafo 3º do art. 41.[63]

Ou seja, com o advento da LGPD tivemos a criação de uma nova área – muito especializada – dentro da instituição bancária, sendo que o encarregado será figura essencial nessa nova engrenagem, em virtude de expressa determinação legal.

E nos termos dos incisos I e II do parágrafo 2º do art. 41 da Lei, compete ao encarregado a adoção de *"providências"* diante de reclamações e/ou de comunicações da ANPD (aceitar reclamações e comunicações dos titulares, prestar esclarecimentos e adotar providências; além de receber comunicações da autoridade nacional e adotar providências).

Os "agentes de tratamento de dados", que são o controlador e o operador,[64] em razão das infrações cometidas às normas previstas na Lei, ficam sujeitos às sanções administrativas aplicáveis pela ANPD: de advertência até multa, no valor máximo de R$ 50 milhões por infração, nos termos do art. 52 da Lei.

---

63. § 3º A autoridade nacional poderá estabelecer normas complementares sobre a definição e as atribuições do encarregado, inclusive hipóteses de dispensa da necessidade de sua indicação, conforme a natureza e o porte da entidade ou o volume de operações de tratamento de dados.
64. *"Controlador"* é a pessoa natural ou jurídica, de direito público ou privado, a quem competem as decisões referentes ao tratamento de dados pessoais; *"Operador"* é a pessoa natural ou jurídica, de direito público ou privado, que realiza o tratamento de dados pessoais em nome do controlador (art. 5º).

Não nos esqueçamos, ainda, de que a atividade bancária é cuidadosamente regrada pela Lei Complementar 105/2001, que disciplina o sigilo das instituições financeiras – sigilo bancário.

Assim, ao aplicar a LGPD, deve ser observado também pela instituição o sigilo bancário dos dados do cliente, sob pena de crime de quebra de sigilo, nos termos do art. 10 da Lei Complementar 105/2001. A LGPD não afasta em nada a aplicação da LC 105/2001; ao contrário, vem complementá-la.

Finalmente, cabe destacar que, desde 2022,[65] o direito à proteção dos dados pessoais, inclusive nos *meios digitais*, ganhou status de *direito fundamental* em nossa Constituição Federal, nos termos do art. 5º, LXXIX.

8.8 A DIFÍCIL HABILIDADE DE PEDIR ALGO – DA FORMA CORRETA – A OUTRA ÁREA DA INSTITUIÇÃO

Há que se destacar a importância de se saber pedir corretamente algo para algum outro setor, gerência, superintendência ou diretoria. Trata-se, na realidade, de uma verdadeira habilidade.

Isso porque, não raras vezes, quando a resposta a uma demanda do solicitante – *compliance officer* ou não – vem truncada, ou até mesmo completamente errada, a primeira tendência é a de se culpar quem respondeu àquele determinado pedido ou ordem.

Mas muitas vezes a ordem ou o pedido é que foram feitos de maneira ambígua, vaga ou sem a transparência e objetividade necessárias. Há que se ter isso em mente antes de se criticar o interlocutor.

Portanto, é altamente recomendável, sempre antes do envio, a releitura da demanda, do pedido ou da ordem, com as seguintes preocupações em mente: eu mesmo sei o que eu quero daquela pessoa ou área? A minha pergunta ou pedido estão suficientemente claros e objetivos? Aquela informação que estou pedindo é mesmo necessária e me será mesmo útil?

São reflexões simples que poupam tempo, trabalho, retrabalho e até o humor das pessoas, bem como e principalmente o dinheiro da instituição empregadora. Ao final, muitas vezes o demandante constatará que o erro foi gerado em sua própria caneta ou teclado. Nestes casos deverá fazer, então, o *mea culpa*.

Outra questão que costuma consumir muito dinheiro da empresa, tempo, trabalho e o humor das pessoas são as reuniões.

---

65. Emenda Constitucional 115/2022.

Se elas forem realmente necessárias, faça-as da maneira mais rápida possível, com pauta preestabelecida, apenas com os participantes imprescindíveis e sempre com a elaboração de ata ao final determinando a obrigação e a responsabilidade de cada um.

Seja breve. Nada pior que reuniões sem prazo para terminar e que fujam da pauta proposta.

Todos que estão presentes à reunião ou precisam voltar para suas salas para continuar suas tarefas – novas ou antigas – ou desejam voltar para suas casas, principalmente no caso daquelas reuniões que se estendem, às vezes, por várias horas após o expediente normal.

Sem perder o humor, Jeffrey Seglin observa muito bem que:

> You should make sure that you need the meeting, that you invite the right people to the meeting, that you set a clear agenda for the meeting, and that you don't prolong the joy (almost wrote agony) any longer than you need to. If you have employees who live for meetings and never want to leave, then they may not have enough work to do or they may be using a meeting to avoid the work they should be doing.[66]

8.9 A DIFERENÇA ENTRE ASSUNTOS "URGENTES" E "IMPORTANTES"

Muitas vezes confundimos assuntos urgentes com assuntos importantes, fato que interfere diretamente na rapidez com a qual a informação deve circular dentro do ambiente corporativo.

E quanto maior o grau de responsabilidade do funcionário – e o *compliance officer* detém um cargo de altíssimo grau de responsabilidade – maior tem que ser o seu senso de urgência.

Pode parecer banal e óbvio, mas assunto "urgente" é diferente de "importante", e muitos não se atentam a esse "detalhe".

Importantes todos os assuntos submetidos ao *compliance officer* são. Mas como urgentes devem ser tratados apenas aqueles assuntos dos quais a alta administração necessita tomar conhecimento imediatamente após a ciência do *compliance officer* – leia-se: "no mesmo dia" –, sob pena de severos prejuízos econômicos e/ou de imagem à instituição.

Quanto *pior* a notícia a ser dada – e mesmo que a falha tenha sido gerada na própria área de controles internos – mais *rápido* a alta direção deve ser comunicada. Coragem é essencial à função. Ademais, é sempre melhor que a alta

---

66. SEGLIN, Jeffrey L. *The Simple Art of Business Etiquette*. Berkeley, California, EUA: 2015, Tycho Press, p. 89-90.

administração tome conhecimento de um fato ruim de grande impacto por meio do *compliance* que por meio da assessoria de imprensa, por exemplo.

A tarefa de bem triar e distinguir os assuntos importantes dos urgentes é adquirida com o tempo e passa a ser ferramenta fundamental na otimização da rotina do *compliance officer*.

Não se deve rotular algo "importante" costumeiramente como "urgente". O preço a se pagar por essa prática será a perda da credibilidade perante a instituição e os pares.

CONCLUSÃO

Pode-se concluir que testemunhamos, atualmente, um período de consolidação do *compliance* bancário no Brasil. Neste sentido, a cultura de *compliance* necessita ainda se fortalecer, para que se torne cada vez mais visível e estável aos olhos de todos os *stakeholders*. Visibilidade e estabilidades práticas.

"Consolidação" porque, apesar das mais de duas décadas de vida do *compliance* bancário em nosso país, ainda nos deparamos, não raras vezes, com casos de lavagem de dinheiro nos quais fica claro ter havido falhas no programa KYC e/ou RBA/ABR das instituições financeiras e demais autorizadas. Falhas na aplicação dos procedimentos básicos de PLD/FT, especialmente aqueles atinentes à verificação e ao acompanhamento da compatibilidade entre renda/faturamento/patrimônio declarados pelo cliente e a sua efetiva movimentação financeira.

Apesar de todo o esforço já feito tanto pelas instituições quanto pelos reguladores e demais autoridades, a questão da abertura de contas em função de metas superdimensionadas – as quais recebem a chancelada da alta administração – tem impacto na qualidade dos relacionamentos estabelecidos entre as instituições e os clientes, muitos deles membros, ou a mando, de organizações criminosas.

Não faltam regras em nosso sistema. Necessário é, sim, o constante e efetivo treinamento dos funcionários, além do verdadeiro convencimento de todos sobre a importância do papel desenvolvido pelas instituições financeiras, e autorizadas, em PLD/FT.

"Consolidação" também em outras questões relevantes expostas neste livro, como saúde mental, diversidade e inclusão, além do combate às práticas discriminatórias, temas que também merecem investimento em cursos e em treinamentos com enfoque prático e didático.

Percebe-se que a *teoria* do *compliance* já está muito bem desenvolvida no país. No início do ano 2000, prazo dado pela Resolução 2.554/1998 do CMN para a implantação dos controles internos, não se encontrava literatura brasileira sobre o tema, nem tampouco cursos específicos. Hoje temos todos esses recursos em abundância.

No início, as dificuldades eram grandes, mas o fundamental era a aplicação de duas das ferramentas que já estavam às mãos de todos os bancos: a Lei 9.613/1998 e a Resolução 2.554/1998.

Passados mais de vinte anos, e apesar de a alta administração parecer ter percebido que respeitar normas, de fato, "vale a pena", tanto do ponto de vista ético quanto econômico, na *prática*, contudo, ainda temos notícias de descompassos entre o que se fala e o que se faz – não havendo, por vezes, o necessário *"walk the talk"*, ao qual se soma o *"tone at the top"*.

De todo modo, necessário reconhecer os esforços das instituições do mercado financeiro e de suas entidades de classe no fomento do *compliance*, valendo aqui mencionar, como exemplos, o "Projeto Tentáculos" – acordo de cooperação entre Febraban e Polícia Federal no combate às fraudes bancárias eletrônicas –, e as certificações profissionais expedidas pela Anbima, as quais exigem do candidato o conhecimento do *compliance*.

Da mesma forma, merecem reconhecimento todas as ações dos diversos órgãos estatais, em especial Conselho Monetário Nacional, Banco Central do Brasil, COAF, Ministério Público, CVM, SUSEP, CGU e Polícias, para fazer com que as regras sejam, de fato, respeitadas.

Neste cenário, e na esperança de ver cada vez mais a teoria gerando efeitos práticos, num processo contínuo de fortalecimento do *compliance* bancário, é que este livro foi escrito – sem ignorar, contudo, os grandes desafios a serem enfrentados pelas instituições, reguladores e demais autoridades nessa longa e constante evolução.

REFERÊNCIAS

ACCIOLY, Hildebrando, DO NASCIMENTO E SILVA, G.E. e CASELLA, Paulo Borba CASELLA. *Manual de Direito Internacional Público*. 22. ed. São Paulo: Saraiva, 2016.

ALMEIDA, Silvio Luiz de. *Racismo Estrutural*. São Paulo: Sueli Carneiro; Pólen, 2019.

BALTAZAR JUNIOR, José Paulo. *Crimes Federais*. 10. ed. 2. tir. São Paulo: Saraiva, 2016.

BENNETT, William J. *O Livro das Virtudes*. Capítulo "Honestidade" – "A História de Régulo", por James Baldwin. 3. impr. Rio de Janeiro: Nova Fronteira, 1995.

BONIME-BLANC, Andrea. *The Reputation Risk Handbook*. Oxford, England: DoShorts, 2014.

BOWMAN, James S. and WEST, Jonathan P. *Public Service Ethics. Individual and Institutional Responsibilities*. Los Angeles, EUA: Sage Publications, 2015.

BOURTIN, Nicolas. *The International Investigations Review*. 5. ed. London, United Kingdom: Law Business Research Ltd, 2015.

BURNOUT. *Exame*, edição 1203, 19.02.2020, ano 54, n. 3, p. 18-29. São Paulo: Valongo, 2020.

CÓDIGO DE ÉTICA EMPRESARIAL E POLÍTICAS DE RESPONSABILIDADE SOCIAL EMPRESARIAL. Um estudo multicaso. *XXIX Encontro Nacional de Engenharia de Produção*. Salvador/BA, 2009. Disponível em: http://www.abepro.org.br/biblioteca/enegep2009_TN_STO_101_672_14037.pdf. Acesso em: 17 jun. 2023.

COELHO, Frédéric Salvador Oliveira. *Saúde mental dos bancários em Portugal*: um estudo sobre burnout e depressão no trabalho. 2022, Faculdade de Psicologia e de Ciências da Educação da Universidade do Porto, Portugal. Disponível em: https://repositorio-aberto.up.pt/bitstream/10216/141617/2/566902.pdf. Acesso em: 07 jul. 2023.

ELLIS, Matteson. *The FCPA in Latin America* – Common corruption risks and effective compliance strategies for the region, EUA: Corporate *Compliance* Insights, 2016.

ESTELLITA, Heloísa. *Responsabilidade penal de dirigentes de empresas por omissão*. São Paulo: Marcial Pons, 2017.

FARRALES, Mark Jorgensen, *"What is Corruption?: A History of Corruption Studies and the Great Definitions Debate"* (June 2005). Disponível em: https://ssrn.com/abstract=1739962. Acesso em: 17 jun. 2023.

FCPA – *A Resource Guide to the U.S. Foreign Corrupt Practices Act, by the Criminal Division of US Department of Justice and the Enforcement Division of the US Securities and Exchange Commission, Chapter 8, Whistleblower Provisions and Protections*, Washington, EUA, 2012. https://www.sec.gov/spotlight/fcpa/fcpa-resource-guide.pdf. Acesso em 20/06/2023.

FISCHER, Roger, URY, William, and PATTON, Bruce. *Como Chegar ao Sim*. 3. ed. Rio de Janeiro: Solomon Editores, 2014.

FONE, Martin and YOUNG, Peter C. *Public Sector Risk Management*. Oxford, England: Butterworth-Heinemann, 2001.

GOLEMAN, Daniel. What Makes a Leader? *Harvard Business School'* – HBR´S 10 Must Reads on Emotional Intelligence. Boston, Massachusetts, EUA: Harvard Business Review Press, 2015.

GONÇALVES, José Antonio Pereira. *Alinhando processos, estrutura e compliance à gestão estratégica*. São Paulo: Atlas, 2012.

JOHNSON, Craig E. *Organizational Ethics. A practical approach*. 4. ed. Los Angeles, EUA: Sage Publications, 2019.

KERZNER, Harold. *Gestão de Projetos*: as melhores práticas. 2. ed. Porto Alegre: Bookman, 2006, reimp. 2010.

KOTZ, David H. *Financial Regulation and Compliance*. New Jersey, EUA: John Wiley & Sons, Inc., 2015.

LIMA, Carlos Fernando dos Santos. O Sistema Nacional Antilavagem de Dinheiro: As Obrigações de *Compliance*. In: DE CARLI, Carla Veríssimo (Org.). *Lavagem de Dinheiro* – Prevenção e Controle Penal. 2. ed. Verbo Jurídico Editora, 2013.

LINHARES, Sólon Cícero. *Manual de Prevenção à Lavagem de Dinheiro e Políticas de Compliance*. São Paulo: Tirant lo Blanch, 2021.

LIVSCHITZ, Mark. *Good Practice Guidelines for Third Party Due Diligence*. "Handout". University of Fribourg, Switzerland, LL.M in *Compliance* program, 2018.

MANZI, Vanessa Alezi. *Compliance no Brasil* – Consolidação e perspectivas. São Paulo: Saint Paul Editora, 2008.

MARTINEZ, André Almeida Rodrigues. *Compliance* no Brasil e suas origens. *Jornal Valor Econômico*, São Paulo, 16.11.2016. Disponível em: https://valor.globo.com/legislacao/noticia/2016/11/16/compliance-no-brasil-e-suas-origens.ghtml. Acesso em: 17 jun. 2023.

MARTINEZ, André Almeida Rodrigues; LIMA, Carlos Fernando dos Santos. *Compliance Bancário*: Um Manual Descomplicado. 4. ed. Salvador: JusPodivm, 2022.

MARTINS, Fran. *Curso de Direito Comercial*. 39. ed. Rio de Janeiro: Forense, 2016.

MENDRONI, Marcelo Batlouni. *Crime de Lavagem de Dinheiro*. 3. ed. São Paulo: Atlas, 2015.

MILLS, Annie. England: John Wiley & Sons, 2008.

MILLS, Annie and HAINES, Peter. *Essential Strategies for Financial Services Compliance*: John Wiley & Sons, Ltd, Great Britain, 2015.

MONTORO, André Franco. *Introdução à Ciência do Direito*. 26. ed. São Paulo: Ed. RT, 2005.

MORONTE, Elver Andrade e ALBUQUERQUE, Guilherme Souza Cavalcanti. *Organização do trabalho e adoecimento dos bancários*: uma revisão de literatura. doi: 10.1590/0103-1104202112817, Saúde Debate, Rio de Janeiro, v. 45, n. 128, p. 216-233, jan./mar. 2021. Disponível em: https://www.scielo.br/j/sdeb/a/gXDj3BGrZPbMsB45QHQByZs/?format=pdf&lang=pt. Acesso em: 07 jul. 2023.

MUNHÓS, Jorge e QUEIROZ, Ronaldo Pinheiro (Org.). *Lei Anticorrupção e Temas de Compliance*. Capítulo 19. Responsabilização Judicial da Pessoa Jurídica na Lei Anticorrupção. 2. ed. Salvador/BA: JusPodivm, 2016,.

NUCCI, Guilherme de Souza. *Corrupção e Anticorrupção*. Rio de Janeiro: Forense, 2015.

NUCCI, Guilherme de Souza. *Organização Criminosa*. 2. ed. Rio de Janeiro: Forense, 2015.

PAIVA, Vitor. *Estratégias de Combate ao Branqueamento em Portugal*. Ericeira, Portugal: Diário de Bordo, 2020.

PEREIRA, Beatriz e NORMATON, Anna. "Aprender a ser mulher"? O estupro "corretivo" e a barbárie contra mulheres lésbicas, bissexuais e homens transexuais. In: PIMENTEL, Silvia (Coord.); PEREIRA, Beatriz; MELO, Mônica de (Org.), *Estupro*: perspectivas de gênero, interseccionalidade e interdisciplinaridade. Rio de Janeiro: Lumen Juris, 2018.

PEREIRA, José Matias. Gestão do risco operacional: uma avaliação do novo acordo de capitais – Basiléia II. *Revista Contemporânea de Contabilidade*. Florianópolis, v. 3, n. 6, p. 103-124, mar. 2008. ISSN 2175-8069. Disponível em: https://periodicos.ufsc.br/index.php/contabilidade/article/view/785/624. Acesso em: 20 jun. 2023.

PINTO, Luiz Fernando da Silva. *Gestão-Cidadã*. Ações estratégicas para a participação social no Brasil. 2. ed. Rio de Janeiro: FGV Editora, 2003.

PIOVESAN, Flávia., PEREIRA, Beatriz, CAMPOLI, Heloisa B. P. A proteção dos direitos das pessoas com deficiência no Brasil. In: PIOVESAN, Flávia. *Temas de Direitos Humanos*. 12. ed. São Paulo: SaraivaJur, 2023.

RAMAKRISHNA, Saloni P. *Enterprise Compliance Risk Management*. Singapore: John Wiley & Sons Singapore Pte. Ltd, 2015.

RAMOS, André de Carvalho e GRAMSTRUP, Erik Frederico. *Comentários à Lei de Introdução às Normas do Direito Brasileiro – LINDB*. São Paulo: Saraiva, 2016.

SANTOS COTA, L. G. Não só "para inglês ver": justiça, escravidão e abolicionismo em Minas Gerais. *História Social*, [S. l.], n. 21, p. 65-92, 2012. DOI: 10.53000/hs.vi21.912. Disponível em: https://ojs.ifch.unicamp.br/index.php/rhs/article/view/912. Acesso em: 09 jul. 2023.

SCHEIN, Edgard H. and SCHEIN, Peter, *Organizational Culture and Leadership*. New Jersey, USA: Wiley, 2017.

SEGLIN, Jeffrey L. *The Simple Art of Business Etiquette*. Berkeley, California, EUA: Tycho Press, 2015.

SENATORE, Chuck. *Harvard Law School* – Center on the Legal Profession. The Compliance Officer's Art: How to Navigate the Waters. Disponível em: https://www.youtube.com/watch?v=BHvtrAUnGK4&feature=youtu.be. Acesso em: 20 jun. 2023.

SHAPIRO, Michael. *The prevalence of international money laundering crimes and the best practices to avoid it*. International White Collar Enforcement (Inside the Minds). EUA: Thompson Reuters/Aspatore, 2011.

SIMPSON, Sally S. *Corporate crime, law, and social control* (Cambridge studies in criminology). EUA: Cambridge University Press, 2005.

SINGH, Nitish *and* BUSSEN, Thomas J. *Compliance Management*. Santa Barbara, California, EUA: Praeger, 2015.

STEINBERG, Richard. *Governance, risk management, and compliance: it can't happen to us* – avoiding corporate disaster while driving success. EUA: John Wiley & Sons, 2011.

TEMPLAR, Richard. *The rules of management*. Harlow, England: Pearson, 2015.

THE INTERNATIONAL COMPARATIVE LEGAL GUIDE TO CORPORATE INVESTIGATIONS 2017. United Kingdom: Global Legal Group, 2017.

VALENTE, Maria do Socorro da Silva. *Depressão e esgotamento profissional em bancários*. Tese (Doutorado em Medicina Preventiva) – Faculdade de Medicina, Universidade de São Paulo, São Paulo, 2014. doi:10.11606/T.5.2014.tde-26112014-123022. Acesso em: 07 jul. 2023.

WELLS, Joseph T. *Corporate Fraud Handbook: prevention and detection*. 3. ed. EUA: John Wiley & Sons, 2011.